会讲历史的汉字

杨士兰 — 著
叁月拾 吴新迎 — 绘

1

北京理工大学出版社
BEIJING INSTITUTE OF TECHNOLOGY PRESS

序 言

我的汉字启蒙是从一高一矮两个凳子开始的。那时候，家里没有正式的书桌，都是坐着矮凳子，在一张高凳子上写字。我笨拙地握着笔，抿着嘴唇，好像浑身的劲儿都用到右手上了，终于歪歪扭扭地画出了一撇一捺，然后歪着头看自己"造"出来的这个"人"字，咧开嘴笑了！这就是汉字？哈哈，我会写字了！

每个中国人都是如此吧？从握笔的那一刻开始，我们就和汉字结下了不解之缘。我们能读出每个汉字的读音，也能大致说出它们的意思。但是，我们真正地了解汉字吗？

汉字是一种书写符号，是世界上最古老的文字之一，是先民们智慧的结晶。在汉字出现之前，人类只会在绳子上打结，用这些绳结来记录重大事件。但是，事情越来越多，靠打结怎么能记得清楚？这时候，汉字就出现了。

刚诞生的汉字，像小孩子的涂鸦，直接勾画出事物的形象，笨笨的，却很可爱。正是这些象形文字，拉开了中华文明的序幕。

一开始，人们把汉字刻在龟甲和兽骨上；到了周朝，人们开始把字铸造在青铜器上，想要留存万世；后来，战国时期，诸侯们各自为政，连文字都不一样，交流很不方便；秦始皇灭掉了六国，天下归为一统，他命令李斯等人在秦国大篆的基础上，整理出了小篆，推行于全国……

但小篆写起来很慢,不够实用。这时候,书法史上重大的改革——书写更方便的隶书出现了。随后,在隶书的基础上演变出了各种书法形体,草书、楷书、行书等。从此,汉字成为一种艺术,演绎出丰富多样的美。

不过,作为一种表意文字,汉字的主要作用仍然是记录。一个个汉字组词造句成文,绘声绘色地讲述着中华民族悠远而鲜活的历史。《会讲历史的汉字》就是这样一套引领小朋友们亲近汉字、触摸历史的书。

首先,它分门别类地梳理了中华文明发展史。书中的章节大多以时间为轴,借助有代表性的相关汉字,串联起某一方面的历史演变发展。

比如"国家诞生"一章讲述了国家的形成:远古时期"华夏蛮夷"是一家,"尧舜禹"三位部落首领相继禅位,后来禅让制被禹的儿子启破坏,开始了君主世袭制。不过那时候还不能称作"中国","中国"这个名称是周成王时出现的。随着国家制度慢慢确立,有了"君臣尊卑",也有了"侯伯公卿"官员等级的划分。秦始皇统一天下后,第一个中央集权的封建制国家建立了,"汉唐宋"时期达到鼎盛。在这个过程中,"州府郡县"等行政区划和由"相吏"等组成的国家治理体系逐渐完善起来了。

其次,本书在梳理历史脉络的同时,对每个汉字的字形、字义也进行了一定的梳理。

每个汉字最初长什么样?它是怎样从甲骨文、金文、小篆变成今天的样子的?另外,每个汉字都有哪些意思?它们在古书中是怎么运用的?这些在书中都有答案。

为了方便小读者记住这些知识,我们专门通过漫画的形式讲解,这样孩子就能轻松进入这些汉字的历史情境中,体会到古人的思想。

这就是汉字的魅力！不要小瞧简简单单的横竖撇捺，它们浓缩着历史，凝聚着智慧，博大精深，值得每一个中国人细细研读，静心体味。

透过这些方块字，我们就可以穿越时空，和先民们一起耕种，看战士们拿起刀枪，听先贤们读书讲学。品读着它们，我们会更了解自己，了解我们的民族，了解我们伟大的祖国！

让我们一起走近汉字，听它们讲很久很久以前的故事，感受传统文化的美。

第二章 人类的诞生

01 蛇男女人：女娲造出了人 … 050

02 夫妇生育：生育小宝宝了 … 057

03 父母哺子：好好教养孩子 … 064

04 身心意灵：人是万物之灵 … 070

第三章 早期的生存

01 获陷兽：捉野兽去 … 078

02 射弓矢：张弓搭箭射出去 … 084

03 钩钓泽网：捕鱼的好办法 … 090

04 渔鱼鸟：鱼和鸟的崇拜 … 096

05 焚狩逐猎：走，打猎去 … 103

目 录

第一章 混沌初开

- 01 天地日月：盘古开天辟地 … 002
- 02 水江河湖海：生命之源 … 009
- 03 山岳崖：三山五岳 … 017
- 04 石玉璧矿：人间珍宝 … 023
- 05 金银铜铁：大有用处的金属 … 030
- 06 风雨雷：风伯、雨师和雷神 … 037
- 07 露霜雪：给世间一片清凉 … 043

第四章 工具的发明

01 器打击敲：打制旧石器 … 110

02 磨制钻针：更精细的工具 … 117

03 耒力斤斧钺：拿把斧头去打仗 … 123

04 干戚戈武：从工具到兵器 … 129

05 工版筑：带上版筑去修墙 … 135

06 糸系纺织机：纺纱织布的工具 … 140

第五章 汉字的产生

01 事迹图卦一：仓颉造字 … 150

02 卜甲文铭篆：从甲骨文到小篆 … 156

03 笔墨纸书：发现书法之美 … 162

第一章 混沌初开

盘古开天辟地，混沌初开，蓝天白云下，高山耸立，平原广阔，江河湖海滚滚奔流……这是一个美丽富饶的世界，山林间蕴藏着美丽的玉石和各种金属矿，等待着开采；这是一个四季轮回的世界，春天有微风拂过，夏天有闪电霹雳，秋天有清霜降落，冬天有雪花飘飞，阴晴冷暖，变幻万千。人类就生活其中。

01 天地日月：盘古开天辟地

甲骨文	金文	小篆	楷书

《说文解字》
颠也，至高无上，从一大。

天的本义是头顶，甲骨文和金文就是站立的人形，突出了大大的头顶。演变到小篆时，因为人们觉得天是至高无上的，可以用排在数字第一位的"一"来表示，所以才有了今天的"天"。

《说文解字》
元气初分，轻清阳为天，重浊阴为地。万物所陈列也。

金文	小篆	楷书
		地

早期，用"阜"（土山）和"土"来表示陆地，用"厂"（读 hǎn，山崖）和"豕"表示豕从崖上落到地面。小篆直接用"土、也"会意，改得干脆响亮。

甲骨文	金文	小篆	楷书

《说文解字》
实也，太阳之精不亏。

古人的观察非常细微，甲骨文日字方框中有一个小横，表示太阳里有小黑点在移动。现代科学家研究出那正是"太阳黑子"。

《说文解字》
缺也，太阴之精。

甲骨文	金文	小篆	楷书

古人看到的月亮，多数时候都不是满月，所以甲骨文里的"月"是一个半月形的样子。

传说中，很久以前，整个宇宙是混沌的，没有天地日月，就像一只大鸡蛋。鸡蛋里睡着一个神秘人物——盘古，他已经睡了一万八千年。忽然有一天，不知道怎么回事，盘古忽然醒了。他睁开了眼睛，这是什么地方？又黑又闷！他伸出手去抓到了一把斧子——用力一挥，大吼一声："开！"

盘古害怕天地会再次合拢，就站直了撑起天地。随着天的升高，地的下沉，盘古也不断地长高。这样又过了一万八千年，天地已经定型，盘古却耗尽生命倒下了。

他的左眼变成了太阳，右眼变成了月亮，头发变成繁星，身躯和四肢变成了三山五岳，血脉变成了河流，呼吸成为风，汗水化为雨露……他用身体创造了丰富美丽的世界。

"天"太厉害了：忽而狂风大作，忽而电闪雷鸣……这种巨大的神秘力量让古人害怕、困惑，随之产生了对"老天爷"的崇拜：天是整个自然，是一个主宰者，谁也逃不出他的手掌心。于是他们把很多事儿归结为"天意""天命"。古代的皇帝利用了这一点，宣称自己是"天子"——上天的儿子，皇帝的命令就是老天爷的意思，谁敢不听？

当然皇帝也得听老天爷的话。墨子在《天志》中说："天欲义而恶不义"，老天爷一脸正气，瞪大了眼睛看着呢，讲道义的有赏；不讲道义做坏事？那就要给你点颜色瞧瞧了——所以，在古代一旦有灾祸发生，皇帝就要反省自己，是不是哪里做错了。这就是天道，做人做事都不能违背天道。

如果说天像父亲，掌控天下，那么地就像母亲，滋养万物。《白虎通》说："地者，易也，言养万物怀任交易变化也。"万物在大地的怀抱中生长变化着，植物从发芽到结果再到枯萎，动物从出生到成长到死亡。古人用祭祀天地的仪式，表达对上天的崇拜，对大地的感恩。

脚踩着坚实的大地，人们日出而作，日落而息。日是温暖，是光明，有了它才有生命。远古时期的人们，就开始崇拜太阳神。在湖北秭归县东门头遗址出土的一块刻有"太阳人"的石头，据考证是7 000多年前的城背溪文化时期的产物。这是我国最早的"太阳神"石雕像。宁夏的贺兰山也发现了"太阳神"的岩画。

盘古开天辟地

神话传说中，太阳自己是不会动的，必须有长着三条腿的金色乌鸦背着它，从东飞到西……据说，后羿射日，射下来的就是九只金乌鸦。所以，"金乌"成了太阳的代称。成都金沙遗址中出土了一张薄薄的金箔，镂刻着太阳神鸟的图案，传递出对光明和希望的向往。在2005年，这个图案被确定为中国文化遗产的标志。

和"日"相对，月却是有圆有缺的。一个月中大多数是缺的，于是，引发了人们对团团圆圆的渴望，也就有了中秋节和圆圆的月饼。传说中，后羿的妻子嫦娥偷吃了仙药，一个人飞向了月宫，守着一只小白兔，过着冷冷清清的生活。后来，"嫦娥"就成了月亮的代名词。月亮这种带着点残缺的美，俘虏了诗人们的心。

在古人心中，天地日月是一个整体。尧在位时，就任命了专门的官员，天天盯住日月星辰，琢磨它们运行的规律，制定出历法，指导老百姓顺应天时干农活。后来，光靠双眼还不够，人们发明了观察天象的仪器。（1977年，在安徽阜阳西汉汝阴侯墓中发掘出的圭表，就是观察日影的仪器。）

东汉的天文学家张衡吸取前人的经验，在浑天说的基础上，用竹篾尝试着先做出了模型，最终做成了一个可以转动的浑天仪，360度全方位无死角地呈现天体运行和天象变化，和天上出现的现象几乎完全相符。太神奇了，是不是？有了这些天文仪器，古人对天地日月的认识更加科学了。

关联字

天 → 蚕、吞、忝、关、吴、奏、癸、昊

地
- 地形与地域：域、疆、境、址、型、墓、埋、坎、坑、塘、埂
- 垦土种植：社、封、杜、培、埃
- 起土建造：基、增、塔、城、堡、塌、填、塞
- 土制器具：柱、墨、圣、怪、灶
- 累土为圭：洼、畦、卦、挂、佳

日
- 以太阳定时日：是、时、春、旬、昨、暂、昔
- 早晨的太阳：旦、早、朝、萌、晨、旭、晓
- 天气晴朗：晴、昌、昱、普、旺、晏
- 明亮的日光：明、晶、星、智、昭、照、映、晃、景
- 散发热气的太阳：暑、旱、夏、暖、晒、暴、曝

月
→ 夕、多、名、夜、夙、梦
→ 望、朔、朦、朗、期
→ 肖、稍、宵、悄、消

02 水江河湖海：生命之源

甲骨文	金文	小篆	楷书
			水

《说文解字》 准也。北方之行。像众水并流，中有微阳之气也。

水的字形就是一道流水，中间是主流，两边是支流或溅出来的水滴。

《说文解字》 水。出蜀湔氐徼外崏山，入海。从水，工声。

金文	小篆	楷书
		江

本义专指长江，后来成为大河流的通称。

甲骨文	金文	小篆	楷书
			河

《说文解字》 水。出敦煌塞外昆仑山，发原注海。从水，可声。

本义专指黄河，后来泛指大的河流。

《说文解字》 大陂也。从水，胡声。扬州浸，有五湖。浸，川泽所仰以灌溉也。

金文	小篆	楷书
		湖

本义为湖泊——四周是陆地的大片水域。

金文	小篆	楷书
		海

《说文解字》 天池也。以纳百川者。从水，每声。

本义是指承接大陆江河流水的广阔水域，后来指大洋靠近陆地的部分。金文时左边是水，右边像一个头戴饰物的妇女，表示母亲。这里比喻海是水的母亲，所有的水最终都会回归大海母亲的怀抱。

生命之源

传说,盘古开辟天地之后,出现了水神共工。这个家伙野心不小,要和颛顼(zhuān xū)争着当首领。两人互不相让,打得天昏地暗,日月无光。最后,共工输得一塌糊涂,他气坏了,一头向不周山撞去。山被撞倒了,大地的东南角被砸塌了,水哗哗地流向那里。

水是人类的生命之源。人离不开水,动植物的生长也需要水。所以,最初的人类逐水而居。但是,水太不听话,洪水会泡烂庄稼,淹坏房屋。于是,舜派禹去疏通河道,治好了水患,人们才可以安安稳稳地过日子。

> 禹之治水,水之道也。——《孟子》

古代的哲学家对水有着更加深刻的认识。老子说："上善若水，水利万物而不争。"意思是善良的最高层次就像水一样，能够滋润万物却从来不跟万物争名夺利。他还认为："天下莫柔弱于水，而攻坚强者莫之能胜。"水是最柔弱的，但是它却能以柔克刚，战胜很多坚硬的东西。

孔子也赞颂过水的品行。有一次，他站在河边出了神，一个学生问他为什么盯着水看不够，他认为水就像君子一样，值得每一个人细细观察，就像照镜子一样，能照出自己的所作所为。

生命之源

011

最初，古人把江河都叫作水，后来，才有了"江""河"的称呼。那时候的"江"指长江，"河"就是黄河。大约公元前400年，因为过度砍伐树木，河水里泥沙增多，变成了黄沙滚滚的浊河。在《汉书》中，它被叫作了"黄河"，一直叫到现在。

相传，黄河中曾经冒出过一匹龙马，背上有神奇的图案。伏羲受到启发，画出了八卦。后来，洛河中又冒出一只神龟，背上刻画着神奇的图案，启发了大禹。据说，大禹按照上面的方法治水成功，把天下划分成九州。"河图洛书"被认为是中华文明的源头。

> 河出图，洛出书，圣人则之。
> ——《易·系辞上》

和黄河流域一样，长江也是中华民族古老文明的发祥地。1973年发现的河姆渡遗址，显示出在六七千年前，长江下游也已经有了比较先进的原始文化。传说中的有巢氏，就是河姆渡人中的一支。更令人惊喜的是，这里还发现了大量人工栽培的稻谷，是目前世界上发现的最古老的农作物。

很长一段时间里，黄河流域是中华民族的文化中心。直到西晋灭亡后，皇帝带着大臣们渡过长江，建立了东晋，才把中原文明带到了长江以南。北宋末年，金兵攻破都城，宋高宗慌慌张张逃过长江，建立了南宋，中原文明大规模地转移到了南方，长江流域逐渐成为经济文化的中心。

在长江流域,有很多大大小小的湖泊。早在《周礼》中,就已经有了对湖泊的记载:"东南曰扬,其川三江,其浸五湖。"后人解释说这里的"五湖"指的是太湖,后来五湖也指太湖和附近的四湖。初唐诗人王勃在《滕王阁序》中提到"襟三江而带五湖",这里泛指南方的湖泊。

近代说的五湖,以洞庭湖为首。洞庭湖水面很大,号称"八百里洞庭"。湖边有座岳阳楼,北宋时范仲淹受滕子京之托,根据一幅《洞庭晚秋图》,写成一篇闻名于世的《岳阳楼记》,洞庭湖也跟着出了名,有了浓浓的文化气息。

要说辽阔，真正一眼望不到边的是海洋。古人认为海在大地的尽头，整个国家被四面的海包围着，所以把天下称为"四海"或者"海内"。《阿房宫赋》中"六王毕，四海一"，说的就是六国灭亡，天下归于一统。后来，"五湖""四海"连用，指全国各地。

四海一统之后，人们就想知道海的那边有什么。他们认为海里有岛屿，岛屿上有仙山，山里面住着神仙，神仙有长生不老的仙药。秦始皇就曾经派徐福出海寻找仙药，而徐福再也没有回来。明朝时，郑和奉命率船队七次下西洋，也是去探索陌生的海外世界。

关联字

水
- 身体里的水：汗、尿、唾、涕、泪
- 自然界中的水：泽、沟、潭、渊、池、溪、泉、瀑、湾
- 水的动态：汹、涌、澎、湃、荡、漾、波、澜
- 水的温度：沸、温、冰、冷、冻、凉、热
- 各种液体：油、酒、汤、汁、液、漆

江 → 源、流、滩、礁、汛

河 → 济、渎、淮、汾、渭、清

湖 → 泊、洼、涯、深

海 → 渤、洋、漩、涡

03 山岳崖：三山五岳

甲骨文	金文	小篆	楷书

《说文解字》 宣也。宣气散，生万物，有石而高。象形。凡山之属皆从山。

本义为大山。甲骨文为三座山峰的形状，金文把山峰填实了，小篆之后又把实心的山峰线条化了。

《说文解字》 东岱、南霍、西华、北恒、中泰室，王者之所以巡狩所至。从山，狱声。

甲骨文	小篆	楷书

本义为高大的山。甲骨文像上下多层的山峦，小篆在山字头下边加了一个表示读音的"狱"。

小篆	楷书

《说文解字》 高边也。从厂，圭声。

本义为高地的边，陡立的山边。引申为事物的边际、界域。"崖"字的下面是"圭"，重叠的"土"用来表示高；"厂"代表崖壁；上面加一个"山"则是强调山的崖。

传说天地分开后，盘古的身躯和四肢变成了三山五岳，高高地耸立在大地上。有个叫愚公的人，因为两座大山堵在家门口，出出进进要绕好远的路，太浪费时间了。于是横下一条心，带着儿孙们开始挖土，想把这两座山挖平。

> 子子孙孙无穷匮也，而山不加增……——《愚公移山》

一家人坚持不懈地挖下去，最后感动了天神，把两座大山背走了。这个传说是想让人类意识到自己还是很有力量的，可以改造大自然。不过，人类和山绝不是对立的。对于大山，人类是依赖的，感恩的。

> 山，草木生焉，鸟兽蕃焉。——《尚书》

山岳崖

山还会引发人类的想象：山这么高，山尖一直钻到了云彩里，是不是通到了天宫？山里的神仙爷爷，或者山神本人，是不是经常和天神聊天？人要是能爬到最高处，是不是也可以和天神对话，提点小小的要求？就这样，人类自然而然产生了对山的崇拜。

山之大小，皆有神灵。——《抱朴子》

在《山海经》中，就记录了以昆仑山为首的几百座大山。这些山中有很多山神，奇形怪状，神通广大。其中一位钟山之神叫烛阴，他睁开眼睛，天就亮了；闭上眼睛，天就黑了；张嘴吹一口气，北风呼呼地一刮，冬天来了；闭上嘴巴用鼻子呼气，天气变暖，就是夏天。

烛阴，不饮不食……身长千里。——《山海经》

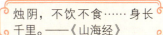

三山五岳

大地上高山无数,其中最著名的要数五岳了。《尚书》中最早记载着舜四处巡视的只有四岳,《周礼》中第一次提到"五岳",但都没有说出具体是哪座山。直到司马迁写作《史记》才在《尚书》的基础上,明确了东岳泰山、西岳华山、南岳衡山、北岳恒山,又加上了中岳嵩山。

> 巡狩至北岳……中岳,嵩高也。五载一巡狩。——《史记》

五岳中最有名气的是泰山。这要从秦始皇说起,这位中国历史上第一位皇帝,统一六国之后,开始巡视新占领的国土。他登上泰山,举行了一次盛大的封禅大典,宣示自己的至高无上。这是最高级别的祭祀,历史上只有六位皇帝拥有这份荣耀。

古人认为爬得越高越容易和上天交流，所以对待死去的亲人，他们也相信"弥高者以为至孝，高葬者必有好报"。于是，有些族群选择了独特的崖墓葬。江西龙虎山就有这样一片崖墓群，一座座棺材仿佛悬在高高的绝壁悬崖上，沧桑而又神秘。

山高大稳固，恒久不变，可以做灵魂的归宿。同时，崖壁上还可以刻字造像，让历史的记忆和山一起千年不朽。《金石索》中说："就其山而凿之，曰摩崖。"永州浯溪石崖上，就刻着颜真卿亲笔书写的《大唐中兴颂》。好多人来参观学习，顺便也刻上几笔。这些遗迹，穿越了千年时光，现在还能看到。

关联字

山
- 和水有关：岛、屿、岸、峡
- 山势极高：崇、峻、巍、峨
- 高高低低的山：岭、岗、峰、巅、峦、崭、岚、崩

岳 → 泰、岱、嵩、嶂

崖 → 陡、峭、嶙、峋

山岳崖

04 石玉璧矿：人间珍宝

甲骨文	金文	小篆	楷书

《说文解字》
山石也。在厂之下；口，象形。凡石之属皆从石。

本义是山上的石头，也比喻坚固、坚硬。甲骨文中右边部分是山岩的形状，下边的"口"表示石块。或许是古人看到土石从山坡上滚落下来，才造了这个字吧。

《说文解字》
石之美……像三玉之连。丨，其贯也。凡玉之属皆从玉。

甲骨文	金文	小篆	楷书
			玉

本义是温润而有光泽的美石。甲骨文像用一根绳子串起来三块玉石，金文、小篆都和现在的"王"字差不多（只不过古代的"王"字，第二横略微上移，并不是在上、下两横的正中间）。楷书在右边加了个点，才跟"王"字区别开。

金文	小篆	楷书

《说文解字》
瑞玉圜也。从玉，辟声。

本义为古代一种玉器，圆形扁平，中间有孔，边比孔大一倍。金文从玉，辟声。小篆字形变化不大，规范了一些。楷书则把"玉"放在了下边。

《说文解字》
铜铁朴石也。从石，黄声，读若穬。卝，古文矿。

金文	小篆	楷书

本义指地层中的自然物质，开采出来有很大的用处。

人间珍宝

古代人崇拜山，顺带也神化了石头。传说中，共工吃败仗后撞倒的不周山，是撑天的柱子。天柱一倒，天漏了一个大窟窿，世界乱了套。女娲烧炼出五色石头，这才把天补好了。

生活中，人们盖房子时，如果屋门口正对着桥或者路口，就要在墙外放一块石头，上面刻上"泰山石敢当"五个大字。据记载，石敢当可能是五代时候的一位勇士，也可能不是具体的什么人，只是人们石崇拜的一种表现。

古代文人喜欢石头，清代大画家郑板桥一辈子只画兰花、竹子和石头，他欣赏的是"万古不败之石"；白居易写过一篇《太湖石记》，讲述了太湖石收藏鉴赏的方法，他说"三山五岳，百洞千壑，尽在其中"。

玉是美丽的石头，细腻温润有光泽，但是有些玉外面会包着一层石头，根本看不出来是玉。"玉未治者"叫璞玉，容易被埋没。楚国人卞和在山里看到一块石头，认定它是世上罕见的美玉，献给楚厉王。可是，所有的玉工看了，都说这是石头。厉王气坏了，让人砍掉了卞和的左脚。

> 美玉所以见诬为石，荆和所以抱璞而哭之也。——《马钧传》

厉王死后，武王继位，卞和又去献宝。玉工们仍然认为是石头，气急败坏的武王派人砍掉了他的右脚。后来文王即位，听说卞和天天抱着石头哭，就把他找来，让玉工把石头切开——天哪！真的是一块价值连城的美玉。后来，秦始皇统一六国，拿这块和氏璧做了玉玺。

> 秦以来，天子独以印称玺，又独以玉，群臣莫敢用也。——《史记》

人间珍宝

除了象征皇权，玉还可以做祭品。"以苍璧礼天，以黄琮礼地。"圆形的璧祭天，方形的琮祭地。古人还认为玉有辟邪防腐的功能，《抱朴子》中说："金玉在九窍，则死人为不朽。"所以，古代皇帝贵族去世后，会穿戴玉衣，并且把一些小玉件塞进嘴巴和鼻孔里。

> 西汉刘胜金缕玉衣，出土于河北省满城县的汉墓，藏于河北博物院。

玉还是礼器，是身份地位的象征。《周礼》中记载："璧琮九寸，诸侯以享天子。"诸侯朝见天子，要进献直径九寸的玉璧，边长九寸的玉琮。王公侯伯手里拿的玉圭（上尖下方的长条形玉器），也是分等级的，子和男拿的玉璧则纹饰不同。看看官员们手里拿的玉，就能判断他们的身份了。

> 子执谷璧，男执蒲璧。——《周礼》

古代玉器的样式还有很多，圆形的玉环、玉玦和玉瑗等，常常拿来作为信物。"环"和"还"同音，"反绝以环"就是说流放外地的罪臣，收到君王送来的玉环，就可以回去了。而"玦"和"决"同音，"君子能决断则佩玦"。鸿门宴上，谋士范增就是用玉玦示意项羽要早做决断，除掉刘邦。

> 肉倍好谓之璧，好倍肉谓之瑗，肉好若一谓之环。——《尔雅·释器》

而读书人更看重的则是玉自身的美好。孔子说："君子比德于玉。"玉质地温润，象征着仁爱；表里如一，象征着忠义；声音清脆悠扬，象征着智慧；百折不挠，象征着勇敢；棱角分明但不锋利，象征着高洁。这就是玉的"五德"，是君子行事做人的榜样。所以，他们喜欢把玉戴在身上，时刻提醒自己注意言行。

> 君子无故，玉不去身。——《礼记》

人间珍宝

随着对玉器的需求越来越大，玉石矿越来越多，对矿藏的管理也就开始了。西周时设置了一个专门的矿业机构——卝（kuàng）人，管理各种矿产资源的开发和利用。汉景帝曾经下过一道诏令，给老百姓灌输黄金珠玉没有用的思想，说服他们少开矿，回到耕种上去。毕竟，农业才是国家的根本。

与此同时，对金、银、铜、铁等资源的开采也开始了。《吴越春秋》中说"采五山之铁精，六合之金英"铸造了"干将""莫邪"这两把名扬天下的宝剑。这里说的"铁精"和"金英"可能就是铁或者其他金属矿石，这是历史上关于古代采矿最早的记载。在实践中，人们慢慢掌握了根据矿苗找矿的经验，各类矿产越来越丰富。

上有丹砂者，下有黄金。上有慈石者，下有铜金……——《管子·地数》

关联字

石
- 石头能做的：砸、研、磋、碰、砌、砍、碾
- 石头做成的物品：砖、磨、碗、碑、砚、碟、破、碎、磐、硬、码、磅、礴

玉
- 美玉的不同称呼：琼、瑶、琳、瑜、琪
- 各种玉器：琪、琮、珰、瑄、圭、玦、璋
- 和玉石有关：玛、瑙、珊、瑚、翡、玻、璃

璧 → 环、玦、璜、瑗

矿
- 金属矿：铅、锌、锡、铬、汞
- 矿石：砂、硫、磁、硝

人间珍宝

05 金银铜铁：大有用处的金属

金文　小篆　楷书

《说文解字》
五色金也。黄为之长。久埋不生衣，百炼不轻，从革不违。西方之行。生于土，从土；左右注，象金在土中形。今声。凡金之属皆从金。

金文中右上部是个箭头，它下面是把斧子，左边两个小点是金属块，表示箭头和斧子是由金属制成的。那两个小点后来演变成左右两点。

《说文解字》
白金也。从金，艮声。

小篆　楷书

本义为一种白色的金属，后来引申为银币或银子，以及像银子一样的颜色。从小篆以来，字形变化不大。

金文　小篆　楷书

《说文解字》
赤金也。从金同声。

本义为一种赤色金属。从金文到小篆字形变化不大，现代把金简化为偏旁。

《说文解字》
黑金也。从金，戴声。

小篆　楷书

本义为黑色的金属，可以炼钢。后引申为坚硬，刚正。

在古代，金是金属的总称。"金有三等，黄金为上，白金为中，赤金为下。"金银铜在先秦被称为"金三品"，都是贵重金属。黄金是金属中最贵重的一种。黄金的产量稀少，物以稀为贵，而且，"金性不败朽，故为万物宝"。三星堆遗址出土的一些金器，历经几千年，没有损坏，没有腐烂，没有生锈，仍然金光闪闪。

因为黄金珍稀贵重，所以在封建社会中，成为权势和地位的象征。三星堆遗址中还出土了一根金杖：里面是木杖，外面包裹了一层金箔。出土时，木杖已经炭化，金皮上面刻了两个人头图像，还有头部相对的两只鸟，背部相对的两条鱼。据考证，这根金杖代表了蜀王至高无上的权力。

大有用处的金属

黄金还是财富的象征。很多贵族都是"黄金收藏家",不仅在生前大量占有,死后还要用黄金陪葬。西汉时期黄金储量超级多。据《史记》中记载,汉梁孝王刘武家有很多金子,"府库金钱且百巨万"。他死后用了好多黄金陪葬,即便如此,家里还剩下四十多万斤黄金。

金银铜铁

中国人很早就佩戴黄金首饰,甘肃玉门市火烧沟新石器时代遗址,就出土了金耳环。亮闪闪的耳环、项链、手镯,会把一个人衬托得雍容富贵。

古人还相信金子是辟邪之物:"金,禁也,气刚毅能禁制物也。"佩戴金首饰能镇住鬼怪,远离灾祸。

排在黄金后面的是银，在古代叫白金，泛着柔和的银白色光芒，看上去高贵典雅，而且还有辟邪保健的功能。古人用银做成各种各样的首饰，随身佩戴，既做装饰又能强健身体，一举两得。同时，银还被做成各种器具。银器的设计和加工技术，在唐代就已达到较高的水平。

> 银屑，安五脏，定心神，止惊悸，除邪气。——《本草纲目》

银还曾经作为货币流通使用。一个银元宝有十两和五十两两种规格。生活中买米面、针线……根本用不了一个银元宝，所以，他们常用的是碎银子。碎银子怎么来的？要用剪子剪开银元宝，再用戥（děng）子（一种小秤）称出合适的重量。这样的付款方式实在太麻烦了。

> 剪子的打假功能：剪开后看断层里有没有掺假。

大有用处的金属

033

第三名是铜,古代叫赤金,虽然没有金银那么贵重,但也有过曾经的辉煌。早在商朝,就已经开始开采铜矿了。江西瑞昌铜岭挖掘出了一处大型铜矿遗址,是目前发现的最早的、保存最好的铜矿遗址。这个发现太重要了,可以帮助我们更好地了解古老的青铜文明。

姜寨遗址出土

看看,这是6 700年前的黄铜!

好神奇!

青铜主要是用来做礼乐器或兵器的。在河南安阳出土的后母戊大方鼎,就是商王祖庚为了祭祀母亲铸成的,是古代高度发达的青铜文化的代表。在湖北荆州市出土的越王勾践剑,则代表了当时青铜短兵器制造的最高水平。

这里记录的铜锡比例对不对?

要能穿越回去看看就好了!

六分其金而锡居一,谓之钟鼎之齐。——《周礼·考工记》

后来，出现了铜铁合铸技术。河南三门峡出土的西周后期的玉茎铜芯柄铁剑，就是铜铁合铸的，这是目前发现的最早的人工冶铁的实物，因此称为"中华第一剑"。春秋时期，铁器开始出现。到了战国时期，铁器越来越多，逐渐取代了青铜器，在军事和农业生产中，占据了重要地位。

战国时期，大多数农具只是在木器上装了一个铁制的锋刃。到西汉时，全铁的农具出现了。铁制农具锋利，犁地除草又快又好。农具的大变革，推动了农业的飞速发展。

丰富的矿产资源、先进的冶炼技术，使中华文明走在了世界的前列。

大有用处的金属

恶金以铸鉏、夷、斤、斸，试诸壤土。——《国语》

关联字

金银铜铁

- 金
  - 金属器具：钩、锅、钳、镐、针、锯、钵
  - 金属和动作：镶、铸、钻、镀、铆
  - 金属和声音：铛、铮、铿、锵
  - 金属威力大：锋、利、锐、钝、钢

- 银 → 钱、铺、销、锭
      → 垠、跟、根、很、恨、狠、痕

- 铜 → 钟、锣、铃、镜

- 铁 → 锁、钉、链、铲、锄、锨

06 风雨雷：风伯、雨师和雷神

《说文解字》

八风也。东方曰明庶风，东南曰清明风，南方曰景风，西南曰凉风，西方曰阊阖风，西北曰不周风，北方曰广莫风，东北曰融风。风动虫生，故虫八日而化。从虫凡声，凡风之属皆从风。

甲骨文像一只长着长尾巴的凤鸟，小篆在"凡"下面加了一只虫子。

《说文解字》

水从云下也。一象天，冂象云，水霝（líng）其间也。凡雨之属皆从雨。

甲骨文上面一横表示天，下垂的六条短线表示下落的雨滴。金文变成了四个点。

《说文解字》

阴阳薄动雷雨，生物者也。从雨，雷象回转形。

本义为云层放电发出的巨响。甲骨文像闪电的形状，表示雷声和闪电同时发生。金文加"雨"旁，表明打雷的时候也会下大雨。小篆的下边整齐化为三个"田"字，现代简化成了一个"田"。

传说中，盘古开辟天地后，累得倒下了，他呼出的气体变成了风。《庄子》中提道："夫大块噫气，其名曰风。"风就是大地吐出的气，有时候温暖柔和，一旦发起脾气来，却能吹倒房屋树木。于是，在周朝的时候，就设置了占风官，通过观察风向、风力来卜问吉凶。

> 虞幕能听协风，以成乐物生者也。——《国语》

是谁在后面指挥着风呢？古人创造出来一位管理风的风神，叫风伯。甲骨文卜辞中就记录了"四方风神"，各有不同的名字。古人祭祀风神，期望风给世间带来平安吉祥。

风雨雷

风伯往往和雨师一起出场。古人种地要靠天吃饭,雨是农民的命根子。所以人类对雨师非常尊敬。古代神话中有的说雨师是一个人;有的说雨师是一只叫商羊的神鸟,特别能喝水。

商羊,能大能小,吸则溟渤可枯。——《三教源流搜神大全》

《汉书》记载:商汤时大旱,一滴雨都不下,汤命人求雨,求了一年又一年,老天爷就跟聋子似的,铁了心就不让龙王下雨。汤急坏了,干脆坐到柴堆上,把自己作为祭品献给上天。老天爷感动了,终于降下雨来。后世形成了各种求雨的仪式,"雩(yú)"就是其中一种。

使童男女各八人,舞而呼雩,故谓之雩。——《公羊传》何休注

风伯、雨师和雷神

夏天，刮风下雨的同时常常会伴随着轰隆隆的雷声。古人发现冬天是不会打雷的。《礼记·月令》中记载："仲春，雷乃发声；仲秋，雷始收声。"春天气温回暖，空气中水汽增多，大约在惊蛰前后，第一声春雷就会响起……

二月节，万物出乎震，震为雷，故曰惊蛰。是蛰虫惊而出走矣。——《月令七十二候集解》

雷声很大很吓人，于是也被神化了。《山海经》中就把雷想象成了半人半兽的神，居住在雷泽中，没事了就敲肚皮玩……还有更神奇的：伏羲和女娲的母亲华胥氏走到雷泽，踩到了雷神的大脚印，回去后生下了伏羲和女娲。

风雨雷

古代神话传说中有很多雷神，最出名的是雷公和电母。他们携手行走天空，一个打雷，一个放闪电，惩罚恶人，甚至连君王都不放过。《史记》中记载商朝一个叫武乙的王，狂妄自大，不敬天神，后来在一次打猎的时候，被天雷劈死了。

但是也有人不相信这些，东汉时候的思想家王充写过《论衡·雷虚篇》，分析雷电的产生时说："雷者，太阳之激气也。"雷是阴阳二气互相碰撞的结果，所谓的上天发怒是没有事实根据的。他的学说对后世产生了深刻的影响。

风伯、雨师和雷神

关联字

风 → 飘、飐、飓、飕、飚、飒
　 → 枫、讽、疯

雨
- 雨水大：洪、涝、泛、滥、滂、沱、泡
- 雨水少：旱、渴、淤、泥、浅
- 美丽的色彩：霞、霓、虹、霁
- 雨字旁：霸、需、霍、霎

雷 → 霆、轰、隆、震、霹、雳

风雨雷

07 露霜雪：给世间一片清凉

金文	小篆	楷书

《说文解字》
润泽也。从雨，路声。

本义为露水。甲骨文中没有"露"字，金文、小篆和现在的楷体几乎相同。

《说文解字》
丧也。成物者。从雨，相声。

小篆	楷书

本义为气温低于零度时，地面或物体上凝华而成的白色冰晶。通常出现在秋季至来年春季这段时间，既能使万物丧失生机，也可以促进部分作物成熟。

甲骨文	小篆	楷书

《说文解字》
凝雨，说（悦）物者。从雨，彗声。

古人看到雪从天而降，感觉就像雨滴从天空中飘落下来，只不过雪可以用手去接，所以甲骨文中"雪"的上半部是"雨"，下半部是"手"。小篆把下边的"手"变成了"彗"，表示手拿扫帚扫雪。

夏天过去了，轰隆隆的雷声听不到了。天气转凉，靠近地面的水汽凝结成晶莹的露珠，在草叶上闪烁。古代文人喜欢露珠的清澈。庄子在《逍遥游》中说"不食五谷，吸风饮露"，觉得喝几口西北风，品几滴甘露，身心就很愉悦了，以此来表明自己品格高洁。

古代的皇帝们也爱喝露水，不过他们是为了长命百岁。可是，露水太少了，为了实现"甘露自由"，汉武帝建了一座高台，高台上放了一个铜仙人，双手捧着一个铜盘，承接仙露。

> 上有仙人掌承露，和玉屑饮之。
> ——《承露盘赋》

天气再冷一点，霜就出现了。"暖则为湛露，寒则为繁霜。为露方物悦，为霜万物伤。"温度的不同形成了两种不同的事物。露水滋润万物，但是太阳一出来，就看不见了，所以古人常常借"朝露"来感慨时光易逝。

青青园中葵，朝露待日晞。——《长歌行》

霜是万物的终结者。霜降后，植物凋零，动物冬眠，天地间光秃秃的一片荒凉。悲观的人会觉得秋霜残酷，生命苦短。但从另一个角度看，只有到了霜降时节，果实才能成熟，而且，红叶经霜后更红艳，有些果实也要经霜后才更加甜美。

收越瓜，欲饱霜，霜不饱则烂。——《氾胜之书》

给世间一片清凉

气温继续下降，天空开始飘起了雪花，雪越下越厚，正是滑雪的好时候。在新疆阿勒泰地区有一幅岩画，刻的是几个人手里拿着木棍，脚下踩着滑雪板，在追赶牛马。据专家考证，这是一万两千多年前的作品，可见，那时候的古人就会滑雪了。

文人不擅滑雪，但他们喜欢雪的晶莹高洁，喜欢一片银装素裹带来的意境。农民们也喜欢雪，"瑞雪兆丰年"嘛。他们看着雪花飘落，念叨着"今冬麦盖三层被，明年枕着馒头睡""大雪半融加一冰，明年虫害一扫空"，满心欢喜地向往着明年的丰收。

露 → 霖、润、零、霄
　　路、鹭、璐、潞

霜 → 雾、凇、霾、霭
　　相、想、箱、厢

雪 → 雹、霏、霪
　　归、当、彗、扫、妇

给世间一片清凉

第二章 人类的诞生

传说中，女娲造出了人类，并且让男女结婚，组成家庭——丈夫外出去打猎，妻子在家里打扫做饭。后来，他们生下了小宝宝。有了孩子，男人和女人就成了父母，共同哺育孩子们，教养他们成为对社会有用的人才。人是万物之灵，有情有义有灵魂。他们在这块土地上生活着，让世界变得更加丰富多彩。

01 蛇男女人：女娲造出了人

甲骨文	金文	小篆	楷书

《说文解字》
无

本义为长虫，引申比喻形状或性质像蛇的。甲骨文和金文都像一条蛇，金文突出蛇头，尾巴看不到了，小篆规范化，楷书中加了虫字旁。

《说文解字》
丈夫也。从田从力。言男用力于田也。凡男之属皆从男。

甲骨文	金文	小篆	楷书
			男

甲骨文从田，从耒（犁）。古时农耕主要是男子的事，因此以用耒耕田会男子的意思。金文和小篆字形变化不大，楷书下面简化为力。本义指壮年男子，引申指儿子。

甲骨文	金文	小篆	楷书
			女

《说文解字》
妇人也，象形。

甲骨文描画出一个脸朝左跪坐着的女人形象，双手交叉在胸前，来突出女性的特征。金文头部加了一横，表示发髻，现代简化后，已经没有了人形。

《说文解字》
天地之性最贵者也。此籀文，象臂胫之形。

甲骨文	金文	小篆	楷书
			人

人是天地孕育出来的最为高贵的生物。本义是能够制造和使用工具进行劳动的人。甲骨文画出了一个侧身弯腰站立的人形，突出手臂和腿。能直立行走，是人和四足动物的区别。金文少了双腿的弯曲，小篆上身的弯曲度加大了。发展到现在，简化成了一撇一捺。

传说中，天地开辟之后，刚开始没有人类，只有一位叫作女娲的大神，在天地之间自由自在地生活着。晋朝郭璞《山海经注》中记载："女娲，古神女而帝者，人面蛇身，一日中七十变，其腹化为此神。"女娲人面蛇身？是的，不仅女娲，就连人类的始祖伏羲也是这样——

生伏羲于成纪，蛇身人面。——《帝王世纪》

蛇是可怕的，神出鬼没，防不胜防，还有一些蛇有毒，咬了人，人就会丧命。上古"它"字指的就是蛇，《说文解字》这样解释："它，虫也。从虫而长，象冤曲垂尾形，上古草居患它，故相问'无它乎？'"草丛里有蛇，人们很害怕，走出来的时候，会警惕地互相招呼："草里没有蛇吧？"春秋时期，吴越两国打仗，伍子胥把越国比喻成了蛇——

女娲造出了人

不过，在远古时代人们心中，蛇又是有灵性、有神力的。那时候，人类的生存环境很残酷，天灾人祸随时可能发生，因为蛇的繁殖能力强，所以把人类始祖的形象和蛇联系到一起，加以崇拜。还有，《山海经》中有一些山神，手里会拿着蛇。

操蛇之神闻之，惧其不已也，告之于帝。——《愚公移山》

蛇男女人

在古代的一些地方，蛇被看作吉祥的象征。但是，民间也有五毒的说法。很可怕的五种毒虫，其中之一就是蛇，端午节有个习俗是喝雄黄酒驱除五毒。《白蛇传》中的白蛇就是喝了雄黄酒才显露原形的，不过，剧中的蛇妖勇敢善良，并不可怕。看来，人们对蛇的感情还是很复杂的。

维虺维蛇，女子之祥。——《诗经》

那位人面蛇身的女娲，走到水边，忽然感觉到了孤独。于是，抓起一把黄泥，照着自己的倒影，捏了一个小娃娃，说来也怪，这个小家伙双脚刚刚落地，竟然活了过来，女娲继续捏，更多的人出现了。最后实在太累了，女娲就想出了一个省力气的好方法——

力不暇供，乃引绳于泥中，举以为人。——《风俗通》

女娲看着三三两两的人群，有说有笑，非常高兴。忽然，一个可怕的想法冒出来：人总是会死的，会越来越少，怎么办？她想呀想呀，终于又想出了一个好办法：把这些人分成男人和女人，让他们结婚生孩子，分工合作过日子。这样，人越来越多，世界热闹了起来。

窈窕淑女，君子好逑。——《诗经》

女娲造出了人

随着社会的发展，男女有了明确的分工：男主外，女主内，男人耕田打猎，女人纺织做饭。《周易》中记载："家人，女正位乎内，男正位乎外。男女正，天地之大义也。"男人、女人都要摆正自己的位置，这才是天地间的大道理。农耕社会里，要想吃饱饭就得种田，所以，男人是一个家庭的顶梁柱。

接下来漫长的封建社会，延续了男尊女卑的观念。在这种观念的影响下，人们更加看重男孩。在古代，生儿子叫弄璋之喜，生女儿叫弄瓦之喜。《诗经》中说："乃生女子，载寝之地，载衣之裼，载弄之瓦。"这里的瓦，是纺织用的一种工具，给女儿玩瓦，是要她长大好好学习纺织的。

随着社会的发展，思想也在发展。人类中的一些思想家们开始思考人性。孟子认为人本性是善良的，荀子则认为人性是恶的，要靠后天教育来引导。同时他们也在思考人与上天的关系。《黄帝内经》中说："人与天地相参，与日月相应……"这人呀，要顺应天地四季的变化。

儒家也主张"天人合一"，他们认为天是高高在上的道德的化身，人要提高自己的道德修养，才能得到老天爷的认可。后来，董仲舒借助"天人合一"的理论，推出"天子受命于天"的观点。虽然偏离了原来的儒家思想，但是迎合了皇帝的心思，正好用来统治天地间的人们。这一统治，就是两千多年。

关联字

蛇
- 蜕、虫、蟒、毒、爬
- 坨、陀、舵、驼、沱

男
- 对男性的各种称呼：郎、儿、童、公、丁
- 男性亲属：哥、弟、侄、甥、爷、舅

女
- 对女性的各种称呼：丫、闺、伶、婵、娟、妮
- 女性亲属：姐、妹、姑、姨、奶、姥
- 跟女性有关：好、妙、嬉、奸、娇、妆、妩、媚、姿、娜

人
- 人是群居动物：从、众、丛、北、比、聚
- 人的器官：头、颈、脸、眼、睛、手、脚
- 人的情绪：喜、怒、哀、乐、悲、恐、惊
- 几种人称：你、我、他、她、吾、尔、汝
- 人际关系：伴、朋、友、仇、传、伦、仁

夫妇生育：生育小宝宝了

甲骨文	金文	小篆	楷书

《说文解字》
丈夫也。从大，一以象簪也。周制以八寸为尺，十尺为丈。人长八尺，故曰丈夫。凡夫之属皆从夫。

甲骨文下部是"大"，像一个正面站立的人，"大"的上部有一小横，表示头簪的形状。金文小篆到楷书字形变化不大。

《说文解字》
服也。从女持帚洒扫也。

甲骨文	金文	小篆	楷书

本义为已婚女子，引申指妻子。甲骨文像一个女子手拿笤帚，会女子洒扫的意思。金文字形与甲骨文基本相同。小篆把"女""帚"对调了位置。楷书繁体整齐化，现代简化为"妇"。

甲骨文	金文	小篆	楷书
			生

《说文解字》
进也。象草木生出土上。凡生之属皆从生。

本义为草木生长出土。引申指生育、发生、产生。甲骨文、金文都像一棵植物在地上生长出来的样子。小篆整齐化。

《说文解字》
养子使作善也。从㐬，肉声。

甲骨文	金文	小篆	楷书

本义为生育、生子。甲骨文上部是一个女子，下部是一个倒着的子，会妇女生子之意。金文和甲骨文基本相同，小篆规范化，楷书简化为育。

男女结婚后，生下活泼可爱的小宝宝。在古代，未成年的小男孩也留长发，到20岁成年的时候，才会绾起头发，戴上帽子。举行过加冠礼的男子就可以用"夫"来称呼了。《汉书》中说："一夫不耕，或受之饥。"一个成年男子不耕作，就得有人挨饿。男子成年后，就要服各种劳役，所以后来又指服劳役的男人。

夫屯昼夜九日。——《左传》

夫妇生育

058

后来又用"夫"来指代土地的面积。《新唐书》中记载："古者百亩地号一夫，盖一夫授田不得过百亩。"在古代，分配给一个成年男子耕种的土地不得超过百亩，所以，百亩土地就叫作一夫。

九夫为井，四井为邑。——《周礼》

夫也指大丈夫，是对有才能、品德高尚的成年男子的美称。《左传》："且成师以出，闻敌强而退，非夫也。"大军出征，听见敌军强大就退兵了，不是大丈夫。后来，用夫子来尊称年长又有学问的人。

愿夫子辅吾志，明以教我。——《孟子》

夫也指丈夫。丈夫的配偶称为妻，也叫作妇，由此又引申出指代已婚女子。《尔雅》中说："子之妻为妇。又女子已嫁曰妇。妇之言服也，服事于夫也。"在古人看来，结婚成家了就叫妇，就是要照顾、服从丈夫的。

三岁为妇，靡室劳矣。——《诗经》

生育小宝宝了

后来妇、女连用，泛指女人。古代对妇女要求很高，要学习礼仪，涵养品行，学习技能。《礼记》中说："妇人先嫁三月……教以妇德、妇言、妇容、妇功。"这都是妇人必须学的：品德要高尚，说话要得体，打扮得要端正，还得能干活会持家。当然，更重要的是要听话，听谁的呢？

夫妇生育

060

男人和女人组成家庭，生育孩子，人类得以一代一代繁衍生息。生最初是草木生长的意思，《荀子·劝学》中："蓬生麻中，不扶自直。"就是说蓬草生长在一丛直立的麻中间，不用扶持，自然是挺直的。从这个意思引申为出生、生育，这是世界不停运转的根本。

一个人来到世上，就要想方设法生存下去，《孙子兵法》中说："投之亡地然后存，陷之死地然后生。"在战争中，有时候置身于绝境中，奋起反抗，反而能够冲出一条生路。生命是宝贵的，好好活着，一切才有可能。可是，有些人却不明白这个道理。

> 今世俗之君子多危身弃生以殉物，岂不悲哉！——《庄子》

生育小宝宝了

历朝历代，民生问题都是国家的大事。明智的统治者们，会关心老百姓的生活，《史记》中记载："秋冬则劝民山采，春夏以水，各得其所便，民皆乐其生。"孙叔敖做楚相的时候，就劝老百姓秋冬到山里砍伐树木，等到春夏河水上涨，再顺水漂流运出去，这样都很方便，老百姓生活得很快乐！不过，也有很多人的生活并不好过。

> 人奴之生，得无笞骂即足矣，安得封侯事乎！——《史记》

古代把有才学的读书人称作"先生",于是,生也可以用来指读书人。在传统戏曲中,也有一个行当叫作"生",扮演男性人物。年龄大的叫作"老生",年轻的叫作"小生",会练武的叫作"武生"。

戏曲的五种行当:生、旦、净、末、丑。

小孩子生下来是要抚养教育的,《诗经》中记载:"载生载育,时维后稷。"这个生下来辛勤养育长大的孩子,就是周的先祖后稷。教育不仅仅是让孩子吃饱喝足,还要培育他们的品行并教会他们各种技能,让他们长大后更好地适应社会,做有用的人才。

君子以果行育德。——《易经》

关联字

夫 → 配、偶、徭、役、冠、
规、芙、扶、肤

妇 → 妻、媳、寡、孀、嫁、嫉、妒

生 → 活、产、存、出、老、死、卵、
隆、胜、性、笙

育 → 孕、教、抱、养、培、抚
膏、肓、盲、青、背

生育小宝宝了

03 父母哺子：好好教养孩子

甲骨文	金文	小篆	楷书
			父

《说文解字》
矩也。家长，率教者。从又举杖。

本义是手持工具。手拿石斧从事艰苦的野外劳动的男子，也有的说是手拿棍棒教育子女的男子，专指父亲。甲骨文左边的一条竖线像石斧一类的工具，右下是一只手，会手拿工具的意思。金文小篆字形变化不大，楷书简化为父。

《说文解字》
牧也。从女，象怀子形，一曰，象乳子也。

甲骨文	金文	小篆	楷书

本意是养育孩子，后来引申为母亲。甲骨文金文是在女字上面加了两个点，代表乳房，表示哺育孩子的意思，小篆中两点拉长了，现代简化后，已经变形。

小篆	楷书
哺（小篆）	哺

《说文解字》
哺，哺咀也。从口甫声。

本义是咀嚼，引申为喂不会取食的小孩子，后来也指口里咀嚼的食物。小篆到楷体，字形变化不大。

《说文解字》
十一月，阳气动，万物滋，人以为称。象形。凡子之属皆从子。

甲骨文	金文	小篆	楷书

子的本义为婴儿。引申泛指孩子（与父母等长辈相对）。甲骨文像小儿在襁褓中的样子。金文像婴儿双手张开要人抱的样子。小篆规范化，楷书简化为子。

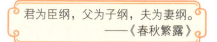
君为臣纲，父为子纲，夫为妻纲。
——《春秋繁露》

《史记》中说："父母者，人之本也。"父母给了孩子生命，是人的根本。孩子出生后，父母就要承担起教养的责任了，尤其是父亲，是家长，是权威，是一个家庭规则的制定者。《荀子》中指出："父者，家之隆也。"父亲，是一个家庭中地位最高的人，妻子和儿女都要服从他。

父还常常用来尊称老年人。《史记》中项羽和刘邦争夺天下，被刘邦困住，仓皇逃出重围，来到乌江边。手下人劝他渡江重整旗鼓，他不肯："纵江东父老怜而王我，我何面目见之？"即使江东的父老可怜我，尊我为王，继续追随我，我也没脸再见他们了。后来，父也特指一些值得尊敬的父辈，周朝的姜尚就被尊称为"尚父"。

好好教养孩子

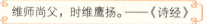
维师尚父，时维鹰扬。——《诗经》

父亲是严厉的,母亲则更多的是慈爱。《诗经》中写道:"父兮生我,母兮鞠我,抚我畜我,养我育我……"父母生养了孩子,又爱护照顾他,培养教育他,直到长大成人。成年后离开家,母亲又会时时牵挂……古代,孩子离家时,会在母亲的房屋前种下几株萱草,让母亲忘掉忧愁。因此,母亲居住的屋子又叫萱堂。

> 萱草生堂阶,游子行天涯。——《游子诗》

父母哺子

> 羊有跪乳之恩,鸦有反哺之义。——《增广贤文》

小时候,母亲要给孩子哺乳,再大一点,要给孩子喂饭,哺也泛指禽兽喂养幼仔。《本草纲目·禽部》中记载:"慈乌:此鸟初生,母哺六十日,长则反哺六十日。"这种乌鸦,小时候母鸦喂养它六十天,长大后,母鸦老了,它会反过来喂养母鸦六十天。后世常用这种鸟的行为教育人们要孝顺父母。

后来，哺也指口中正咀嚼着的吃食。《庄子》中讲到上古赫胥氏的时代老百姓们的生活状态："含哺而熙，鼓腹而游……"嘴里含着吃食嬉戏，鼓着吃饱了的肚子游玩。不愁吃喝，自由自在，那时候的老百姓真是挺幸福的呢。不过，只知道吃喝，不求上进，也会被人瞧不起的。

一般情况下，吃饭就要好好吃饭，是不说话不处理事情的，可是，也有特殊情况。《史记》中记载周公非常爱惜人才，常常"一沐三捉发，一饭三吐哺"。他洗一次头发，要停下来好几次，握着湿漉漉的头发去见客人；吃饭也是这样，有客人来了，就吐掉口里的吃食，出去迎接客人。三国时期的曹操在一首诗中赞颂了周公的品行。

好好教养孩子

哺育后代是一个家庭中的大事，古语说"不孝有三，无后为大"，没有后人传宗接代是最大的不孝。《礼记》中说："子也者，亲之后也。敢不敬与？"这里的子，特指儿子，是父母的后代，是负责传宗接代的，敢不尊敬吗？后来，子也指儿女。

率妻子邑人来此绝境。——《桃花源记》

"子"也用来称呼老师或有学问并且品德高尚的人。春秋战国时期的诸子百家指的就是当时一些思想学派的代表人物：儒家的孔子、孟子、荀子，道家的老子、庄子，法家的韩非子，墨家的墨子等。他们的思想对中国文化产生了深远的影响。

贾生年少，颇通诸子百家之书。文帝召以为博士。——《史记》

父 ➔ 爸、爹、叔、伯、翁、老

母 ➔ 妈、娘、婶、慈、亲
　　 每、拇、毒、姆

哺 ➔ 喂、甫、捕、辅、铺、脯

子 ➔ 胎、崽、雏、小、婴、孩、卵
　　 字、学、籽、孤、仔、孜、孪

好好教养孩子

04 身心意灵：人是万物之灵

甲骨文	金文	小篆	楷书

《说文解字》 躬也。象人之身。凡身之属皆从身。

本义为身孕，引申指人的躯干。甲骨文、金文、小篆都像一个大肚子的侧面人形，是一个怀孕的女子的样子。字形变化不大。

《说文解字》 人心，土藏，在身之中。象形。博士说，以为火藏。

甲骨文	金文	小篆	楷书
			心

本义为人的心脏。古人认为心是人的感情与思维器官，故引申指头脑、思想。甲骨文像人或动物的心脏。金文多了中央一点，可看作是血液。小篆多了一条向右撇的曲线，可看作是连着心脏的血管。楷书简化为心。

小篆	楷书
	意

《说文解字》 志也。从心察言而知意也。从心，从音。

本义为心思、心志。引申指愿望、心愿。小篆到楷书字形变化不大。

《说文解字》 灵巫也，以玉事神。从王，霝声。

金文	小篆	楷书
		灵

本义为奉玉舞蹈以降神。引申指跳舞降神的巫。金文从示（祭台），从霝（下雨），会祭神求雨的意思。

宝宝一出生，就有了一具身体，会哭会笑会跑会跳，有感情有心事有精神。《礼记》中说："身也者，父母之遗体也，行父母之遗体，敢不敬乎？"这个身躯，是父母留给我们的，行走坐卧都要使用它，敢不尊敬吗？由此，古人引申出来对孝道的解释。

身体发肤，受之父母，不敢毁伤，孝之始也。——《孝经》

在爱惜身体的基础上，古人也强调身体的体验，并且通过体验来修养品德。《孟子》中说："尧、舜，性之也；汤、武，身之也。"孟子认为，尧和舜的德行是出自本性，而商汤和周武王则是通过亲身体验修行来的……这就是古人说的修身。

静以修身，俭以养德。——《诫子书》

古人认为，修身是过程，最终目的是《孝经》中要求的"立身行道，扬名于后世，以显父母，孝之终也"。这里的立身指的是涵养品德建功立业，这样，美名可以传扬于后世，给父母带来荣耀，这是孝道的终极目标，当然也是人一生追求的终极目标。为了达到这个目的，人要时时反省自身。

吾日三省吾身：为人谋而不忠乎？——《论语》

我每天多次反省自身，替人家谋划是不是尽忠竭力啦……

是不是每天都要写检讨书？

在古人心里，身心是分不开的。《荀子》中说："心者，形之君也，而神明之主也。"荀子认为：心，是躯体的君主。心不跳动了，躯体就死了；同时，心，又是一个人精神的主宰。有了心，人就有了思想，有了感情，有了追求。

心之官则思，思则得之，不思则不得也。
——《孟子·告子上》

这说的是脑子吧？

我这颗心呀，是用来思考问题的，想就有所得，不想就啥都没有。

外界的事物常常会触动人的内心，产生情感上的共鸣或者波动。《孟子》中说："夫子言之，于我心有戚戚焉。"就是说夫子说的话，触动了我，和我的心产生了共鸣，这是一种很美好的感受。但，生活中也会有很多挫折，让人伤心难过，忍受痛苦。

……行拂乱其所为，所以动心忍性，增益其所不能。——《孟子》

在一些哲学家的学说中，心是主观世界，左右着人对外部世界的认识。王阳明说："你未看此花时，此花与汝心同归于寂；你来看此花时，此花颜色一时明白起来，便知此花不在你的心外。"没有看到这朵花的时候，它对于你来说是不存在的，当你看到这朵花了，它就存在了，由此可见，这朵花既开在大自然中，也盛开在你的心里。

宇宙便是吾心，吾心即是宇宙。——陆九渊

人是万物之灵

外物刺激触动内心，会生出很多心思、想法、情绪等，这就是意。《春秋繁露》中解释："心之所谓意。"心中的感悟或思想，用言语说出来，别人才能了解，用文字记录下来，后人才能看到。但是心意思想往往是很复杂的，很多时候很难完全地表达出来。

书不尽言，言不尽意。——《周易》

文字不能完全表达言语，言语也不能完全表达我的意思，我太难了！

那还写什么？把作文课取消得啦。

陶渊明很了解这一点。他在《归园田居》中写道："此中有真意，欲辨已忘言。"他说自己在隐居中感悟到了生活的真谛，想要说出来，张了张嘴，却不知道怎么说。其实，庄子也早就意识到了这些，他认为小到心意思想，大到天地之道，怎么说不太重要，关键在于领悟。

言者所以在意，得意而忘言。——《庄子》

庄先生，您刚才用了个什么词，我都忘了。

言语就是用来传递思想的，思想悟到了，那些词语，忘就忘了吧！

然而，人是天地万物中最独特的一种生物，千人千面，各个不同，所以每个人对世间大道的领悟也不相同。《尚书》中说："惟天地万物父母，惟人万物之灵。"古人认为：天地是万物的父母，人是万物中最有灵性的。当然，人类中也有糊涂的——

大惑者终身不解，大愚者终身不灵。——《庄子》

古时楚国人把跳舞降神的巫称作灵。《离骚》中"命灵氛为余占之"说的就是，让叫氛的巫者来为我占卜。古人认为他们是开发出了超常灵力的一类人，可以沟通天地鬼神，由此相信人是有灵魂的，也可以理解为：在身躯之外，人还有一个心灵或精神层面的自己。

故不足以滑和，不可入于灵府。——《庄子》

人是万物之灵

关联字

身
- 身体的部位：躯、体、肢、首、胯、臀
- 身体的动作：躺、射、躲、躬

心
- 消极情绪：怕、慌、憎、恨、悔、愧、疚
- 积极情绪：慷、慨、愉、悦、恬、怡、情

意
- 心理活动：感、想、思、虑、患、惑、怨、恋
- 词语的意义：词、句、言、音、义

灵 → 聪、敏、慧、巧、魂、鬼、魅

身心意灵

第三章 早期的生存

  人口越来越多,他们要生存下去,就要向大自然要食物。各种飞禽走兽,还有河里的游鱼都是他们要猎获的目标。从最早手持棍棒追赶,到后来有了弓箭,可以远程射击,再到网的发明,猎狗的参加,大规模的围猎开始了。在捕猎的过程中,聪明的人类开始发明工具,更好地开发利用大自然。

01 获陷兽：捉野兽去

甲骨文	金文	小篆	楷书
			获

《说文解字》猎所获也。从犬，蒦声。

本义为猎得禽兽，引申为猎获的禽兽。甲骨文像一只手抓住了一只鸟，小篆加上了犬，表示围猎的时候带上了狗。

《说文解字》高下也。一曰陊也。

甲骨文	金文	小篆	楷书

本义是为捉野兽而挖的坑，后来也比喻用来骗人的圈套。甲骨文像一只野兽落入坑中。小篆演变为左右结构。楷书更加简化。

甲骨文	金文	小篆	楷书
			兽

《说文解字》守备者。从嘼，从犬。

甲骨文用"单犬"会意，表示带着工具和猎犬去打猎，后来指代野兽。小篆中"单"变成了"嘼"，简体楷书去掉了犬，只剩下"兽"。

最早的人类为了生存下去，就必须获取食物。食物的来源，很大一部分就是和他们生活在同一片大地上的禽兽们。最初，在还没有发明工具之前，人类可能只会笨笨地徒手捕捉，比如徒手捉鸟。因为很难，只有少数人能做到。所以，最初收获很少。

田获三狐。——《易经》

后来，人们的生活越来越丰富了，收获的范围也越来越大。逮住禽兽叫"收获"，专门拉猎物的车子叫"获车"；庄稼收割了拉回来，也叫"收获"；两国打仗，战胜国抓了很多俘虏，带回来做奴隶，男的叫"臧"，女的叫"获"，"臧获"连用指代奴仆。

子发将西伐蔡，克蔡，获蔡侯。——《荀子》

捉野兽去

要想收获更多的猎物，还要想更好的办法。聪明的古人慢慢摸透了野兽的生活习性，在它们出没的地方挖下深坑，上面铺上树枝之类的东西做好伪装，然后悄悄藏起来，等着野兽出现——野兽哪里知道这些，像平常一样出来觅食喝水，一脚踩上去，"扑通"就掉进了陷阱。

> 虎可使之入陷。——《齐丘子》

获陷兽

080

陷阱不止可以捕杀野兽，还可以指代用来骗人的圈套。战国时候，军事家孙膑就给他的对手庞涓设计了一个"陷阱"。第一天，孙膑命令军队砌了给十万人做饭的灶，第二天减少五万，第三天又少了

> 我固知齐军怯，入吾地三日，士卒亡者过半矣。——《史记》

两万……其实，却暗暗增加了兵力。庞涓高兴坏了，扔下大部队，带着少量骑兵追了下去，一头撞进对方的埋伏圈，吃了个大大的败仗，连性命都丢了。

跟战争一样,猎捕野兽是件很危险的事儿,稍不留神就可能被猛兽弄伤,甚至丢掉性命。大多数野兽是肉食动物,是残忍的,所以,人们把不遵守社会规则的干坏事的人比作"禽兽"。《周礼》中说"外内乱,鸟兽行,则灭之",就是这个意思。

其实古人对野兽的态度很复杂,有瞧不起也有害怕,但是又需要它们,同时还敬畏它们的某些能力。据记载,周天子出门的时候,排头的第一辆车上要挂熊皮冠,最后一辆车上要挂豹尾,代表天子顺顺利利出门去,平平安安回家来。为什么呢?因为熊出去了不迷路,豹子跑多远也能找回来。多么好的寓意!

捉野兽去

羔裘豹饰,孔武有力!——《诗经》

除了现实中的野兽，一些神话中还想象出了世界上并不存在的神兽，它们神通广大，能给人类带来吉祥。能日行千里的驺虞就是其中一种。《山海经》中记载："大若虎，五彩毕具，尾长于身，名曰驺虞。"它非常善良，从来不捕杀活的动物，走路的时候，连青草都舍不得踩。明代，曾有大臣给皇帝进献驺虞，说是上天降下来的祥瑞。

古人还把一些神兽的形象用在建筑上。传统建筑中房顶上有一条正脊和四条垂脊，这五条脊上有六种神兽，就是人们说的"五脊六兽"。它们既能防止漏雨，又是装饰，还能镇宅，保佑家宅安宁吉祥。还有大门上，常常会用金属做成兽头叼着门环的样式，叫"铺首"，也是借用兽的形象来驱邪的。

获 → 收、捕、捉、俘、虏、赢

陷 → 阱、塌、降、陡、隧、坑、落

兽
- 各种野兽：虎、豹、狼、狈、犀、豺、狐、狸
- 动物的兽性：狡、猾、狠、狰、狞、猛

捉野兽去

射弓矢：张弓搭箭射出去

甲骨文	金文	小篆	楷书

《说文解字》
弓弩发于身而中于远也。

本义为开弓放箭。引申为借助推力、弹力或者压力而发出。甲骨文像箭在弦上，表示射箭。金文字形在弓箭之后又增加了一只手，表示用手射箭。小篆左边变成身字，右边为矢字。楷书的右边变为寸字。

《说文解字》
以近穷远。象形。古者挥作弓。

甲骨文	金文	小篆	楷书

本义为射箭的工具，引申为形状或作用像弓的东西。甲骨文就像一张弓的形状。金文像一张松了弓弦的弓。

甲骨文	金文	小篆	楷书

《说文解字》
弓弩矢也。从入，像镝栝羽之形。古者夷牟初作矢。

本义为箭。甲骨文和金文就像一支箭的样子。小篆规范后比较抽象。楷书已经失去了箭的样子。

狙击神器
远程攻击

在人类的早期生存中,想要更好地捕获野兽,还可以靠弓矢。如果力度足够,箭矢飞出去的速度完全可以追上野兽奔跑的速度。于是,在狩猎和战争中,诞生了许多神射手。羿就是其中最有名的一个。《山海经》中记载,他手拿红色神弓,使用白色羽箭,威风凛凛,百发百中。

> 羿与凿齿战于寿华之野,羿射杀之。——《山海经》

羿的下场很惨。《孟子》记载:羿有个学生叫逢蒙,学会射箭后动起了歪心思,想成为天下头号神射手。他一狠心就把老师羿杀了。

射箭确实是需要好好学习的。有个叫纪昌的,就下了苦功夫:先练针刺过来不眨眼,再练把一个虱子看得像车轮那么大,这才把本领练好。

> 贯虱之心,而悬不绝。——《列子·纪昌学射》

张弓搭箭射出去

古人非常重视射术。"射"是古代六艺（礼、乐、射、御、书、数）之一，是成年男子必须掌握的技能之一。后来，又演变成一种礼仪形式——射礼。

古代射礼分为四种：大射是天子和诸侯祭祀前举行的；宾射，是诸侯朝见天子或诸侯会面时举行的射礼；燕射是天子、诸侯闲暇宴饮时，和大臣们一起举行的；乡射，是地方官们在春秋两季召集百姓们一起来举行的。射礼的过程中有竞争，更讲究礼仪。

据说，孔子不仅文化学得好，射术也是很厉害的。有一次，孔子举办射礼，来观礼的人围成了一堵墙。开始前宣布"败军之将是没有资格参加的"，有几个人悄悄溜走了；接着又说"能够洁身自好，尽忠尽孝，坚持到老的可以留下"，又有一些人溜走了；之后又提了更高的要求，话音一落，人们几乎都走光了。那时候，只有君子才能参加孔子的射礼呀。

射击需要用到弓和矢。传说中，弓是一个叫作挥的人发明的，后来黄帝任命他做了弓正，监管制造弓箭的事务。弓是古代一种很重要的武器，《考工记》中记载："弓人为弓，取六材必以其时。六材既聚，巧者和之。"制弓需要六种材料，从冬天切割材料开始，差不多一年的时间才能完成。

西周时期，民间有个习俗，生了男孩的家庭，就在门口挂上一张弓——期待男孩长大后，勇武有力，能弓善射。那时候，弓的使用也是分等级的。《荀子》中记载："天子雕弓，诸侯彤弓，大夫黑弓。"天子用的是刻满了精美花纹的弓，最高贵。不过，弓再好看，要想射中目标，还是要有力气的。

弓箭是一种组合兵器，箭也叫矢，和弓搭配使用。在山西峙峪村的旧石器时代晚期遗址中出土了一枚用燧石打制的箭头，表明在两万多年前，我们的祖先已经开始使用弓箭了。因为弓和箭杆大多用竹木制成，容易腐朽，所以，后世能看到的是其他材质的箭头，比如青铜箭头、铁制箭头等。

射弓矢

矢不仅可以用来狩猎和打仗，它们还是投壶游戏的主角。投壶游戏是从古代的射礼演变而来的，射礼需要很大的场地，而投壶可以在室内举行。宴席上，前面放一只酒壶，每个人拿几支箭，隔开一定的距离，把矢投入壶中，投中多的获胜，少的要喝酒。酒席间热闹又高雅，深受贵族官员们的喜爱。

主人奉矢，司射奉中，使人执壶。——《礼记》

射 → 导、将、寻、夺、讨、衬
　　 身、躺、躲、躬、躯

弓 → 弯、弦、张、弛、弧、弩
　　 弹、强、弱、弘、弥、弭

矢 → 短、知、矮、疾、矩、矫、矣

张弓搭箭射出去

03 钩钓泽网：捕鱼的好办法

金文	小篆	楷书

《说文解字》
曲也。

本义为衣带上的钩，引申为钓鱼或者挂物的钩。金文和"勾"的金文相同。小篆加了金字旁，表示钩是金属材质的。楷书把右半部分简化了。

《说文解字》
钩鱼也。从金，勺声。

甲骨文	金文	小篆	楷书

本义为钓鱼，也指钓鱼的人。甲骨文就像一条鱼被鱼钩钓上来的样子。小篆规范化了。楷书右半部分简化了。

金文	小篆	楷书

《说文解字》
光润也。从水，睪声。

本义为水汇集的地方，就是沼泽。引申为雨露和阳光润泽之意。

《说文解字》
庖牺所结绳以渔。从冂，下象网交文。

甲骨文	金文	小篆	楷书

网的本义是用绳线编织的渔猎工具。

和野兽相比，鱼几乎没有攻击性，而且鱼肉鲜美，大家都爱吃。可是鱼滑溜溜的，想徒手捉住不容易，用棍棒击打用鱼叉插刺，也有难度。于是，鱼钩就出现了。开始人们用骨头打磨成鱼钩，后来又出现了青铜鱼钩，进入铁器时代之后，又造出了更好用的铁质鱼钩。

洛阳偃师二里头遗址，出土了青铜鱼钩。

哎呀妈呀，还有倒刺呢。

好可怜的鱼，嘴巴疼！

捕鱼的好办法

弯弯的钩，不仅能捕鱼，还能杀人。有一种似剑而曲的兵器，叫"钩"，就像超大款的鱼钩。还有其他用途的钩，比如衣带钩、挂衣钩等。《庄子》中说："我善治木，曲中者中钩，直者应绳。"加工木头的时候，弯的地方要比照钩的弧度，直的要像绳子一样平直。

窃钩者诛，窃国者为诸侯。
——《庄子·胠箧》

什么？偷个带钩就要被杀头？

倒霉呗！要知道还不如造反呢！

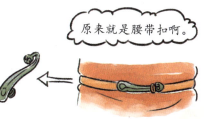

原来就是腰带扣啊。

历史上,有个因为钓鱼出了名并且做了大官的人,叫姜子牙,人们也称他为"姜太公"。这位老先生很奇怪,他钓鱼用的鱼钩是直的,也不挂鱼饵。这怎么能钓上鱼来呢?这怪事慢慢传开了,传到了周文王的耳朵里,文王就去拜访了他,与他交谈一番后,认定他是个难得的人才,请他出山辅佐自己。最终,在姜太公的帮助下,推翻了商朝,建立了周朝。

姜太公钓鱼,愿者上钩。

还有更奇特的。《庄子》中讲了一个故事:一位任公子想钓大鱼,他找了粗大的绳子和大鱼钩,用了五十头牛做鱼饵,蹲在东海边的山头上,钓了足足一年,什么也没钓到。可他却不灰心,继续坚持着,终于有一天,一条超级大鱼上钩了——当然这是庄子的想象,他只是想用夸张的故事告诉人们一些道理。

投竿东海,旦旦而钓,期年不得鱼。
——《庄子·外物》

钓的鱼再大，一次也只能钓一条，哪里够吃？有人就出了个损招：把鱼都赶到一片沼泽里，然后放干里面的水。没有了水，可怜的鱼只能乱蹦乱跳，听任人们伸手去捉。鱼是吃够了，一时的爽快，却导致以后好长时间都没鱼吃，这样可不行。

孩子们越来越多，都张着小嘴巴等着吃喝呢。男人们整天辛辛苦苦地打猎捕鱼，还是不够吃。伏羲大神也犯愁了：怎么办呢？怎么才能够轻松地获取大量猎物呢？有一天，伏羲躺在大树下休息，忽然看到一只苍蝇飞过来，撞进蜘蛛网里，被蜘蛛吃掉了。伏羲灵机一动，有办法了。

捕鱼的好办法

他马上行动，去割了一些藤条还有柔软的树枝，编成了一张大大的网，放进了河里。过了一晚上，他招呼了几个人一起来到河边，把网拉出水面。哇，好沉呀！有鱼，有虾，在网里乱蹦乱跳……他把织网的技术教给了人们，从此人们可以用网捕鱼，也可以猎捕野兽，终于可以填饱肚子啦！

钩钓泽网

网太厉害了！《史记》中记载：商汤看到手下人在一片树林的四面都张了大网，所有的鸟兽们都在劫难逃。他心里不忍，就命令手下人撤去三面的大网：能跑的就逃命去吧。

网是野兽的噩梦，同时也是捆绑约束人类的条条框框呀。"网开一面"的故事，让大家看到了君主的仁慈。

关联字

钅 → 锦、钦、铭、错
　　勾、够、购、构

勾 → 绹、纶、键、锻、锲、镊
　　芍、的、灼、酌

泽 → 湿、涵、洞、漏、澳、溜
　　择、驿、译、铎、绎

网 → 罟、罗、罪、罩、罚、置

捕鱼的好办法

04 渔鱼鸟：鱼和鸟的崇拜

甲骨文	金文	小篆	楷书

《说文解字》
捕鱼也。从鱼，从水。

本义为捕鱼，也指捕鱼的人。甲骨文像水中有鱼的样子，小篆字形上半部分左边是水，右边是条鱼，下边有两只大手，表示用两只手捉鱼的意思。小篆规范化了，繁体楷书继续简化，到现在右半部分的四点水简化成了横画。

《说文解字》
水虫也。象形。鱼尾与燕尾相似。

甲骨文	金文	小篆	楷书

甲骨文和金文都是画出了鱼的形状，头、鳍、尾巴都有。小篆"鱼"尾巴成了"火"形，不知道为什么，后来又变成了"四点水"，最后简化成一横画。

甲骨文	金文	小篆	楷书

《说文解字》
长尾禽总名也。象形。鸟之足似匕，从匕。凡鸟之属皆从鸟。

本义为飞禽的总称。甲骨文像一只鸟的形状。金文像一只鸟正在向天高歌，和甲骨文相比，突出了羽毛。小篆规范化，用线条表示羽毛。繁体楷书鸟字下面的爪子变成四点，现在简化为一横。

有了网，人们捉到的鱼越来越多。捕鱼看上去是个人行为，但是却关系到国计民生，古人很早就认识到了这一点。于是，国家设置了专门管理捕鱼的官"敔人"（敔，即渔），负责供给王室食用、祭祀、宴会请客时所需的各种干、鲜鱼类，并掌管渔政、收取渔税。以后历朝历代，都有管理渔业的部门。

州境所有鱼池，先恒责税。——《晋书》

后来，有一些人，虽然自称"渔夫""渔父"或"渔翁"，却不靠捕鱼谋生，而是隐居山林的智者。《庄子·渔父》中孔子就遇到了这样一位"圣人"级别的渔父，于是恭恭敬敬地请教了一些问题，受益匪浅。还有柳宗元的《江雪》一诗中"独钓寒江雪"的渔翁，也是一位超脱于尘世之外的隐士。

鱼和鸟的崇拜

鱼没有攻击力，而且繁殖能力很强，生命力旺盛，人们因此喜欢它，或许也有羡慕，就把鱼神化了。在神话中，鱼是半人半兽的形象。《山海经》中记载："氐人国在建木西，其为人人面而鱼身，无足。"典型的一个人鱼国。传说周朝的始祖后稷在这里死而复生，也变成了半人半鱼的神。

渔鱼鸟

098

鲧自沉于羽渊，化为玄鱼。
——《拾遗记》

住手！我是鲧。

出于对神的崇拜，也或许仅仅只是想表达对生命力的崇拜，远古人类把鱼的形象画到各种器物上。在半坡遗址出土的陶器中，可以看到很多作为装饰的鱼的图案。最有代表性的是人面鱼纹彩陶盆，图案简洁充满奇幻色彩。专家猜测，鱼可能就是这个氏族的图腾。

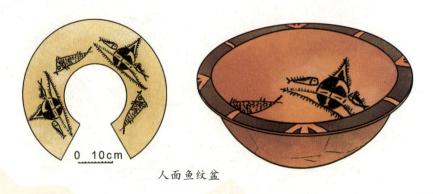

人面鱼纹盆

更多的时候，人们要靠鱼填饱肚子。范仲淹的诗歌"江上往来人，但爱鲈鱼美"，写出了宋朝人对鲈鱼的喜爱。宋朝文人中，苏东坡出了名地爱吃鱼，他会做一种非常好吃的鱼羹，并且还写了一篇文章来讲述这件事："此羹超然有高韵，非世俗庖人所能仿佛。"这鱼羹，超凡脱俗，普通厨子可做不出来。

因为鱼和"余"同音，鱼又被赋予了"富余富足"的吉祥寓意。过年的时候，每家每户都要贴几张"胖娃娃抱鱼"的年画，还要剪一些"连（莲）年有余（鱼）"的剪纸，贴在窗户上。节日的餐桌上，也少不了一条鱼……这些都寄托了人们对"年年有余"好日子的向往。

鱼和鸟的崇拜

有了网,人们确实过上了比较富足的生活。因为网不仅用来捕鱼,还可以用来猎捕鸟兽。鸟,可以振翅飞上天空,因此在远古,被认为是可以沟通天地之间信息的。

在良渚遗址中,出土了圆雕玉鸟,还有刻有"良渚神徽"的玉器。这些大多是陪葬品,很可能就是良渚人的图腾。他们崇拜鸟,希望鸟可以把自己的愿望转达给天上的神灵。

哇——它戴着羽冠,是同类吧?

渔鱼鸟

那是一枚神奇的鸟蛋,孕育了我们高贵的祖先!

商朝人更是认为自己是鸟的后代。《诗经》中记载:"天命玄鸟,降而生商。"传说中商朝先祖契的母亲,有一天在外面游玩,看到一只玄鸟飞过,掉下一颗鸟蛋,她捡起来吞下去了,后来,生下了契。这虽然只是个神话,却能反映出商朝人对玄鸟的崇拜。

见玄鸟堕其卵,简狄取吞之,因孕生契。——《史记》

为啥不把鸟蛋煮熟了再吃?

商朝人还崇拜猫头鹰,把它们当作军队的"保护神",在出征前的祭祀仪式上,会摆出一些猫头鹰造型的礼器,祈求军队能够胜利归来。

在山东大辛庄遗址中,出土了一只商代鸱鸮(chī xiāo)青铜提梁卣(yǒu)。外形是两只大肚子鸱鸮(就是猫头鹰),瞪着圆圆的大眼睛,非常威武。其他商代遗址中,也出土过类似的青铜器。

我来自山西二郎坡村,我要跟你比萌!

我出自山东大辛庄,咱俩比比谁的眼睛大?

鱼和鸟的崇拜

随着时代的发展,鸟渐渐走下神坛,走入民间。人们把捕获的鸟关到笼子里,精心喂养。有一位鲁国国君就养了一只鸟,用牛羊猪肉喂它,还给它敬酒,演奏最高贵的音乐。可是那只鸟根本不领情,什么都不肯吃,三天后饿死了。《庄子》中的这个故事告诉人们,只有按照鸟的习性养鸟,才能体会到其中的乐趣。当然,也有一些人玩物丧志,因为养鸟败了家。

瞧我这靛颏,我这笼子、罐罐,没有最贵,只有更贵!

别臭美了,还钱!

关联字

 → 各种鱼 鲤、鲈、鲫、鳕、鲑、鳜、鲟
    → 鱼的不同部分 腮、鳍、鳞、鳔

渔 → 鲁、鲜、鳌、鲦、鲲

鸟 → 水中生活的鸟 鸳、鸯、鹅、鸭、鸥
    → 天空飞翔的鸟 鸦、鹰、鸠、鸢、鹂、莺、雀
    → 鸟的叫声 喁、啾、鸣、嘤、叽、喳、啭

渔鱼鸟

05 焚狩逐猎：走，打猎去

甲骨文	金文	小篆	楷书

《说文解字》 烧田也。

本义为火烧山林。甲骨文下边一把火，上面是林字，会火烧山林之意。小篆下边规范为"火"字，上边演变为"棥"。楷书又变回到"林"字。

《说文解字》 犬田也。从犬，守声。

甲骨文	金文	小篆	楷书

本义为猎人带着猎具和犬去打猎。甲骨文左边是一个猎叉形状的工具，右边是一条犬，表示带着武器和犬去打猎。金文左边两横变成"田"字。小篆犬移到了左边，右边变成"守"字。楷书简化了偏旁。

甲骨文	金文	小篆	楷书

《说文解字》 追也。从辵，从豚省。

本义为追赶野兽。甲骨文下边一只脚，上面一头猪，会追赶野兽之意。金文又添加了道路的意思。小篆规范化了，楷书简化了偏旁。

《说文解字》 放猎逐禽也。从犬，巤声。

金文	小篆	楷书

本义是打猎、捕捉禽兽。

焚狩逐猎

鸟类常常藏在山林中，不容易捕捉，古人有时候就会采用"焚林而田"的方法——点起一把火，焚烧山林。禽兽们无处躲藏，只好飞的飞，跑的跑，逃出来后，被人们围猎一通射杀。这种方法可以收获很多禽兽，但是，跟涸泽而渔一样，这是个损招，会赶尽杀绝。古人也认识到这一点，一般情况下只有冬天才可能用火焚烧。

> 焚林而田，偷取多兽，后必无兽。
> ——《韩非子·难一》

焚可以猎捕野兽，也会伤害人类。商朝最后一个暴君商纣王，在牧野之战失败后，眼见大势已去，就自焚而死。这个暴君也算是恶有恶报。同时，焚还是一种惩罚罪犯的酷刑。《周礼》中记载，杀害亲生父母的人，要被火活活烧死。春秋时期，犯上作乱的人，也会被烧死。

> 夏大旱，公欲焚巫尪。
> ——《左传》

古人把放火烧山来围猎叫作"狩"。因为一般都在冬天才烧山,所以后来又专指冬天打猎。《左传》中记载:"春蒐(sōu),夏苗,秋狝(xiǎn),冬狩。"春天搜捕没有孕育小宝宝的动物;夏天为保护禾苗,猎杀的是危害庄稼的鸟雀蛇鼠;秋天则在骑射围猎的同时,捎带着军事演习;冬天没啥事了,天子就出来在自己的地盘上到处走走,猎捕动物。

岁终田猎曰狩。——《易·荀》

走,打猎去

狩后来又指帝王出外巡视。狩字在古代也有"守"的意思,《孟子》中说:"天子适诸侯曰巡狩。巡狩者,巡所守也。"天子定期会到诸侯们守卫的地方视察,查看各项政策在民间的实施情况,了解人民的生活,同时巩固自己的统治。古代皇帝们都很看重这一点,秦始皇为了方便巡狩,还在全国修建了驰道。

除了冬天，其他季节，人们还是靠追逐围堵或张网或射杀等手段猎捕野兽的。从大量的甲骨文卜辞中可以看出，"逐"应该是一种围猎手段。人们带着狗，乘着车，从三面包围上去，把藏在密林深处的野兽赶出来，赶到方便射杀的地方，甚至赶入陷阱中。

一兔走，百人逐之。——《商君书·定分》

逐不止驱逐野兽，还可以驱逐人，比如国君看不上的大臣，就可以把他们赶出去。秦王嬴政就曾经想要把国内的客卿（其他六国人）都赶走，当然也包括楚国人李斯。李斯写了一篇《谏逐客书》，劝阻秦王。秦王看了，改变了主意，把客卿们留了下来，李斯也恢复了官职，最终帮助秦王统一了中国。

今逐客以资敌国……
——《谏逐客书》

最早的围猎是为了生存，后来物质丰富了，打猎就成了帝王和达官贵人们的一种娱乐活动。汉武帝就是这样，他特别喜欢打猎，喜欢策马奔驰追逐野兽，还喜欢亲自出马跟猛兽搏斗。司马相如曾经跟着他去打猎，吓坏了，就写了一篇《上书谏猎》，劝阻皇帝不要冒险。

除此以外，打猎还带有政治和军事意义。在清代，每年秋天皇帝都会带着好多人去木兰围场，举行声势浩大的"木兰秋狝"。军事上，可以训练骑射，让官兵们强身健体居安思危，也可以显示大清的军事实力；政治上，皇帝会在围场接待蒙古各部的首领，定期交流沟通，搞好关系，维护边境的和平。

> 万里山河通远徼，九边形胜抱神京。
> ——《夏日奉太皇太后避暑兴安》

走，打猎去

关联字

焚 → 烧、烟、燃、烤、燎、禁、婪

狩 → 巡、孤、独、狱、犯、狙

逐 → 追、赶、逃、避、逼、迫
家、琢、啄、涿、豚

猎 → 昔、惜、蜡、腊、措、借

焚狩逐猎

第四章 工具的发明

　　人类最先学会的是打制石器，接着又试着把石器打磨得更加精细好用。随后，青铜器和铁器相继出现，一些锋利的农具开始应用到战争中，变成了兵器，用以保卫家国或者去开辟新的疆域。生活的空间越来越大，人类开始盖房子，也学会了纺线织布，穿上了轻薄美观的衣服。借助工具，人类变得更有力量了。

01 器打击敲：打制旧石器

| 金文 | 小篆 | 楷书 |

《说文解字》
皿也。象器之口，犬所以守之。

本义为器物，器具。金文中间是一条犬，犬的周围是四个"口"，表示器物很多，用犬来看守。

《说文解字》
击也。从手，丁声。

| 小篆 | 楷书 |

本义为敲击，撞击。小篆从手，从丁（钉子），用敲击钉子指代敲打、撞击的意思。

| 小篆 | 楷书 |

《说文解字》
攴也。从手毄（jī）声。

本义为敲打。小篆下边是手，表示用手击打的意思。

《说文解字》
横擿也。从攴，高声。

| 小篆 | 楷书 |

本义为击打朝天鼓，引申为击打。"高"与"攴"联合起来表示"击打（鼓的）上表面"。

工欲善其事，必先利其器。——《论语》

远古时期的人类靠采集和狩猎生存，在艰难的生存中，他们渐渐地开始利用自然界中的一些东西，比如树枝、木棍、石头、骨头等。后来，又学会了创造工具。最初，他们只会打制出一些石器用来砍砸钻刻。历史上，这段时期叫作"旧石器时代"。

打制旧石器

冰炭不同器而久。——《韩非子》

在生产生活中，工具太重要了。《国语》中说"先王……阜其财求而利其器用"，看来，当时的统治者扩充财源的同时，也很重视工具的改进。因为工具好用了，生产规模自然就扩大了。后来又出现了陶器、青铜器等用来盛放东西的容器，这些工具、容器等器具统称为"器"。

后来，人们又由器具联想到自身。《法言》中说："先自治而后治人之称大器。"先管理好自己再去管理别人，这样的人才能称得上是人才。又因为容器是能容纳物品的，所以也用"器度"来形容一个人的度量和胸怀。

宽仁有器度，故士心多附之。
——《资治通鉴》

我胸怀宽广，仁爱待人，跟我干没错的！

哇——肚子好大哦！

同时，古代的哲学家又把"器"上升到了哲学的高度。《易经》中说："形而上者谓之道，形而下者谓之器。"这里可以理解为，超越了具体形体，在天地间运行的规律就是道，而看得见摸得到的有形的就是器。孔子认为只做某种"器"，成为一个有用之才远远不够，想修炼成君子，还要深入领悟万事万物中蕴含的规律。

君子不器。——《论语》

这些东西，还有我，都是有用的器。

我不要成器，我要成哲学家！

打制旧石器也有一些方法，最简单粗暴的方法就是把一块石料放在地上，再拿一块石头做石锤，使劲儿锤下去，打下一些石块石片。比较锋利的就可以拿去使用了，有的可能还需要经过多次锤打。就是这看上去笨得要命的方法，创造了人类灿烂的文明。

山西丁村出土的三棱尖状石器

"打"后来又引申出了打架、打仗、武打等意思。"唱念做打"是戏曲表演中的四项基本功，其中"打"就是武打。在戏曲中，把传统武术的打斗动作舞蹈化，变得更加优美的同时，也能更好地表现人物的性格和感情。当然，武术打斗是要功夫的，需要勤学苦练，怕吃苦是练不好的。

打制旧石器

> 强欲与争,正如以卵击石。
> ——《三国演义》

通过对旧石器时代遗址的发掘研究,专家们发现古人打制石器,还会使用摔击法:把选择好的石料放在地上,然后手握另一块石头向地上那块石料摔下去,打下所需要的石片。也会用砸击法:把选择好的一块石料放在大石块上,用一只手扶住,然后拿另一块石头砸击放在大石板上的石料。

打击敲器

击打可以制造工具,也可以演奏出美妙的音乐。古代有很多打击乐器,比如编钟、磬、各种鼓、铙钹、小锣等,都是要靠击打发声的。《尚书》中记载"击石拊石,百兽率舞",这里的"石"是一种乐器"磬",乐师忽轻忽重有节奏地击磬,野兽们听了,都跟着节拍舞动起来。

> 金石之无声,或击之鸣。
> ——韩愈《送孟东野序》

敲和击有时候可以通用，比如击鼓就是敲鼓。古代敲鼓不一定为了奏乐。《周礼》中记载"建路鼓于大寝之门外而掌其政"，这个路鼓是一面鸣冤的鼓，轻易不能敲，路鼓一响，守护的人必须第一时间向上级汇报。很快，皇帝就知道了，就会派人来受理案件，甚至也可能亲自处理。路鼓，就是后来的"登闻鼓"。

关于"敲"还有一个故事。一天，诗人贾岛忽然灵感来了，想出一首诗，其中一句是"僧推月下门"，转念一想，觉得不够好，于是，就在小毛驴上做起了推和敲的手势。正想得出神，迎面遇到了大诗人韩愈。韩愈听他说明了原委，说："还是'敲'字更好！""推敲"这个词后来也指做事时，反复考虑，找到最好的方法。

关联字

器
- 各种容器：瓢、勺、盆、桶、盘、壶、杯
- 各种工具：耙、犁、剪、簸箕、帚

打
- 揍、抽、拍、推、搡
- 丁、顶、钉、订、盯、叮

击 → 攻、碰、激、捶

敲 → 撞、叩、擂、搞、槁、镐、篙

器 打 击 敲

磨制钻针：更精细的工具

小篆　楷书　　　《说文解字》
　磨　　　石硙也。从石，靡声。

本义是磨制石器，引申为用磨料磨物体使光滑、锋利或达到其他目的。小篆从石，从靡，靡有细密的意思，会磨制石器之意。楷书简化为上下结构。

《说文解字》　　　　小篆　楷书
裁也。从刀，从未。未，物成　　　制
有滋味，可裁断。一曰：止也。

本义指裁割，引申泛指裁制、制作。小篆从刀从未，未是枝繁叶茂的树，正好可以裁割制作器具了。

小篆　楷书　　　　《说文解字》
　钻　　　所以穿也。从金，赞声。

本义指打眼穿孔，即用尖利的物体在另一物体上转动穿孔。小篆到繁体楷书变化不大，最后右半部分简化为"占"字。

《说文解字》　　　小篆　楷书
所以缝也。从金，咸声。　　针

本义为一种缝织衣服引线用的细长的工具，后来也指中医的一种治疗方法。

磨制钻针

> 骨曰切，象曰磋，玉曰琢，石曰磨；切磋琢磨，乃成宝器。——《论衡》

在打制石器的过程中，人们慢慢学会了磨制工具。先打制出所需要的大致形状，再进一步打磨。这样磨制出来的工具更加精细锋利，好用多了。从此，人类进入了新石器时代。

在陕西龙王辿（chān）遗址，出土了大量打制石器和磨制石器，其中磨刀石器的发现是近年来考古工作的一项重大收获，对研究人类从旧石器时代向新石器时代的过渡有很重要的意义。

人和器物一样，要想有所成就，必须经过切磋琢磨。《论语》中记载了孔子和学生的对话，子贡引用了《诗经》中的"如切如磋，如琢如磨"来说明君子要共同探讨研究学问，一起钻研深究道德，孔子对他的理解大加赞赏。

> 不曰坚乎？磨而不磷。——《论语》

制作器物是远古时期人类生产生活的一个重要部分,除了磨制石头,还制作衣裳。《诗经》中记载:"制彼裳衣,勿士行枚。"远征的士兵从东山回来,做一件家常的衣服吧,以后不要再出去打仗了。

古代会根据不同的材质制作不同的物品,这些都叫作"制"。

> 贤主之用人也,犹巧工之制木也。
> ——《淮南子·主术》

更精细的工具

> 天地节而四时成。节以制度,不伤财,不害民。——《周易》

后来,制的内容更宽泛了,还可以表示制定规则。《易经》中记载:"君子以制数度,议德行。"就是说,君子会制定一些礼数、法度,来评定奖惩人们的道德和品行。"制"因此也就有了典章、制度的意思。《左传》中写道:"周之王也,制礼。"周公曾经制作礼乐和典章制度,流传于世。

新石器时代，人们掌握了钻孔的技术。制作石斧、石铲等生产工具的时候，在上面钻个孔，装上个木柄，使用起来更方便。在此基础上，人们也开始给玉器钻孔。济南市章丘区董家村出土了一件穿孔玉斧，打磨得非常精细。刃口锋利，在顶端处有一个圆孔，打磨得非常光滑。

磨制钻针

钻龟陈卦。——《荀子》

我来钻孔，你开点火，咱俩算上一卦。

那……烧出来的纹路，你看得懂吗？

仰之弥高，钻之弥坚。——《论语》

赶紧钻，钻出去就看到光明了！

哎呀，越钻越深，看不到头啦！

钻孔是需要工具的，这个工具就称作"钻"。俗语说得好：没有金刚钻，别揽瓷器活。可见，钻是非常重要的。新石器时代的钻，有空心的，也有实心的；有的从一面钻下去，直到钻透，有的从两面，锁定同一个地方对着钻。因为要往深处钻，后世又用来表示钻研某种事情或学问。

> 挫针治繲，足以糊口。——《庄子》

同样可以穿孔的还有针。古人在生活中，或许有一天，偶然发现：竹子断裂后会形成一个锋利的尖儿，可以穿透兽皮；兽骨中有一些一头尖的，也可以使用。这就是"竹针"和"骨针"。他们用针在兽皮上穿孔，再用线把两块或者多块兽皮连缀起来，做成衣服。后来才出现了更好用的金属针。

后来，古人发现针刺可以治病。《山海经》中说"有石如玉，可以为针"，是关于石针的早期记载。这里的石针是古老的医疗用具——砭石。后来，各种金属针出现了，针灸疗法也随之完善起来。用针扎刺人体上的某些穴位就能治好病，确实很神奇。

> 在肌肤，针石之所及也。——《韩非子》

更精细的工具

关联字

磨 → 砺、研、蹭、砸、磕、碎、
麻、靡、魔、麾、糜、摩

制 → 做、作、造、创、建

钻 → 插、探、透、通
战、站、沾、粘、毡、黏、贴、帖

针 → 刺、孔、穿、灸、砭
汁、什、计、叶、协

磨制钻针

03 耒力斤斧钺：拿把斧头去打仗

金文	小篆	楷书

《说文解字》
手耕曲木也。从木推丰。

本义是一种耕田用的曲木，是战国时期使用的手耕农具。金文左上方是一只手，右边是一个农具形状，会手握农具劳动的意思。

《说文解字》
筋也。象人筋之形。治功曰力，能圉大灾。

甲骨文	金文	小篆	楷书

本义为执耒耕作。执耒耕作需要花费力气，所以引申为力量。甲骨文和金文都像古人犁地用的工具"耒"的形状。

甲骨文	金文	小篆	楷书

《说文解字》
斫木也。象形。

本义是指一种用于砍伐树木的工具，后来成为一种重量单位。甲骨文左为横向的刃，右为其柄，金文左侧的刃变得更宽大。

《说文解字》
斫也。从斤，父声。

甲骨文	金文	小篆	楷书

本义为斧头，指砍木头用的短柄宽刃刀。作动词时，指用斧头砍。

甲骨文	金文	小篆	楷书

《说文解字》
车銮声也。从金，戉声。

本义是一种斧类兵器。甲骨文就像商、周青铜器中类似斧头一样的兵器形状。

远古时期的人类，靠采集和狩猎谋生，后来学会了种植庄稼。传说中，神农氏走遍天下，找到了五种谷物，按照合适的季节种到土地里，过一段时间就能收获很多粮食，这解决了人们吃饭的大问题。神农不仅教会了大家种植庄稼，并且还发明了翻土的农具——耒耜（lěi sì）。

> 神农氏作，斫木为耜，揉木为耒，耒耨之利，以教天下，盖取诸益。——《易经》

耒耜的发明太重要了，它提高了农业生产的效率，大大增加了粮食产量，养活了越来越多的人。所以，古人很重视耒的制作。《考工记》中记载了耒的尺寸："中直者三尺有三寸，上句者二尺有二寸。"中央直的部分三尺三寸，上面弯过去的一段长二尺二寸，按这个尺寸做出来的耒耜大概最好用。后来，又用耒耜指代耕作。

> 乃择元辰，天子亲载耒耜。——《礼记·月令》

使用耒耜翻地得有力气，狩猎战争也一样，大力士们获胜的机会总要多一些。《诗经》中这样歌颂大力士："有力如虎，执辔如组。"强壮有力像猛虎一样的勇士，手拿缰绳赶着马车好威武呀！另外，墨子也从科学层面解读了力——

力，形之所以奋也。——《墨经》

以力服人者，非心服也。——《孟子》

力后来也指人的能力。《周易》中说："力小而任重，鲜不及矣。"这里就说，当能力不大却接受了重任，很有可能会惹祸上身的。所以，要根据能力大小，给他安排合适的任务。有了能力后接受了相应的重任，也就有了权势，所以，力也有权势的意思。

其实，大多数工具的使用，都需要力气，比如斤。远古人的生活要用到木头，用来砍树的斤就出现了。不过，《周书》中告诫人们："山林非时不升斤斧，以成草木之长。"山林生长的时候不能拿着斤斧去砍，得让它们长起来才行。斤有锋利的刃，所以既是生产工具也是战争武器，拿起来就能上战场。

皆执利兵，无者执斤。——《左传》

后来，斤被借用指代重量单位。《墨子》中有记载："伤甚者……予医给药，赐酒日二升，肉二斤。"在古代，一斤相当于十六两。看来，那时候伤兵的待遇还算不错，每天有酒喝，有肉吃。

斤字还可以连用，斤斤计较指一丝一毫都算计得很清楚。

奄有四方，斤斤其明。——《诗经》

在远古人的生存中，斧头是很重要的。《诗经》中说："析薪如之何？匪斧不克。"没有锋利的大斧头，想砍倒一棵大树，是不可能的。在石器时代，人们打制或磨制的石斧，是那时候攻击性比较强的工具，代表着力量，后来也作为"五刑"之一，用来惩罚犯罪的人。

大刑用甲兵，其次用斧钺。
——《国语》

钺是一种特殊的斧头，比普通斧子要大。《六韬》中说："大柯斧，刃长八寸，重八斤，柄长五尺以上，千二百枚，一名天钺。"天钺看上去很威风哦。于是，高高在上的统治者就把钺当成了礼器。牧野之战时，周武王拿着一把用黄金装饰的钺出席了誓师大会，大大鼓舞了周军的士气。

曹真……假黄钺，则总统内外诸军矣。——《晋书》

拿把斧头去打仗

关联字

耒 → 耙、耕、耘、耗、耦、

力
- 力气很大：勇、劲、助、功、勃
- 力气不大：伤、穷、劣、劫
- 努力加油去干：加、勉、励、努、动、勤、劳、勋、劝

斤
→ 两、克
→ 斩、盾、质、析、折

斧
→ 听、所、新、欣、斯、祈
→ 爹、爸、爷、釜

钺 → 刃、鍪、钧、锤

干戚戈武：从工具到兵器

甲骨文	金文	小篆	楷书

《说文解字》
犯也。从反入，从一。

本义为一种用来进攻的武器，后来演变成防御用的盾。甲骨文是像叉子一类的狩猎工具或武器，金文上部又加了一个大疙瘩。

《说文解字》
戉也。从戉，未声。

小篆	楷书

戉，钺一样的斧头。本义是指古代的一种兵器，形状像斧。

甲骨文	金文	小篆	楷书

《说文解字》
平头戟也。从弋，一横之。象形。

本义为古代一种长柄横刃的兵器。甲骨文和金文都像戈的形状。

《说文解字》
夫武，定功戢兵。故止戈为武。

甲骨文	金文	小篆	楷书

本义是征伐。甲骨文从戈，从止，会拿起武器走过去征伐的意思。

和斧钺一样,"干"刚开始也是一种工具,像是一把一头分叉的猎叉,后来参加了战争,成为进攻型的兵器。于是,干就有了"触犯、冒犯"的意思。《左传》中说:"其敢干大礼,以自取戾?"就是说,怎么敢触犯大礼而自取其罪呢?后来,不知道为什么,干演变成了盾,成为一种防御型兵器的名称。

其实,让干出名的并不是它在战场上的表现,而是它有一个高贵的身份——礼器。《尚书》中记载:"舞干羽于两阶。"让舞蹈队员们拿着盾和羽扇在台阶前起舞,告诉外族,要和平不要动武。常常和干一起作为礼器的,还有戚。

> 朱干玉戚,冕而舞《大武》。——《礼记》

干戚戈武

好威风的斧头,给我玩玩呗!

这是庄严的舞蹈,小屁孩捣什么乱!

我拿的是干!

老土!关西人没见过世面,关东人民管这叫盾,懂不?

> 盾,自关而东或谓之瞂(fá),或谓之干。关西谓之盾。——扬雄《方言》

> 子路悦，援戚而舞，三终而出。
> ——《孔子家语》

跳舞时拿的戚，看上去就是一把大斧头，但和斧钺不同的是，在两侧雕刻出了类似牙齿的形状。在河南偃师二里头遗址和安阳殷墟，都出土过这样的玉戚。玉戚上部有一个孔洞，绑上木柄或者镶嵌一把铜柄，就可以拿起来跳舞了。

从工具到兵器

> 乃修教三年，执干戚舞，有苗乃服。——《韩非子》

干戚是盛大的典礼上奏乐跳舞的必备道具。《礼记》中记载："比音而乐之，及干戚羽旄，谓之乐。"编排音律成为曲调，再配上舞蹈时手执的干戚还有雉羽、牦牛尾等，就叫"乐"。看来，缺少了干戚，就不成音乐了。干戚也指征战，舞干戚则是在表达用文德教化百姓的意思。

> 管夷吾、鲍叔牙二人相友甚戚。——《列子》

戚也用来指亲戚。对于皇帝而言，老妈家和妻子家的一些亲戚，叫作"外戚"。他们有太后或者皇后撑腰，经常为所欲为。比如西汉末年，外戚王莽专权，最后篡权上位，自己还当了一段时间的皇帝。后来，戚又引申出了亲近的意思。

除了戚，戈也常常和干相提并论。戈是干的死对头，它既能勾又能啄，攻击性极强，是古代战车作战中最重要的长柄武器之一。一拿起戈，就会有战争，就会有一场血雨腥风。"同室操戈"说的就是一家人拿起戈，自己人打了起来。

干戈连用，泛指各种武器。《礼记》中"能执干戈以卫社稷"，就是说拿起武器保卫国家。后来干戈和戈都用来指代战争。

> 偃武息戈，卑辞事汉。——《后汉书》

> 上德不厚而行武，非道也。
> ——《韩非子》

世界要和平，必须放下武器，停止战争。《左传》中记录了一个故事：楚国一个官员认为楚庄王打败了敌国，应该把这件事宣扬出去，来显示国家武力强大。可是楚庄王却认为要"止戈为武"，真正的"武"是为了制止暴力，让士兵放下武器，维护和平。

所以，用武也要讲道德的，理直才能气壮嘛。楚庄王认为武有七德："禁暴、戢（jí）兵、保大、定功、安民、和众、丰财者也。"在他心中，武力不是为了宣示自己的权势威严，而是为了禁止暴力，止息兵戈，保持强大，建立功业，安抚百姓，团结民众，广开财源。这应该算是对"武"的真正理解吧！

从工具到兵器

> 城小而固，胜之不武，弗胜为笑。
> ——《左传》

关联字

干 → 赶、肝、杆、秆、旱

戚 → 亲、属、族、蹙、嘁

戈 → 战、伐、戊、戎、戏
　　 栽、载、哉、裁、戴
　　 找、划、尧、或、戳、戒、夏、戡

武 → 鹉、赋、斌、术、艺

工版筑：带上版筑去修墙

甲骨文	金文	小篆	楷书

《说文解字》 巧饰也。象人有规、矩也。与巫同意。

本义为古人夯筑墙时用的夯杵。也有的说是指一种叫作曲尺的工具，引申为手持工具干活的人。甲骨文和金文都像古人夯筑墙时用的夯杵的形状。小篆线条化，下边的重物变成了横画。

《说文解字》 判也。从片，反声。

小篆	楷书

本义为筑墙的夹板，又指版筑的土墙。

小篆	楷书

《说文解字》 以竹曲五弦之乐也。

本义为古代一种击弦乐器。也指捣土，使土坚实，后来引申为修墙、修建。

一些工具变成了武器，用于保卫家乡或者攻打敌国，但是统治者征战的同时，也不会忘记建设国家，发展生产。人类繁衍，人口越来越多，建房子是大事。建房子就要打地基筑墙，于是，工这种夯土用的工具就出现了。后来，又由工具的意思引申为从事各种工作的工匠。

其实，工匠不止这六种，《周礼》中有"百工"的说法，就是说有很多工匠从事着国家的基础建设。古代的国家机关中有一个工部，就是管理全国各类工程事务的机关，包括土木工程、水利工程、机器制造工程、矿冶、纺织等官办工业。

地基打好了，就要筑墙。筑墙就要用到版，《诗经》中"缩版以载，作庙翼翼"就记录了筑墙的场景。准备两块形状和尺寸都相同的版，按照墙的厚度一边放一块固定好，中间填土。夯实后，把木板往上提，继续填土夯实。这样一步一步越来越高，墙就建好了。

古代的版也用作量词，是计量城墙的度量单位。《韩非子》中说："筑十版之墙，凿八尺之牖。"就是筑十版的墙，然后在墙上开一个八尺大小的窗户。古代这种修建墙体的技术，就叫"版筑"。据记载，商王武丁从筑墙的工人中发现了一个人才，最终帮助自己成就了"武丁中兴"的盛世。

传说用来夯土的杵，就是筑。《史记·秦始皇本纪》中提到大禹治水时，为了疏通河道，"身自持筑臿（chā），胫毋毛"，自己拿着杵和掘土工具，整天干活，小腿上的毛都被磨光了。可见，筑在古代还是很重要的，就连项羽征讨齐国的时候，也会背着版筑。

项王伐齐，身负版筑，以为士卒先。——《汉书·英布传》

工 版筑

从杵的意思，引申出来修建、建造之意。《韩非子》中说："不筑，必将有盗。"坏了的院墙一定要修好，否则一定会有盗贼进来偷东西的。修建的对象不只是墙，还会有其他的，比如场圃，秋收之前，一定要修筑好。

九月筑场圃，十月纳禾稼。——《诗经》

工
→ 巧、攻、巩、项、邛
→ 扛、杠、缸、肛、红、江、虹
→ 空、左、式、差、贡

版
→ 饭、板、扳、返、贩
→ 牌、牍、牒、牖

筑
→ 垒、盖、砌、搭、堆
→ 巩、恐、蛩、箍、篱、笆

带上版筑去修墙

06 糸系纺织机：纺纱织布的工具

甲骨文	金文	小篆	楷书

《说文解字》 细丝也。象束丝之形。

本义为细蚕丝。甲骨文和金文就像一串丝束。

《说文解字》 繋也。从糸，丿声。

甲骨文	金文	小篆	楷书

本义是系结、拴绑，引申为连接。甲骨文的样子像一只手抓着三束丝。

小篆	楷书

《说文解字》 网丝也。从糸，方声。

本义是把丝棉、麻、毛等做成纱。

《说文解字》 作布帛之总名也。从糸，戠声。

小篆	楷书

本义为织布、制作布帛的总称。

小篆	楷书

《说文解字》 主发谓之机。从木，几声。

本义指古代弓弩上用来发射箭的装置。

人类要住房子，当然更要穿衣服了。最开始，他们穿兽皮或树叶。传说中，黄帝的妻子嫘祖教会了人们养蚕，丝就出现了。山西夏县出土了割得很平整的半个蚕茧，说明在新石器时代黄河流域已经会养蚕制丝了。古代把丝的二分之一叫作"糸"，后来也用来表示细丝。

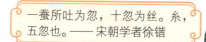
一蚕所吐为忽，十忽为丝。糸，五忽也。——宋朝学者徐锴

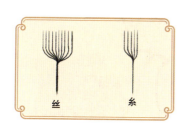

把蚕丝捆扎起来，就是系。于是，系又有了拴绑的意思，拴绑的对象也越来越多。《易经》中说："系用徽纆，置于丛棘，三岁不得。"用绳索把犯人捆绑起来，关到四周都是荆棘的监狱里，三年不得释放。除了捆犯人，还能捆绑牲畜。

三月系，七日戒。——《礼记》

纺纱织布的工具

和拴绑差不多，系还有系挂的意思。《荀子》中说："南方有鸟焉，名曰蒙鸠，以羽为巢，而编之以发，系之苇苕。"蒙鸠这种鸟用羽毛做窝，还用毛发把窝编结起来，把窝挂在嫩芦苇的花穗上。

这哪能挂得住呀？芦苇折了，鸟窝掉下来，鸟蛋当然就摔烂了。汉朝的文学家枚乘在一篇文章中也提到过这种不堪重负的情况。

夫以一缕之任，系千钧之重。——《上书谏吴王》

救命呀！

千钧一发呀！谁干的傻事？太危险了！

后来，系又引申出了抽象的关联、连接的意思。《周礼》中"以九两系邦国之民"就是说用九种方法来联系国家的民众。比如官吏靠治理民事来联系民众，靠跟民众交朋友来得到信任……这种抽象的连接还引申出了继承的意思。

系唐统，接汉绪。——班固《两都赋》

错了！这里说的是唐尧，不是唐朝，唐朝还没出现呢。

继承唐朝的传统，接续前汉的丰功，带劲儿！

听我的《两都赋》，带劲不？

学会了养蚕,有了丝绵等材料,人们就开始纺线织布了。古人很早就会用纺坠纺纱线。一些遗址中出土的纺轮,是纺坠的主要部件,有兽骨的,也有石头、陶、玉的。早期的纺轮比较厚重,后来变得轻薄精细,纺出的纱线也就更细了。后来,又出现了纺车。

织纺井臼,佐读勤苦。——《芋老人传》

你纺线、织布、打水、舂米辛苦了,我来吧。

你只管读书就好!

《左传》中记载了一位老妇人,她"纺焉以度而去之",靠纺线做了一件大事。她比着城墙的高度纺线做了条长绳子,等到齐国来攻打城池的时候,把绳子扔了出去。齐军发现了,拽着绳子爬上了城墙,攻破了这座城。

有时候,纺和系一样,也可以做捆绑、系挂的意思。

献子执而纺于庭之槐。——《国语》

为什么?我没得罪你呀!

把他吊到槐树上!

纺纱织布的工具

在古代，家庭主妇必须掌握的一项技能就是纺线织布。《诗经》中写道："妇无公事，休其蚕织。"就是指责妇人不该参与朝政，而把自己的本职工作养蚕织布给丢弃了。大名鼎鼎的女中豪杰花木兰也不例外——

唧唧复唧唧，木兰当户织。——《木兰诗》

从织布又引申出编织的意思，比如编草席、草鞋等。《战国策》中记载："将军之在即墨，坐而织蒉，立则丈锸。"田单将军在即墨时，坐下来就编织草袋，站起来就抡起铁锹干活，身先士卒，一刻也不闲着……

三国时期的刘备，也编过草席——

先主少孤，与母贩履织席为业。——《三国志》

纤纤擢素手，札札弄机杼。
——《古诗十九首·迢迢牵牛星》

最早的织机很简陋，是席地而坐操作的。后来又出现了可以脚踏的斜织机，织布的人可以坐着操作，手脚并用，生产率比原始织布机高了很多。

宋末元初，黄道婆改进了纺织工具，造出了擀、弹、纺、织等专用机具，并且把先进的纺织技术教给了人们。

哎呀，手脚并用，忙死了，我看得头都大了。

这个织机更好用，机杼声就像唱歌一样。

纺纱织布的工具

不免于罔罗机辟之患。——《庄子》

可怜的小狐狸，没逃掉我们的机关。

怪就怪它自己长了一身好皮毛。

机也指弓弩上发射箭的那个机关。《礼记》中记载："若虞机张，往省括于厥度，则释。"意思是说猎人拉开弩的扳机，要查看箭头和目标是不是对准了，再发射出去。后来，把一些触发式的捕兽器也叫作"机"。

机也指后来发明的各种灵巧的机械装置。《祖冲之传》中记载："指南车，有外形而无机巧，每行，使人于内转之……冲之改造铜机，圆转不穷。"最早的指南车要靠人力才能转动，祖冲之改造了机械装置，让指南车运转了起来。

作木车马，木人御者，机关备具。——《论衡》

万物皆出于机，皆入于机。——《庄子》

除了机械，古人又把机和自身联系起来。《黄帝内经》中说："舌者，音声之机也。"舌头是一个发声机关。《国语》中也说："耳目，心之枢机也。"耳朵和眼睛，是心灵的触发机关。它们接收到的信息，会触动内心，产生情绪波动。哲学家们则用机来指万物变化的缘由或契机。

关联字

糸 → 紧、素、絭、累、鲦、絮
　　　 丝、纠、结、纤、维、纶

系 → 绑、拴、悬、吊、挂

纺 → 线、纱、绮、练、绞、绦
　　　 仿、坊、访、防、妨、彷

织 → 经、纬、绫、绸、缎、绝
　　　 积、帜、识、炽、职

机 → 桥、杆、柱、梁、模
　　　 叽、肌、饥、矶

纺纱织布的工具

第五章 汉字的产生

有了工具，人类的收获越来越多，最早的结绳记事已经不够用了。于是，仓颉通过观察鸟兽的足迹等，造出了汉字。从甲骨文到金文再到秦始皇统一文字后的小篆，一直到后世的草书、行书、楷书，汉字忠实地记录着中华文明的发展。同时更令人惊喜的是：书法演变成了一种艺术，承载着中华民族对美的追求。

01 事迹图卦一：仓颉造字

甲骨文	金文	小篆	楷书

《说文解字》
职也。从史，之省声。

本义是捕猎。后来范围扩大，不管做什么事情都可以称为"事"。

《说文解字》
步处也。从辵，亦声。

甲骨文	金文	小篆	楷书
			迹

本义是脚印，后引申为行迹、行踪。金文有道路、有脚、有朿（树木上长的刺，有留下痕迹的意思）。小篆中表示脚的"止"移到左下方，右边改成了"亦"字。

金文	小篆	楷书
		图

《说文解字》
画计难也。从囗，从啚。

本义为地图，引申为图画、图形，又引申为谋划、谋取。金文从囗，表示国域，从啚，表示边邑，会地图之意。

《说文解字》
筮也。从卜，圭声。

小篆	楷书
	卦

本义是筮，即以蓍草占卜休咎。引申表示一整套占筮所得、象征吉凶祸福的符号。

甲骨文	金文	小篆	楷书
一	一	一	一

《说文解字》
惟初太始，道立于一，造分天地，化成万物。

"一"可作为最小的整数用。引申表示全、满。

> 物有本末，事有终始。——《大学》

人类发明了工具，社会生产生活越来越丰富了，需要管理安排的事务也多了起来。《春秋左传集解》中说古代没有文字，遇到一些约定或盟誓之类的事情，就会结绳记事。"事大大其绳，事小小其绳。"大事就捆个大绳结，小事就捆个小绳结。这样就把事情记住了。

事情不仅需要记下来，更多的还需要处理。《尚书》中告诫国君："元首丛脞哉，股肱惰哉，万事堕哉。"国君要管的是国家大事，如果过多地把精力浪费在过问一些琐碎小事上，官员们就会偷懒，国家政事就都荒废了。不同的身份有不同的职责，谁也不能偷懒。

> 敏于事而慎于言。——《论语》

仓颉造字

事也可以指事业、功业。《荀子》中这样解释:"正利而为谓之事,正义而为谓之行。"为了利益去做的,叫作事业;符合道义而去做的,叫作德行。由这些意思,又引申出侍奉、从事的意思。

> 是故明君制民之产,必使仰足以事父母,俯足以畜妻子。——《孟子》

每家每户多分点土地,总得让他们有粮食侍奉爹娘,养育妻子儿女吧。

我替老爸老妈感谢您啦!

随着人类的繁衍,事务越来越多,结绳记事不管用了,打的绳结太多了,自己都记不清楚指的是哪件事了。不过,什么也难不住聪明的中国人,一个叫仓颉的人受到鸟兽足迹的启发,创造出了文字。《淮南子》中说:"足蹍地而为迹。"后来,把前人遗留下来的一些东西也叫作"迹"。

> 夫六经,先王之陈迹也,岂其所以迹哉?——《庄子》

这些书是先王留下来的遗迹,可是,真的能如实还原当年的事迹吗?

应该,好像,不能吧?

最初的文字就是依照事物的形状，勾画出的一些象形的符号，看上去就是一幅幅小图画。在古代，图也指地图。《史记》中记载秦王怕蔺相如把和氏璧摔坏了，"召有司案图，指从此以往十五都予赵"。秦王指着地图，同意拿十五座城交换和氏璧。不过，蔺相如不相信秦王，他知道，秦王野心太大了，怎么肯交出土地？

传说中，黄河出现过背上有神秘图案的龙马，根据龙马背上的图案，伏羲画出了八卦。《易经》中说："太极生两仪，两仪生四象，四象生八卦……"他用一套神秘的符号，来推演宇宙万物的关系和变化：万物都是从阴阳变化而来的，从二分化为四，又从四演变成八……后来，周文王又依据伏羲八卦研究出了文王八卦和六十四卦。

仓颉造字

《易经》中提到的"太极"可以看成是天地没有分开之前，混沌一体的那个状态，也可以称作"太一"。《道德经》中说："一生二，二生三，三生万物。"老子认为：一是宇宙最初的那个起源，天地一分为二，人类诞生，发明工具，创造文字……作为数字，一表示事物最少的数量，也表示第一。

一鼓作气，再而衰，三而竭。——《左传》

知行之为合一并进。——王阳明《传习录》

老子对"一"的研究很透彻，他认为一是起源，源头蕴含的就是道。《道德经》中说："天得一以清，地得一以宁……谷得一以盈，万物得一以生。"天地得道才能清澈宁静，五谷得道才能充盈丰茂，万物得道才能生生不息。"一"也引申为和谐统一。

事 → 故、变、记、录、务、史

迹 → 痕、留、踪、遗、寻、觅
　　 弯、变、蛮、栾、孪、峦

图 → 画、像、形、符、象、谱
　　 团、围、固、囫、囵、困

卦 →（和算卦有关）算、辞、释、筮、蓍
　　（算卦的结果）吉、凶、祸、福、顺、逆

一 ┬（数字）二、三、四、五、六、七、八、九、十
　 ├（代表天）天、示、上、下、云、帝、辛
　 ├（代表地）立、韭、旦、土、才、弋
　 └（代表边界）方、或、疆、亘、回

仓颉造字

02 卜甲文铭篆：从甲骨文到小篆

甲骨文	金文	小篆	楷书

《说文解字》
灼剥龟也，象灸龟之形。一曰：象龟兆之从横也。

本义是占卜。占卜是预测，所以引申为预料。甲骨文像用火烧龟甲或兽骨所形成的横斜交错的裂纹。

《说文解字》
东方之孟，阳气萌动，从木戴孚甲之象。

甲骨文	金文	小篆	楷书
十	十		

本义就是古代战士穿的护身衣、铠甲。引申为动物身上起保护作用的硬壳。甲骨文像古代武士身上穿的铁甲片之间的"十"字缝。

甲骨文	金文	小篆	楷书
			文

《说文解字》
错画也。象交文。

本义为文身，又引申指文字、文章等。甲骨文像一个正立的人，胸前刻有美观的花纹。

《说文解字》
记也。从金，名声。

小篆	楷书
銘	铭

本义是在器物、碑碣上雕刻文字，由此发展成一种警诫自己、称述功德的文体。

小篆	楷书
篆	篆

《说文解字》
引书也。从竹，象声。

本义是运笔书写，引申指一种汉字的书体，后引申为雕刻、铭刻。

古代那些圣人用八卦来研究宇宙万物的关系，想要找出点规律来，也正说明那时候的人们认为世界是神秘莫测的，灾祸常常会毫无征兆地到来。所以，他们在做事之前需要占卜。《周礼》中记载"问龟曰卜"，就是说灼烧龟甲问吉凶就叫卜。

龟为卜，蓍为筮。——《礼记》

古人用火灼烧龟甲或者兽骨，通过看裂纹来判断吉凶，并且把占卜的事情经过和结果都刻在上面保存起来。仓颉造字或许只是一个传说，我们能够见到的最早的文字就是这些刻在龟甲或兽骨上的甲骨文。同时，甲也指古代兵士们穿的护身铠甲。

擐甲执兵，固即死也。——《左传》

从甲骨文到小篆

甲骨文是中国最早的文字，但是文最初并不指文字，而是指花纹、纹理。《诗经》中有"织文鸟章，白旆（pèi）央央"的诗句，就是说：在明亮的白色大旗上，织有凤鸟纹样。因为古代的铜钱上铸有花纹，所以一枚铜钱也叫作"一文钱"。后来，由花纹的意思又引申出了语言华丽，有文采。

武安由此滋骄，治宅甲诸第。——《史记》

其旨远，其辞文。——《易经》

"甲"在古代还是一种户口编制单位。十户为一甲，设立一位甲长，管理百姓。

"甲"也指等级中最高的一级。《宋史》中记载："太平兴国八年……进士科始分三甲。"参加殿试录取后的进士，按照排名分为一甲、二甲、三甲。由此"甲"又引申为超出同类的。

文也指文字。《说文解字》中说:"盖依类象形,故谓之文;其后形声相益,即谓之字。"按照事物的形状画出来的,叫作"文";后来形旁和声旁互相搭配形成的合体字,就叫作"字"。由此又引申出了文章、文化、礼仪教育等意思。

文王以文治;武王以武功。——《礼记》

后来,青铜出现了。人们发现把文字刻在铜器上,不容易磨灭,就在金属器物上雕刻文字,叫作"铭"。《礼记》中记载:"铭者,自名也。自名以称扬其先祖之美……"铭就是自己刻下来称颂先祖美德功业的文字。由此引申为刻在器物上的文辞。

夫碑实铭器,铭实碑文。——《文心雕龙》

从甲骨文到小篆

后汉有个叫崔瑗的人，他的哥哥被人杀害了，他一怒之下杀了仇人，逃跑了。后来遇到朝廷大赦，"作此铭以自戒，尝置座右，故曰座右铭也"。他写了一篇铭文，放在座位右边，告诫自己要冷静，这就是座右铭。铭成为一种特定的文体。

铭兼褒赞，故体贵弘润。——《文心雕龙》

铭要表扬点什么，所以语言就得宏大。

宏大什么意思？是要说大话吗？

小篆者，秦丞相李斯所作也。增损大篆，异同籀文，谓之小篆。——《书断》

我李斯终于整理出了小篆，前无古人啊！

哼，我们大家都有功劳，好吧？

文字随着人类社会的发展而发展，到西周后期，演变为大篆。大篆，也称"籀（zhòu）文"，因为收录在字书《史籀篇》中而得名。大篆逐渐脱离了图画的原形，具有了方块字的特征。秦朝统一六国后，统一了文字，称为"小篆"，后来又发展出了隶书和楷书等。

关联字

卜 → 占、问、预、测

甲 → 龟、骨、皮、胄、盔
　　　钾、岬、胛、由、申

文 → 纹、蚊、雯、汶
　　　理、章、彩、语、篇

铭 → 镂、记、雕、镌

篆 → 刻、籀、楷、橼、缘、印

从甲骨文到小篆

03 笔墨纸书：发现书法之美

甲骨文	金文	小篆	楷书

《说文解字》
秦谓之笔。从聿，从竹。

　　本义就是写字用的笔。引申指书写或记载。甲骨文是一只手，拿着一支笔写字的样子。小篆上部的手指伸过了笔杆儿。繁体楷书上面加了竹字头，简体楷书下部分简化为"毛"。

《说文解字》
书墨也。从土，从黑，黑亦声。

小篆	楷书

　　本义为书画所用的墨。引申指书法、绘画、诗文。小篆从土从黑，表示墨的意思。

小篆	楷书

《说文解字》
絮一苫也。从糸，氏声。

　　本义是指漂洗丝絮时附着于漂器上的絮渣。后指以丝为原料的缣帛。

《说文解字》
箸也。从聿，者声。

甲骨文	金文	小篆	楷书

　　本义为著写、记载。引申为书写成的东西。甲骨文像一只手执笔书写。金文变成了从聿、者声的形声字。

> 萧相国何于秦时为刀笔吏。——《史记》

我掐指一算，司马迁，你手中的笔将写出一部好大的史书！

萧何在秦朝不过是一个掌管文书的小官，却在汉朝建立了好大的功业！

　　最初的文字是刻在龟甲或兽骨上的，后来改用比较轻便规整的竹简。在竹子上写字，写错了就用刀刮掉。所以，文人或官员要随身携带刀和笔。《史记》中记载秦朝的赵高"幸得以刀笔之文进入秦宫"，靠着掌管刀笔记录，进入了当时最高的权力管理层。后来，把文职官员称作"刀笔吏"。

> 至于为《春秋》，笔则笔，削则削，子夏之徒不能赞一辞。——《史记》

我写《春秋》，该记上的都记上，该删去的都删去了！子夏，你看还有毛病吗？

孔夫子，啥都不说了，我服了！

发现书法之美

　　秦朝大将蒙恬去打仗，拿竹笔蘸着漆写字，写一个字得蘸几下，他越写越烦。忽然，想到白天士兵捉到兔子后兔尾在地上拖出的痕迹。有了，兔子身上的小细毛用来写字兴许不错。于是，"蒙将军拔中山之毫"，把兔毛装到竹管一头，做成了毛笔，更加轻便好用。后来，笔又引申为书写、记载。

163

贪以败官为墨。——《左传》

"贪图钱财败坏风气就是不清廉。"

"原来贪墨不是贪污墨汁呀！"

竹笔还可以蘸石炭磨成的汁来写字，这就是天然的墨。《述古书法纂》记载："邢夷始制墨，字从黑土，煤烟所成，土之类也。"邢夷最开始用松炭加上煤烟制墨，起名黑土。由此引申为黑色或不干净、不清廉。

古代还有一种刑罚——墨刑，在罪犯脸上刻字并且涂上墨汁，以此来表示惩罚。《艺文类聚》中说："经有墨、劓（yì）、剕（fèi）、割之制。"这里列出的四种刑罚，都挺残酷，墨刑还算是最轻的呢。

墨还特指春秋战国时期的一个思想学派——墨家。

孔墨之后，儒分为八，墨离为三。——《韩非子》

"哈，各说各的理，吵乱套了！"

"孔子、墨子死后，儒家分成了八家，墨家分成了三派。"

笔墨纸书

除了竹简，古人还在丝帛上写字。可是丝帛稀少贵重，大多数人用不起。这种情况到了东汉有了改变。《后汉书》中记载："伦乃造意，用树肤、麻头及敝布、鱼网以为纸。"蔡伦用树皮纤维、麻絮、破布、渔网等造出了便宜轻薄的纸。西晋时，左思写了一篇《三都赋》，竟然影响到了纸的价格。

于是豪贵之家竞相传写，洛阳为之纸贵。——《晋书》

《说文通训定声》中说："作书。上古以刀录于竹若木，中古以漆画于帛，后世以墨写于纸。"这里解释了自古以来书写工具的演变和发展。一张张抄了字的纸装订起来，就成了书。不过，最早的书不是指的所有书籍——

《书》曰：满招损，谦得益。——《五代史·伶官传序》

发现书法之美

印刷术发明之前,要想传播文字,只能靠抄写。《史记》中说:"申子、韩子皆著书,传于后世。"申不害和韩非子都把自己的思想写成了书,大家传抄后流传后世。直到宋朝,毕昇发明了活字印刷术,一些经典好书终于可以批量刻印出来了。

书非借不能读也!——《黄生借书说》

笔墨纸书

自汉魏已来,论书者多矣。——《书谱》

书还可以指用文字写成的文书、信件等。《战国策》中记载齐威王发布命令:当面指出过错的,给上等赏赐……"上书谏寡人者,受中赏"。

古人在书写的过程中,发现了文字的美,出现了许多书法大家,比如书圣王羲之等。书法成为中国传统文化中一颗璀璨的明珠。

笔 ➝ 管、杆、毫、锋、竹

墨 ➝ 汁、研、默、炭、烟

纸 ➝ 张、页、板、浆、本

书 ➝ 简、柬、卷、籍、刊、稿、札、函

发现书法之美

版权专有 侵权必究

图书在版编目（CIP）数据

会讲历史的汉字：全5册/杨士兰著；叁月拾，吴新迎绘. -- 北京：北京理工大学出版社，2023.6
ISBN 978-7-5763-2256-9

Ⅰ.①会… Ⅱ.①杨…②叁…③吴… Ⅲ.①汉字—少儿读物 Ⅳ.①H12-49

中国国家版本馆CIP数据核字（2023）第061401号

出版发行／北京理工大学出版社有限责任公司
社　　址／北京市海淀区中关村南大街5号
邮　　编／100081
电　　话／（010）68914775（总编室）
　　　　　（010）82562903（教材售后服务热线）
　　　　　（010）68944723（其他图书服务热线）
网　　址／http://www.bitpress.com.cn
经　　销／全国各地新华书店
印　　刷／三河市九洲财鑫印刷有限公司
开　　本／880毫米×1230毫米　1/16
印　　张／52.5
字　　数／750千字
版　　次／2023年6月第1版　2023年6月第1次印刷
定　　价／169.00元（全5册）

责任编辑／李慧智
文案编辑／李慧智
责任校对／王雅静
责任印制／施胜娟

图书出现印装质量问题，请拨打售后服务热线，本社负责调换

会讲历史的汉字

杨士兰 — 著
叁月拾 吴新迎 — 绘

2

北京理工大学出版社
BEIJING INSTITUTE OF TECHNOLOGY PRESS

第二章 天文历法

- 01 旦午昏夜：日出日落是一天 … 050
- 02 朔望晦：月有阴晴圆缺 … 057
- 03 漏更时辰卯：用更漏来计时 … 063
- 04 春夏长：生机勃勃的季节 … 071
- 05 秋收冬藏：一年结束了 … 077
- 06 年历闰：历法的修订 … 083
- 07 节气民：口口相传的节气歌 … 090
- 08 立至满处：四季变换 … 098
- 09 暑三伏寒九：最热和最冷的时候 … 105

目录

第一章 农业为本

01 火灶釜鼎：终于吃上熟食了 002

02 鬲甗匜觥彝：博物馆里的器具 009

03 谷土田耕农：种田那些事儿 015

04 黍稷豆稻麦：终于能吃饱了 022

05 面饼饺食：面食的花样吃法 028

06 粥羹鲜味：舌尖上的美味 035

07 膏油盐茶：用油炒菜真香 042

第三章 服饰文化

01 皮草叶：穿兽皮裹草叶 … 114

02 葛麻褐：穿上粗布衣服了 … 121

03 丝帛锦绣：织出美丽的花纹 … 128

04 棉线布匹：轧棉纺线织布 … 136

05 素染黑：开始染色了 … 142

06 赤黄蓝青：染出多彩世界 … 149

07 衣裳服袍：穿衣有讲究 … 157

第一章 农业为本

　　人的第一需要就是填饱肚子。人类学会了用火，告别了茹毛饮血的日子，吃上了香喷喷的熟食。与此同时，人们获取食物的方式也从狩猎转向耕种。农业成为一个国家的根本，他们开始种植各种作物。孔子说过："食不厌精，脍不厌细。"在填饱肚子的基础上，人类开始变换花样，煎炒烹炸，做出各种各样丰富味蕾的美食。

01 火灶釜鼎：终于吃上熟食了

甲骨文	金文	小篆	楷书
		火	火

《说文解字》
毁也。南方之行，炎而上。象形。

本义是物体燃烧所发的光、焰、热。火焰是红色的，所以也用来形容红色的事物。甲骨文像一团燃烧的火焰。后来笔画线条化了。

《说文解字》
炊灶也。从穴，鼀省声。

金文	小篆	楷书
		灶

本义为用土砌成的供烹煮食物、烧水的设备。繁体楷书延续小篆的字形，最后简化为从土从火的灶。

小篆	楷书

《说文解字》
鬴或从金，父声。

本义是一种古炊器，置于灶，上置甑以蒸煮。盛行于汉代，和后来的铁锅差不多。

《说文解字》
三足两耳，和五味之宝器也。

甲骨文	金文	小篆	楷书
鼎	鼎	鼎	鼎

本义是古代烹煮用的器物。鼎是青铜器中最重要的器种之一，是用以烹煮肉和盛贮肉类的器具。甲骨文像一个大腹、有足、两耳的大鼎形状。

上古之人最初是不会人工取火的,他们只知道自然界中有火。《论衡》中说:"火,日气也。"火就是太阳散发的光或者热量。干燥的枝叶在火辣辣的阳光照射下,会自己燃烧起来。火是人们无法控制的东西,燃烧起来会烧毁一切。所以,人和动物一样,很害怕火。

人火曰火,天火曰灾。——《左传》

有鸟若鸦,啄树则灿然火出。——《燧人钻木取火》

终于吃上熟食了

天火过后,人们看到被火烧死的野兽,大着胆子切下块肉尝尝。哇,软乎乎喷喷香!可是,天然火很难保存,一下雨,就被浇灭了。人们又只能嚼着生肉,想念吃烤肉的日子,眼巴巴地盼着天火的再次降临。

有一个人站了出来,想去寻找人工取火的方法。有一天,他走到一棵树下,看到了一只鸟——

他明白了。于是折下几根树枝,开始钻磨大树枝……费了九牛二虎之力,累得胳膊都要折了,终于看到火花冒了出来。火花跳到旁边的干草上,"轰"一下,着了起来。

《韩非子》中记载:"有圣人作,钻燧取火,以化腥臊。"这时候,人们才真正知道,用火烤肉,可以化掉腥臊味,肉就能变成让人流口水的美食。

而民说之,使王天下,号之曰燧人氏。——《韩非子》

但是,火怕水,如果下雨了,找不到干树枝,就钻不出火来。

一个雨天,人们费尽力气钻木头,都看不到一星半点的火星冒出来。这时,一个叫重黎的人气坏了,拿起石块就朝另一块大石头上砸过去。哎呀!所有人眼前一亮,石头和石头撞击竟然也冒出了火花。重黎击石取火,立了大功,就做了掌管火的官,被称为"祝融"。

重黎为帝喾高辛居火正,甚有功,能光融天下,帝喾命曰祝融。——《史记》

> 春取榆柳之火,夏取枣杏之火……钻火各异木,故曰改火也。——《周礼》

在古代,用火是件大事。《周礼》中记载:"中春,以木铎修火,禁于国中。"在每年的仲春时候,管理火的官敲着木铎,提醒人们要禁火。这就是关于寒食节由来的一种说法。禁火之后就要重新点火,称作"改火"。一年四季都要改火,而且不同的季节还要使用不同的木头。

人们学会了取火,后来又造出了炉灶,可以做饭,也可以烧制器物。《论衡》中说:"如使成器,入灶更火,牢坚不可复变。"泥土想要成为器物,就要放进灶中经火烧,形状就固定下来了。人们崇拜火,进而也崇拜起了灶,他们认为灶里也有神灵,就是灶神。

> 与其媚于奥,宁媚于灶。——《论语》

终于吃上熟食了

古代行军打仗也要吃饭,也会用到灶火。军队中十人为一火,守着一个灶火吃饭。所以,按照炉灶的个数,就可以计算出军队的人数。《史记》中记载军事家孙膑在一次战争中使用了"减灶计",诱骗魏军来追赶,最终打败了他们。

使齐军入魏地为十万灶,明日为五万灶,又明日为三万灶。——《史记》

庞涓先生,齐军只剩下了三万灶!

从十万到五万再到三万,齐军跑了大半。追!

有炉灶还要有锅才可以做饭,最早的锅叫作"釜"。《史记》记载巨鹿之战中,项羽领兵渡河后,命令士兵"皆沉船,破釜甑,烧庐舍,持三日粮"。把船都凿沉了,釜都打破了,房舍也烧了,带上只够吃三天的粮食,抱定了死战到底的决心,终于大获全胜。

釜在古代还曾经做过容量单位,用来称量物品。

豆区釜钟,四升为豆,各自其四,以登于釜,釜十则钟。——《左传》

四升是一豆,四豆是一区,四区是一釜,十釜是一钟。

有意思,我要买一釜爆米花,行不?

火灶釜鼎

鼎也是一种炊具，一般是圆形的，三足两耳。《孔子家语》中说："累茵而坐，列鼎而食。"古代按照爵位，会给贵族们配备鼎。豪门贵族想要讲排场，就会把自己拥有的大鼎都摆列出来。这时候，鼎已经不单单是炊具了，它已经成了各种礼仪活动中必不可少的礼器。

天子拥有九鼎是有来历的。《史记》中记载："禹收九牧之金，铸九鼎。"大禹从九州首领那里收来的金属，铸成了九个大鼎。从此以后，鼎就成为传国的重器、权力和王位的象征，随着朝代的更迭变换主人。《左传》中说："鼎迁于商，载祀六百。"商灭掉了夏朝，就把大鼎据为己有，享有了六百年的国运。后世把企图夺取天下叫作"问鼎天下"。

终于吃上熟食了

关联字

火 → 柴、薪、灰、烬、焰、热、红
　　 烟、炎、炙、燃、炸、灯、焚

灶 → 煤、炉、烧、烤、炊、炒

釜 → 锅、煲、蒸、煮、炖、饭

鼎 → 罐、镬、烹、饪、沸

鬲簋匜觥彝：博物馆里的器具

甲骨文	金文	小篆	楷书

《说文解字》
鼎属。实五觳。斗二升曰觳。象腹交文，三足。

本义指古代的一种陶制炊具，圆口，有三空心足。

《说文解字》
黍稷方器也。

甲骨文	金文	小篆	楷书

本义是古代青铜或陶制盛食物的容器，圆口，两耳或四耳。

甲骨文	金文	小篆	楷书

《说文解字》
似羹魁。柄中有道，可以注水。从匚，也声。

本义为古代一种带有延伸部分的盛水器。形状像瓢，有柄，延伸部分叫流。

《说文解字》
兕牛角可以饮者也。

小篆	楷书

本义为中国古代用兽角制的酒器。小篆从角从光，楷书整齐化了。

甲骨文	金文	小篆	楷书

《说文解字》
宗庙常器也。从糸；糸，綦也。廾持米，器中宝也。彑声。此与爵相似。

本义是屠杀俘虏作为牺牲而献祭祖宗，引申义为古代祭祀时常用的礼器的总称。甲骨文表示双手进献俘虏的意思。

随着火的使用，炊具越来越丰富了，有一种和鼎相似的，叫作鬲。只不过腿是中空的，放在火上，受热面积比较大，方便蒸煮。

《周礼》中记载："鬲实五觳，厚半寸，唇寸。"匠人造出来的鬲，容量是五觳（亦作"斛"），鬲身半寸厚，口边一寸厚。鬲也可以作为葬礼上的礼器。

新盆、槃、瓶、废敦、重鬲，皆濯，造于西阶下。——《仪礼》

於我乎，每食四簋，今也每食不饱。——《诗经》

还有一种盛放煮熟的黍、稷、稻、粱等粮食的器皿，叫作簋，相当于现在使用的大碗。《周礼》中记载瓬人制作簋："实一觳，崇尺，厚半寸，唇寸。"容量为一觳，高一尺，簋身厚半寸，口沿厚一寸。

> 天子用九鼎八簋，诸侯七鼎六簋，大夫五鼎四簋，元士三鼎二簋。——《周礼》

"天子要用八个簋，还少一个，怎么办？"

"别急，他们去借了。"

簋同时也是很重要的礼器。《仪礼》中记载："宰夫设黍、稷六簋于俎西，二以并，东北上。黍当牛俎，其西稷……"诸侯招待大夫吃饭时，各种礼器的摆放位置很讲究：盛放着黍、稷的六个簋要摆放在俎的西面，两两并列。放黍的对着牛俎，放稷的在它的西边。簋常常和鼎一起出现。

还有一种很重要的礼器，叫匜。为了表示对神灵或祖先的敬重，古代祭祀等礼仪活动很讲究卫生，在活动前要举行沃盥之礼，这就要用到匜盘组合了。拿匜从上往下倒水，下边接着盘，把手洗干净，再开始祭礼。

> 奉匜沃盥。——《左传》

"哇，用流动的水洗洗小手，这习惯不错！"

"明天要考试，我要好好洗洗手。"

博物馆里的器具

> 觞饭不及壶飧。——《国语》

古代的青铜礼器有很多，可以分为六大类：炊器、食器、水器、酒器、乐器和杂器。觞就是酒器中的一种，最早出现在商代中晚期，一直沿至西周中期，西周后期逐渐消失。它是饮酒器中最大的，常用来罚酒。由此引申为大、丰盛。

觞最早是用牛角做成的，后来有了木制和青铜的。《诗经》中说："我姑酌彼兕觞，维以不永伤。"且先斟满大杯酒，免我心中长悲伤。后来也用觞来指代酒器或酒杯。

> 觥筹交错。——《醉翁亭记》

还有一种酒器叫作罍。最早发现的商代早期的罍，是用陶土烧制而成的。商代晚期制造了大量的青铜罍，罍也作为礼器使用。

《左传》中记载：周王在封鲁公到鲁地的时候，除分给他殷民六族，还"分……备物典策，官司彝器"。周天子实行分封制，把有功的臣子分到各地，同时还给他们一些典章史书、官员和礼器等。

彝、卣、罍，器也。——《尔雅》

彝还是各种礼器的总称。《周礼》中有"六尊六彝"的说法，每年不同的季节选用不同的尊和彝来祭祀。其中六彝有鸡彝、鸟彝、斝（jiǎ）彝、黄彝、虎彝、蜼彝，也就是盉、爵、斝、觥等酒器。

随着岁月的流逝，这些器具已经成为历史。想看到它们，只能去博物馆了。

辨六彝之名物，以待果将。——《周礼》

关联字

鬲 → 鬵、鬴、鬲、镉

簋 → 簠、盨、皿、盛、盘、盌

匜 → 作用 舀、沃、盥、洗、漱、冲
　　其他洗漱器具 瓢、洗、盘、盂、盆

觥 → 觩、觯、兕、觳、觚、卣

彝 → 爵、角、觚、尊、壶、杯

谷土田耕农：种田那些事儿

甲骨文	金文	小篆	楷书

《说文解字》泉出通川为谷。从水半见，出于口。

本义为两山之间的水道或夹道。上部像水流，下部是水的出口处，会泉水从泉眼流出的意思。谷物的"谷"本作"穀"，是庄稼和粮食的总称，在古时便假借为"谷"，简化汉字时将"穀"与"谷"合并简化。

《说文解字》地之吐生物者也。二象地之下、地之中；丨，物出形也。

甲骨文	金文	小篆	楷书

本义为泥土。引申指土地、耕种的田地，又引申指疆域、领土，甚至还可以引申指家乡。

甲骨文	金文	小篆	楷书

《说文解字》陈也。树谷曰田。象四口；十，阡陌之制也。

本义是农田，就是种庄稼的土地，进而引申指耕种，还可以指狩猎。

《说文解字》犁也。从耒，井声。一曰：古者井田。

小篆	楷书

本义为犁田，又引申指播种。

甲骨文	金文	小篆	楷书

《说文解字》耕也。

本义是指除草播种之事，泛指农事、农业。又引申指从事农业的人，即农民。

种田那些事儿

火的使用催生了各种器具，也让古人更多地认识了脚下的这片土地。

传说，神农看到一只红色小鸟衔着一个谷穗飞来。细细碎碎的种子落到地上，一场春雨过后，竟然长出了小苗，到秋天收获了很多谷穗。神农尝了尝，还挺好吃。从此，他仔细辨认杂草，找出了能吃的五谷，开始教百姓们春种秋收。

> 不违农时，谷不可胜食也。——《孟子》

> 只要不违背农事，收获的谷类吃都吃不完呢。

> 是不是我要多修几座粮仓啦？

谷土田耕农

016

其实谷最初是指山间的水流或水流汇聚的地方，古代的哲学家常常赞扬河谷的低调谦虚。

《道德经》中说："江海所以能为百谷王者，以其善下之，故能为百谷王。"江海之所以能成为很多水流汇聚的地方，是因为它善于让自己处于低下的位置。老子是想借河谷来告诫人们胸怀要宽广，要有谦卑、利他之心。

> 敦兮其若朴，旷兮其若谷。——《道德经》

> 做人要像玉没雕琢前那么淳朴，胸怀要像空山深谷那样宽广呀。

> 那，我不要穿名牌了。

> 我……我去跟同桌道歉，是我太小气啦。

盘古开辟的这片天地，有高山有河谷，也有广阔的土地。荀子认识到不能小看一粒粒泥土，积累多了也不得了。他说"积土成山，风雨兴焉"，很多泥土堆积起来也能形成高山，成了高山就可以影响天气，兴风作雨。孟子也曾经用一粒粒尘土来做比喻，讲解他心目中的君臣之道。

君之视臣为土芥，则臣视君如寇仇。——《孟子》

古人一般会把家安在有水的地方。有水浇灌，土地就可以长出粮食。人类在土地的哺育下，一代代繁衍生息。《易经》中说："日月丽乎天，百谷草木丽乎土。"日月依附在天上，让天更加美丽；百谷草木在土地上生长，让土地变得欣欣向荣。土也引申为地方。

逝将去女，适彼乐土。——《诗经》

种田那些事儿

但是，在古代，真正的乐土却很少，土地也并不真正属于在上面辛苦劳作的农民。《诗经》中说："溥天之下，莫非王土；率土之滨，莫非王臣。"古代帝王很霸道地认为：不仅普天之下的土地，都是他的领土；就连在这片土地上生活的人们，也都是他的臣民。所以，很多帝王喜欢打仗，攻占别国的领土。

燕赵之君，始有远略，能守其土，义不赂秦。——苏洵《六国论》

土地是一个国家的根本。土地上可以种庄稼收粮食，不仅可以养活老百姓，还可以养活军队，所以，统治者们都很关心种田这件事。

《礼记》中说："是月也……可以粪田畴……"夏天的这个月，雨水很大，土地湿润，可以给田地施粪肥了……

使各居其宅，田其田……贵族有过，在纣一人。——《说苑》

商周时期，实行一种叫作"井田制"的土地国有制度。《孟子》中记载："井九百亩，其中为公田，八家皆私百亩，同养公田。公事毕，然后敢治私事。"一块井田有九百亩，分为九块。中间一块是公田，属于诸侯，其他八块是私田。这八家要一起先把公田的农活干完，再回家干自己家田里的活计。

后世北魏到唐朝时候，又出现了一种按人口分配土地的均田制。

下诏均给天下民田。诸男夫十五以上，受露田四十亩，妇人二十亩……——《魏书》

均田制施行后，老百姓们得到了田地，自然会卖力气好好耕作。人勤地不懒，粮食打得多了，人民就富裕起来了。《商君书》中记载："民之欲利者，非耕不得……境内之民莫不先务耕战，而后得其所乐。"老百姓们想要获取利益，必须得好好耕种。所以，他们都得先耕作、去打仗立功，然后才能享受快乐人生。后来由"耕作"又引申为致力于做某件事情。

种田那些事儿

耕道得道，猎德得德。——《法言》

传说发明耒耜、教导百姓耕田的神农氏,是中华民族农业的始祖。除了神农氏,历史记载中周朝的始祖后稷,也擅长农耕。《诗经》中记载:"诞后稷之穑,有相之道。茀厥丰草,种之黄茂。"后稷耕田种地,很会辨明土质从而播种适合的植物,把繁茂的杂草都除掉,挑选好的禾苗播种下去。后来"农"也指农事、农业。

农,天下之大本也,民所恃以生也。——《汉书》

你看,农业是天下的根本,百姓们得靠它生存呢。

嗯,要是农民伯伯不种地,我们就要饿肚皮啦!

古代农民们整天面朝黄土背朝天,辛苦劳作,还要交税交租。《孟子》中说:"耕者助而不税,则天下之农皆悦而愿耕于其野矣。"从事农业的人,只要助耕井田制中的公田而不用交租税,那么天下的农民们都会高高兴兴地去耕种这样的土地。

在春秋战国时期的诸子百家中,以许行为代表的农家,很关心农业生产和农民生活。

贤者与民并耕而食,饔飧而治。——《孟子》

许行说了,贤人要和老百姓们一起种田。

孟子,你拿笔的手抡得动锄头吗?

谷 → 仓、裕、欲、浴、壑

土 →
- 用土堆起来的　坡、墩、坨、堆、垛、坟
- 建筑物　堤、坝、墙、壁、墅、塾、墟

田 →
- 和田地相关　园、界、畎、亩、畦、畴
- 和人相关　男、留、畏、胃、思

耕 → 耘、耙、屯、垦、种、劳

农 → 浓、侬、脓、哝、佃、租

种田那些事儿

04 黍稷豆稻麦：终于能吃饱了

| 甲骨文 | 金文 | 小篆 | 楷书 |

《说文解字》
禾属而黏者也。以大暑而种，故谓之黍。

本义是一种一年生草本植物，又指用黄米做成的饭。

《说文解字》
齌也。五谷之长。

| 小篆 | 楷书 |

本义是谷子，又引申指谷神。

| 甲骨文 | 金文 | 小篆 | 楷书 |

《说文解字》
古食肉器也。从口，象形。

本义为一种盛肉的容器。后来指各种豆子。

《说文解字》
稌也。从禾，舀声。

| 金文 | 小篆 | 楷书 |

本义是指一种一年生的草本植物。

| 甲骨文 | 金文 | 小篆 | 楷书 |

《说文解字》
芒谷，秋种厚埋，故谓之麦。麦，金也。金王而生，火王而死。从来，有穗者；从夂。

"麦"的本字是"来"，所以本义是到来，后来指小麦。

农民在土地上耕作，日复一日，年复一年，更多的植物被培育出来。有一种一年生的草本植物叫作黍，成熟后结出黄米，黏黏的，可以做饭，还可以酿酒。《诗经》中有一首诗《黍离》，其中第一句"彼黍离离"，是说那里的黍子繁盛茂密。后来也用"黍离之悲"表示亡国之痛。

因自度此曲，千岩老人以为有《黍离》之悲也。——《扬州慢》

李时珍在《本草纲目》中记载："稷与黍，一类二种也。黏者为黍，不黏者为稷。"和黍类似的一种粮食作物是稷，只不过黍子是黏的，而稷是不黏的。稷是古代很重要的一种谷物，为五谷之长。所以，古代掌管农业的官叫作"稷"。

终于能吃饱了

在古代，填饱肚子要靠脚下的土地和土地上长出来的谷类。于是，他们会祭祀土神"社"和谷神"稷"。《礼记》中记载："夏之衰也，周弃继之，故祀以为稷。"夏朝衰亡之后，周的始祖弃继续带领老百姓们从事农业生产，后来就把他当作谷神来祭祀。对一个国家来说，土地和粮食都是生存的根本，所以用"社稷"来指代国家。

还有一种豆科植物很早就有了，不过古代不叫豆，叫"菽"。《左传》中记载："周子有兄而无慧，不能辨菽麦，故不可立。"是说晋悼公有个哥哥傻乎乎的，连豆子和麦子都分不清，所以不能立为国君。后来，豆代替了菽来表示豆科植物。

田彼南山，芜秽不治，种一顷豆，落而为萁。——《汉书》

豆这种植物还承载着一个悲伤的故事。传说三国时期，曹丕即位，他嫉妒弟弟曹植的才能，想要杀掉他，就出了个难题，要他以"兄弟"为主题，七步成诗，还不能出现"兄弟"的字眼。太难了！但这难不倒大才子曹植。曹植于七步之内吟了一首诗："煮豆燃豆萁，豆在釜中泣。本是同根生，相煎何太急？"曹丕二话没说放了他。不过，"豆"最初指的不是植物，而是一种盛食物的器具。

把祭肉放豆中，豆里放不下再放登里。

太香了！我要吃肉——

卬盛于豆，于豆于登。——《诗经》

还有一种粮食作物也很重要，就是稻。稻在中国出现比较早，《诗经》中这样描绘秋天的丰收："八月剥枣，十月获稻。为此春酒，以介眉寿。"八月打下红彤彤的枣子，十月收割稻子。拿稻子做成美酒，喝了这酒祈求长寿。后世也用"稻粱谋"来比喻人谋求衣食生计。

看看这些大雁，各自都只盘算着吃吃吃！

吃货也不错呀。

哈，杜甫是在讽刺人只知道追求私利呢。

君看随阳雁，各有稻粱谋。——《同诸公登慈恩寺塔》

终于能吃饱了

> 贻我来牟，帝命率育。——《诗经》

稻子主要生长在南方，而北方主要的粮食作物是麦。古代麦不仅仅指小麦，还有大麦、燕麦、黑麦。宋应星在《天工开物》中记载："凡麦有数种。小麦曰来，麦之长也；大麦曰牟，曰穬；杂麦曰雀，曰荞。皆以播种同时，花形相似，粉食同功，而得麦名也。"几种麦都可以做粮食填饱肚皮，也可以酿酒，还能制作饴糖。

后来，麦用来特指小麦。在古代，小麦跟稻米一样，是直接煮来吃的。后来有了石磨，把小麦磨碎，口感就比较好了。小麦生命力顽强，抗干旱。董仲舒曾经给汉武帝上书："愿陛下幸诏大司农，使关中民益种宿麦，令毋后时。"建议他命令主管农业的官，让关中百姓多种小麦，不要耽误了农时。宿麦就是秋冬播种，到第二年芒种才成熟的冬小麦。

> 五月节，谓有芒之种谷可稼种矣。——《月令七十二候集解》

- 黍 → 植、株、粮、米、粒、秀
- 稷 → 社、粟、梁、秧、秆、和
- 豆 → 短、逗、登、厨、豌、豉
- 稻 → 糠、秕、粳、糯、稗、稼、穑
- 麦 → 麸、唛、荞、芒、穗

终于能吃饱了

05 面饼饺食：面食的花样吃法

甲骨文	小篆	楷书

《说文解字》
颜前也。

本义指人的脸部。甲骨文像人脸的形状，中间是一只大眼睛。面后来做了"麵"的简体字，本义指麦子磨的面粉，引申为各种面食，尤其是面条。

《说文解字》
饼，面餈也。从食，并声。

小篆	楷书
	饼

本义是各种面食的总称。

小篆	楷书

本义为饺子，一种有馅的半圆形面食。

《说文解字》
一米也。

甲骨文	金文	小篆	楷书

本义为可以吃的食物，引申为吃。甲骨文下部是一个装着食物的食器，上面是一张嘴张口来吃的样子。

备植九谷，人多噉面及牛羊肉。——《南史》

用石磨把小麦磨成面粉，小麦的吃法就多了起来。《诚斋杂记》中记载："孔明杂以羊豕之肉，以面包之，以像人头。此为馒头之始。"据说，诸葛亮南征孟获的时候，有人告诉他，蛮荒之地有邪气，需要用人头祭神。诸葛亮心善，哪肯杀人？于是就用水和面包上牛羊肉，假充人头蒙混过关，这就是馒头的起源。

面食的花样吃法

古人不断地研究面食的新做法。贾思勰在《齐民要术》中记录了面粉发酵技术："面一石，白米七八升作粥，以白酒六七升酵中，著火上，酒鱼眼沸，绞去滓，以和面，面起可作。"定量的面粉和白米放在一起做粥。把白酒放到火上去煮，煮到冒出鱼眼一样的小泡泡的时候，过滤掉渣滓，用它来和面，面就能发酵起来了。

永明九年正月，诏太庙四时祭，荐宣皇帝面起饼。——《齐书》

其实，面的本义是指脸或面容。《墨子》中有一句非常有哲理的话："君子不镜于水而镜于人。镜于水，见面之容；镜于人，则知吉与凶。"君子不拿水来做镜子，而是把他人当作镜子。用水来做镜子，照见的是面容；而用他人来做镜子，看到的是自己的吉凶祸福呀。由此引申指假面或面具。

刻木为面，狗喙兽耳。——《旧唐书》

面粉出现后，饼就随之出现了。《释名》中说："饼，并也，溲面使合并也。"在古代，蒸饼、汤饼、蝎饼、髓饼、金饼、索饼……只要是水和面做出来的吃食，都叫作饼。其中，汤饼就是面片汤，用手把面团撕成片下锅煮熟就能吃了。还有一种索饼，有学者猜测可能就是《齐民要术》中的"水引饼"。它们都是后来面条的雏形。

面食的花样吃法

> 六月伏日进汤饼,名为避恶。——《荆楚岁时记》

古代小孩子出生三天或满月、周岁时,要举行庆祝宴会。因为要吃代表长寿的汤饼,所以也叫"汤饼会"。晋朝有个面食爱好者束皙,写了一篇文章《饼赋》,其中提到汤饼:"玄冬猛寒,清晨之会,涕冻鼻中,霜凝口外,充虚解战,汤饼为最。"寒冷的冬天,鼻涕都被冻住了,喝一碗热面条,最爽了。冬天吃汤饼可以取暖,夏天呢,要不要吃?

三伏天吃汤饼,出汗排毒不生病。

我吃面,您喝汤,行不?

说起面食,最有名的应该是饺子了。传说中,饺子是东汉神医张仲景发明的。那年冬天很冷,冷到把耳朵都冻烂了。张仲景就把羊肉和一些驱寒的药材,放在一起做馅,用面皮包成耳朵状,煮熟了带汤送给贫苦百姓们吃,从冬至一直吃到大年三十。这就是"祛寒娇耳汤",有通畅血液的功效。最初的饺子叫"娇耳"。

> 冬至不端饺子碗,冻掉耳朵没人管。——谚语

又是饺子,早就吃腻了,我要吃红烧猪蹄!

为了保住耳朵,吃几个吧!

> 五更起……饮椒柏酒，吃水点心，即扁食也。或暗包银钱一二于内，得之者以卜一岁之吉。——《明宫史》

饺子不仅仅是美食，还是大团圆的象征。除夕夜，阖家团圆，热热闹闹地围坐在一起，包饺子煮饺子吃饺子，一起守岁。半夜子时是连接旧岁和新年的时间点，叫作"交子"。而饺子和"交子"谐音，正好表达了人们对新春的祈盼和祝福。古代，饺子也叫作"扁食"。

远古时期，人们还没有定时吃饭的习惯。《养生四要》中说："如上古之人，饥则求食，饱则弃余可也。"他们饿了就吃，吃饱了就剩下多余的。后来，才养成了定时吃饭的习惯。不过那时候一天两餐：上午7—9时吃"朝食"，相当于正餐；下午15—17时吃"哺食"，吃朝食剩下的东西，比较简单。

> 朝曰饔，夕曰飧。——朱熹《论语集注》

那时候，粮食还是太少，而且人们日出而作日落而息，下午吃过饭后，就休息了，两顿饭足够。不过，古代天子是有特权的，可以吃四顿饭，而诸侯也可以吃三顿。《战国策》中说："士三食不得餍，而君鹅鹜有余食。"读书人三顿饭都吃不饱，而你的鹅、鸭啥的多得吃不完。可见，当时有些上层人会吃三顿饭。

俗话说："民以食为天。"食是维持人类生存的最基本的需求。随着农业的发展，粮食收获得多了。渐渐地，普通人家也能吃上一日三餐了。满足温饱之后，人们开始追求并享用美食。《论语》中说："食不厌精，脍不厌细。"说的就是舂米越精细了越好，肉丝切得越细越好。后来，美食渐渐成为一种文化。

面食的花样吃法

033

关联字

面
→ 跟面粉相关：粉、团、白、条
→ 跟面部有关：脸、额、颜、颊、脑、头、缅、靥、腼

饼 → 馍、馒、饽、馓

饺 → 馄、饨、馅、饿、饥、饱

食
→ 各种食物：馐、饵、蔬、果
→ 饮、吃、啃、嚼、喂

面饼饺食

06 粥羹鲜味：舌尖上的美味

《说文解字》
键也。从弼米。

本义为米粥、稀饭。小篆会米在鬲中煮的意思。繁体楷书"鬲"单独出来放在了下面，上面变成了粥。现代楷书简化为"粥"。

《说文解字》
五味和羹也。

本义为用肉或菜调和五味做成的带汁的食物，后来也指调和了五味的汤。小篆会羔羊在鬲中煮的意思。楷书简化成了"羹"，羔美会肉味道鲜美的意思。

《说文解字》
鱼名。出貉国。从鱼，羴省声。

本义为一种鱼名。引申泛指供食用的鱼、虾，又引申指滋味美好。金文像是鱼和羊的合体，羊在上，鱼在下。小篆鱼、羊变成左右结构。

《说文解字》
滋味也。从口，未声。

本义为滋味，引申指气味。小篆到楷书变化不大。

服已须臾,啜热稀粥一升余,以助药力。——《伤寒论》

喝碗热粥吧,能帮助药力更好发挥!

能换成皮蛋瘦肉粥不?

有了五谷,人们就有粥喝了。《古史考》中记载:"黄帝始蒸谷为饭,烹谷为粥。"那时候,粥也可以做药用来治病。《史记》中记载淳于意给齐王治病,当时齐王逆气上升,吃不下饭。他"即以火齐粥且饮,六日气下"。喝了六天火齐粥,齐王就气顺了。还有的医生会要求病人在服用桂枝汤之后,喝点热粥。

宋朝的张耒(lěi)应该算是个资深的爱粥人吧。他写了一篇《粥记》,其中写道:"每晨起,食粥一大碗……最为饮食之良。"每天早晨起来,吃上一大碗粥,五脏六腑都舒服极了,堪称最好的食物啦。

中国传统文化中,每到腊月初八,都要用小米、黄米、红小豆、江米、栗子、红枣等食材煮一锅香喷喷的腊八粥。

粥羹鲜味

036

每至腊七日,则剥果涤器,终夜经营,至天明时则粥熟矣。——《燕京岁时记》

奶奶我困了,啥时候能煮熟呀?

你先睡吧,腊八粥腊八早晨才能吃呢。

粥是谷类熬成的,而羹则是用肉煮成的。有了陶器,就有了羹。最早的羹是不加五味调料的。没有盐的肉汤,大概不那么好喝吧?后来,加了盐和梅子等各种调料品,味道才丰富起来。不过在普通百姓家,如果买不起肉,也可以用蔬菜来做羹。所以,在古代,羹是家家饭桌上必备的食物。

> 我有肉羹,你有吗?

> 你有羹,我也有羹!

> 羹食,自诸侯以下至于庶人,无等。——《礼记》

肉也可以和菜搭配在一起做羹。《礼记》记录了各种肉和菜搭配的原则:"羊宜黍,豕宜稷,犬宜粱。"羊肉搭配黍米,猪肉搭配稷,狗肉搭配粱……据说这样煮出来的羹美味又健康。其中最好吃的要算羊羹了。战国时期,宋国华元率军出征。大战前,为了激励士气,他煮了一锅羊羹犒劳士兵们,却唯独忘了车夫羊斟——

> 畴昔之羊,子为政;今日之事,我为政。——《左传》

> 错了错了,那是敌军!

> 昨天的羊羹你说了算,今天驾车我说了算!哈哈哈——

舌尖上的美味

随着各种烹饪方法的出现，煮着吃的羹不再在饭桌上占主要地位了，但是，文人们仍然喜欢做各种诗意满满的羹，或许他们更喜欢那种情趣吧？南宋有本《山家清供》里记载了用笋做的"玉带羹"，山药、栗子配羊肉做的"金玉羹"……听起来就很美！更奇特的是，还有一道"石子羹"！

石头做羹，喝的不是汤，而是山野情趣。要说真正的味道鲜美，还得是鱼和羊肉的顶级搭配。最早，鲜指的是活鱼。老子在《道德经》中说："治大国若烹小鲜。"后世的统治者们费尽心思琢磨这句话：治理国家就像烹调小鱼一样。哈，调料不能少吧？但是也不能过多，要合适。治理国家也是这样，各种措施得当，才能让一个国家繁荣昌盛。

> 溪流清处取小石子，或带藓者一二十枚，汲泉煮之，味甘于螺，隐然有泉石之气。——《山家清供》

鲜也指刚宰杀的新鲜鸟兽肉类。《左传》中记载，魏锜射死了一只麋鹿，献给正追赶自己的潘党："子有军事，兽人无乃不给于鲜，敢献于从者。"您正在开展军事活动，狩猎的官员恐怕没办法供给您新鲜兽肉，请让我把这头肥美的大麋鹿送给您的随从们吧。潘党收了人家的麋鹿，竟然不再追赶，放他逃跑了。

在煮制烹调食物的过程中，人们陆续发现了一些调味品，可以给味蕾带来种种不同的滋味。《礼记》中记载："五味、六和、十二食，还相为质也。"除了和四季匹配"苦辣酸咸"四味之外，还有"滑"和"甘"，称作"六和"，以及十二个月不同的吃食。这些调配得当，就能调养身体。

舌尖上的美味

> 是故谨和五味，骨正筋柔，气血以流，腠理以密。——《黄帝内经》

调和了五味，筋骨会柔韧，气血会流畅，皮肤纹理会细密。

那您是不是就不长皱纹啦？

中国古代著名的医学典籍《黄帝内经》更加详细地解说了五味和身体的关系："夫五味入胃，各归所喜，故酸先入肝，苦先入心，甘先入脾，辛先入肺，咸先入肾。"酸味入肝，苦味入心，甜味入脾，辛辣入肺，咸味入肾。了解了这些，就可以根据药物或食物的味道来调理各个脏腑出现的毛病了。

粥羹鲜味

五味不仅仅是医学上的理念，还出现在哲学家的笔下。老子在《道德经》中说"五味令人口爽"，就是告诫人们不要贪恋各种舌尖上的美味，一时爽了口，却失去了对好滋味的敏感。俗话说就是倒了胃口。味后来也引申为感受、趣味。

> 诗书，味之太羹，史为折俎，子为醯（xī）醢（hǎi），是为书三味。——《邯郸书目》

太羹清纯，大块肉浓香，肉浆丰富多样……

先来块肉尝尝！

粥 → 糊、粘、糜、糁、稀、稠

羹 → 汤、汁、浆、羔

鲜 → 新、少、艳、寡、香

味 → 酸、甜、苦、辣、臭、腥、膻

舌尖上的美味

07 膏油盐茶：用油炒菜真香

《说文解字》
肥也。从肉，高声。

本义为脂肪、油脂。引申指浓稠的糊状物。油脂有滋润的作用，故又引申指滋润，进而引申指肥沃。甲骨文"肉"与"高"联合起来表示"熬肥肉时，浮在肉汤表面的油脂"之意。

《说文解字》
油，水。出武陵屏陵西，东南入江。从水，由声。

本义为植物的油脂。

《说文解字》
咸也。古者，宿沙初作煮海盐。

本义为食盐。

《说文解字》
苦荼也。

最早用荼来表示茶，后来，才慢慢分化出来单独表示茶树或茶叶的"茶"字。

做美食，离不开食用油。人们最早使用的是动物油脂，叫作"膏"。《释名》中说："戴角曰脂，无角曰膏。"也就是说，长角的动物提炼出来的油叫脂，不长角的动物身上提炼出来的称膏。它们的烹饪方法也不同。《礼记》中记载："脂用葱，膏用韭。"后世一个叫陈澔的人解释说："肥凝者为脂，释者为膏。"凝固成固体的就是脂，液体的就是膏。虽然说法不同，但说的都是动物油。

煎诸膏，膏必灭之。——《周礼》

"炮豚"这道菜就得在肥油里煎，肥油必须得没过它。

香得不得了，给我尝尝！

油脂有滋润的功能，所以也引申为润泽的意思。《诗经》中的一句诗："芃芃黍苗，阴雨膏之。"说的就是在好雨的润泽下，黍苗长得很茂盛。由此膏也用来比喻恩泽。

现在做臣子的，劝谏不被接受，建议也不听取，老百姓们根本就享受不到恩泽。

孟先生说得对，我改我改！

今也为臣，谏则不行，言则不听，膏泽不下于民。——《孟子》

用油炒菜真香

> 疾不可为也,在肓之上,膏之下,攻之不可,达之不及,药不至焉,不可为也!——《左传》

动物油除了食用,还可以用来照明。《史记》中记载:"(秦陵地宫)以人鱼膏为烛,度不灭者久之。"秦始皇陵墓里面点了一些蜡烛,常年不灭,这种长明灯燃烧的是人鱼膏。据专家推测,这人鱼膏可能就是某种动物油脂。在中华医学中,"膏"指人心尖的脂肪。

您的病治不了了,在膏肓之间,针灸不行,药力也到不了了,我没办法了。

哎呀,我好命苦呀!

膏油盐茶

后来,人们才发现植物果实中也含有油脂。《三国志》中,将军满宠招募了几十名壮士,"折松为炬,灌以麻油,从上风放火,烧贼攻具"。用松枝做火炬,浇上芝麻油,放火烧敌人。厉害吧?因为芝麻是从西域传进来的,所以古代称之为"胡麻"。

> 今世有白胡麻、八棱胡麻,白者油多。——《齐民要术》

哪棵是白胡麻?听说白的出油多。

我闻闻,哪一棵更香。

植物油的出现，催生了新的烹饪方式——炒！对，就是炒菜。最早的关于炒菜的记录在《齐民要术》中："炒鸡子法：打破，著铜铛中搅，令黄白相杂。细擘葱白，下盐米，浑豉，麻油炒之，甚香美。"这就是最早的炒鸡蛋。麻油还可以入药治病。

人们榨油的技术越来越成熟，更多的植物油出现了。《鸡肋编》里记载："河东食大麻油，陕西又食杏仁、红蓝花子、蔓菁子油，山东亦以苍耳子作油，颖州亦食鱼油。"多种多样的植物油出现了，人们渐渐地爱上了油煎食物。

用油炒菜真香

> 布牛肉焉，屑桂与姜，以洒诸上而盐之，干而食之。——《礼记》

"够了够了，太咸了还咋吃？"

香喷喷的炒鸡蛋，有麻油的功劳，盐的作用也不能忽视。想一想，如果没有盐，放再多的油，做出来的菜也不会好吃。

传说中，山东沿海的宿沙氏偶然中发现，海水煮干之后，会留下一些白色粉末。烤肉的时候放一点，有了咸味的肉异常鲜美。这就是盐，盐还可以用来腌制食品。

膏油盐茶

046

盐在历代人们的生活中太重要了。《周礼》中记载：周朝设立了专门主管跟盐有关的事务的官员"盐人"，让他们"掌盐之政令，以共百事之盐。祭祀，共其苦盐、散盐。宾客，共其形盐、散盐。王之膳羞，共饴盐"。祭祀、宴饮、君王膳食用什么盐，都规定好了。后世的君主也很注重对盐业的控制。

"什么叫专营山海资源呢？"

> 桓公曰："何谓官山海？"管子对曰："海王之国，谨正盐策。"——《管子》

"关键在于盐。盐太赚钱了，家家户户离不了呀。"

战国时期，齐国在管仲的倡导下实行盐铁专卖，为称霸积聚了钱财。汉武帝也实行盐铁专卖，但遭到了很多人的反对。到了汉昭帝时，还专门召开了一次大型盐铁会议，讨论盐铁专卖的利弊。桓宽记录了会议内容，写成文章，就是有名的《盐铁论》。

故兴盐铁，设酒榷，置均输，蕃货长财，以佐助边费。——《盐铁论》

和盐不同，茶不是必需品，但却成为闲适生活的代名词。品一杯清茶，忙碌琐碎的日子就慢了下来，静了下来。传说中，神农是第一个发现茶的人。《神农本草经》里记载："神农尝百草，日遇七十二毒，得荼而解之。"这里的荼就是茶。可见，茶最开始是作为解毒的药物被发现的。

用油炒菜真香

茶之为饮，发乎神农氏，闻于鲁周公。——《茶经》

膏 → 肓、脂、肪、腴、沃、肥

油 → 腻、滑、煎、炸、爆、熘
　　 抽、笛、迪、由、釉、柚

盐 → 咸、腌、卤、盗、盈、盅、孟

茶 → 荼、品、喝、茉、莉、芽、尖

膏油盐茶

第二章 天文历法

农业要想丰收，必须要懂得天文历法。古时候，人们是要靠天吃饭的，所以种地必须要顺应天时。于是，人们把目光投向苍穹，观察日出日落、月圆月缺，按照季节的特点，春播夏耕，秋收冬藏。他们不断地修整历法，把一年分为二十四个节气，指导农民按照节气变化安排农事，顺应自然规律休养生息。

01 旦午昏夜：日出日落是一天

甲骨文	金文	小篆	楷书
		旦	旦

《说文解字》
明也。从日见一上。一，地也。

本义是日出天亮，引申为早晨。甲骨文上面是日，下面是地平面。金文像太阳跃出海面，还和海连着。

《说文解字》
牾也。五月，阴气午逆阳。冒地而出。此予矢同意。

甲骨文	金文	小篆	楷书
		午	午

本义是杵，以"杵"捣"臼"才能舂出白米，所以"午"有抵触或违反的意思。后来"午"被借用为地支之一，也指中午。甲骨文像两头粗圆、中间有一细腰的杵。

甲骨文	小篆	楷书
		昏

《说文解字》
日冥也。从日，氏声。氏者，下也。

本义为傍晚。黄昏时光线变暗，看东西会比较模糊，故又引申为看不清楚、模糊。"昏"还可以作"婚"的通假字。甲骨文上部为人，下部为日，会太阳降落到比人还低的位置之意。小篆将"人"变为"氏"。

《说文解字》
舍也。天下休舍也。

金文	小篆	楷书
		夜

本义是从天黑到天亮的一段时间。

老百姓要靠天吃饭。要是一年风调雨顺，粮食就能丰收，百姓们就能填饱肚子。一旦赶上旱灾或涝灾，地里没有收成，就得饿肚子。所以，先民们非常注重观察大自然。摸透老天爷的变化规律，才能最大限度地规避风险。他们留意到：一天是从太阳升出地平线开始的。

女曰鸡鸣，士曰昧旦。——《诗经》

《佛说灌顶经》中说："阎浮界内有震旦国。"这里的"震旦"就是印度对中国的一种称呼。东方属震，是太阳升起的地方，所以称为"震旦"。太阳升起来，明亮的光芒洒满大地，所以，旦也有明亮辉煌的意思。

日月光华，旦复旦兮。——《卿云歌》

日出日落是一天

旦是一天的开始，也用来指代一天。《战国策》中赵国的臣子触龙劝说太后送儿子长安君做人质的时候，说："一旦山陵崩，长安君何以自托于赵？"不让长安君为国立功，等哪一天您去世了，他凭什么在赵国立足？在中国传统戏曲中，扮演女性的演员称为"旦角"。

旦角分为：青衣、正旦、花旦、刀马旦、武旦、老旦等。

太阳慢慢升起来，升到头顶的时候，就是中午了。地理学家郦道元在《三峡》中写道："重岩叠嶂，隐天蔽日，自非亭午夜分，不见曦月。"层层叠叠的山峦，遮天蔽日。只有正午或者半夜，才能看到太阳和月亮。午时就是指上午十一点到下午一点这一段时间。

不作午时眠，日长安可度？——白居易《昼寝》

午还是十二地支中的一个。古人把十二地支和十二种生肖动物搭配在一起,发展成了独特的民俗文化。王充在《论衡》中说:"午亦火也,其禽马也。"午属火,和它对应的动物就是马。不过,最开始这个字的本义却跟时间无关,是抵触、违逆的意思。

午其众以伐有道。——《礼记》

日出日落是一天

中午过去,太阳渐渐向西边落下。《淮南子》中说:"日至于虞渊,是谓黄昏。至于蒙谷,是谓定昏。"古代区分得还挺详细:太阳落到虞渊,就是黄昏;到了蒙谷,就是定昏。总之,都指的是太阳落山到夜晚这一段时间。古代的婚礼是在黄昏时候举行的。所以,古代的"昏"字,也指婚礼。

昏礼者,将合姓之好,以事宗庙,而下以继后世也。——《礼记》

黄昏时，太阳落山，光线就暗淡下来了。所以，引申为昏暗看不清楚，也指昏庸糊涂。明朝刘基在《郁离子》中讲了个狙公养猴的故事：狙公每天赶着猴子上山摘果子，却只留给它们少得可怜的一点食物。猴子们开始时害怕鞭子很听话，忽然有一天觉醒了，偷光狙公的食物，逃走了。刘基对此发出了感慨——

惟其昏而未觉也。一旦有开之，其术穷矣。——《郁离子》

旦午昏夜

054

太阳彻底落山了，世界陷入一片黑暗，夜晚到来了，这正是古人观察天象的好时机。《左传》中记载："鲁庄公七年夏四月辛卯，夜，恒星不见。夜中，星陨如雨。"据考证，这是世界历史上最早的天琴座流星雨的记录。因为夜晚是黑暗的，所以夜也指幽暗、黑暗。

是故索物于夜室者，莫良于火，索道于当世者，莫良于典。——《潜夫论》

在黑暗的掩盖下，黑夜往往容易发生盗窃抢劫等恶性事件。所以，古时候很多朝代都会采取"夜禁"制度，也叫"宵禁"。《周礼》中记载："以诏夜士夜禁……禁宵行者、夜游者。"夜晚不能出来瞎溜达，会被抓的。项羽攻占咸阳后，火急火燎地要回家乡显摆显摆。抖威风这事儿，更不能在晚上啦。

富贵不归故乡，如衣锦夜行，谁知之者！——《史记》

回家，我要让大家都看看，我发达啦！

暴发户！没出息！

唐朝也实行宵禁，当时法律规定："在一更夜禁后、五更开禁前不久犯夜的，笞打三十下。"宋朝则取消了宵禁制度，人们终于可以在夜间自由自在地逛夜市吃美食了。《东京梦华录》中记载："夜市直至三更尽，才五更又复开张。如耍闹去处，通晓不绝。"热闹吧？元宵节的晚上更热闹。

日出日落是一天

去年元夜时，花市灯如昼。——欧阳修《生查子》

花灯真好看！

是呀是呀！

哼！我们大宋朝的花灯那才叫好看呢！

关联字

旦 → 早、晨、朝、曦、熹、晓、曙、醒

午 → 中、昼、许、卸、缶、杵、仵

昏 → 暮、霭、夕、晕、眩、婚

夜 ↗ 晚、宵、暗、桑榆
　 → 寝、寐、瞌、睡、盹
　 ↘ 液、掖、腋

旦午昏夜

02 朔望晦：月有阴晴圆缺

金文	小篆	楷书
		朔

《说文解字》
月一日始苏也。

本义为每月农历初一，因为朔是一个月的初始，所以引申为初、始。金文从月从屰，表示跟月相有关。小篆"屰"从月中出来到了左边，并且符号化了。

《说文解字》
出亡在外，望其还也。

甲骨文	金文	小篆	楷书

本义为远望，引申为景仰。古代把月圆的这一天，也就是每个月的十五日称作"望日"。甲骨文好像人站在土堆上，眼睛望向远方的样子。小篆增加"月"字，表示远眺的对象是月亮。

小篆	楷书
	晦

《说文解字》
月尽也。

本义为每个月的最后一天。这天是看不见月亮的，所以也引申为黑暗、愚昧等义。小篆从日，每声。

日出日落是一天，月圆月缺是一个月。《后汉书》中说："日月相推，日舒月速，当其同所，谓之合朔。"农历每月的第一天，月球转到太阳和地球中间，月球和太阳几乎同时出没，在地球上是看不到月亮的，这一天叫作"朔日"。朔日是一个月的开始，所以朔也引申为初始。

……以养生送死，以事鬼神上帝。皆从其朔。——《礼运》

朔还指凌晨。庄子在《逍遥游》中说："朝菌不知晦朔，蟪蛄不知春秋，此小年也。"早晨钻出来的菌草不到晚上就枯萎死掉了，所以它不知道黑暗和黎明。寒蝉夏天出生秋天就死了，它根本不知道还有春天和秋天，这就叫短命。此外，朔还有"北方"的意思。

朔气传金柝，寒光照铁衣。——《木兰诗》

日月不停地运转，人们看到了月亮。先是细细的、弯弯的月牙，然后越来越大，到十五日，终于看到了圆圆的满月。这一天，叫作"望日"。《释名》中解释："望，月满之名也。月大十六，小十五日，日在东，月在西，遥相望也。"月圆那一天就是望日，太阳和月亮东西相望。

无君人之位以济乎人之死，无聚禄以望人之腹。——《庄子》

望有登高远望的意思。《诗经》中说："谁谓宋远，跂予望之。"谁说宋国很远，踮起脚尖就能望到了。

望，也可以表示观察。中医诊断病情有"望闻问切"四种方法。《古今医统》中记载："望闻问切四字，诚为医之纲领。"望排在第一位，指观察患者的身材发育、面色、舌苔和表情等，以此来诊断病情。

由远望引申出来，望也指边际。

月有阴晴圆缺

精充天地而不竭，神覆宇宙而无望。——《吕氏春秋》

望还引申为景仰。《周易》中说:"君子知微知彰,知柔知刚,万夫之望。"君子懂得潜藏,也懂得表现,知道该柔的时候柔,该刚的时候刚,这才是万众景仰的人物呀。被景仰的人,应该是很有声望的,所以望也指声望。

> 王者用人之要术惟资望而已。——《官制上》

由声望引申为有声望的人。《左传》中记载:"析父谓子革:'吾子,楚国之望也!'"这里说子革是楚国有声望的人。再推而广之,望也指望族,有声望、有地位的家族。古代很重视门第、门风,历朝历代都会有些大家族。他们以先祖的功绩为荣耀,激励子弟们勤学上进,光宗耀祖。

> 畿谓卫固、范先曰:"卫、范,河东之望也……"——《三国志》

望日一过，月亮就由圆转缺。月末最后一天，就是晦日。《论衡》中记载："三十日日月合宿，谓之晦。"太阳和月亮几乎是同时落下，就像太阳和月亮一起结伴回家休息，所以古人也把晦日叫作"日月合宿"日。晦也指夜晚。

因为是月末最后一天，没有月亮，所以，晦也有昏暗的意思。《诗经》中说："风雨如晦，鸡鸣不已。"风雨交加，天色昏暗，像黑夜一样，鸡不住地啼叫。由天色昏暗，又引申为道理不明白地说出来，含蓄隐晦。

月有阴晴圆缺

《春秋》之称，微而显，志而晦。——《左传》

关联字

 → 北、冷、初、始
　　 → 蒴、愬、搠、塑、溯

 → 探、眺、看、瞅、瞧、观、顾

 → 隐、愚、昧、末、蓄
　　 → 悔、诲、侮、每、梅、酶、莓

朔望晦

漏更时辰卯：用更漏来计时

《说文解字》
以铜受水，刻节，昼夜百刻。

本义为漏壶，是古代滴水计时的仪器，引申指物体由孔缝透过、滴落，进而引申指泄露、泄密。小篆从水，扇声。

《说文解字》
改也。

本义为改变、改换、调换，古时候用"更"来表示夜间的计时单位。更还可以用于比较，表示程度增高，有更加、另外或再的意思。

《说文解字》
四时也。

本义为节令、季节，引申指时辰，即一昼夜的十二分之一，也泛指时间、光阴、岁月，又指时代、时尚。

《说文解字》
震也。三月，阳气动，雷电振，民农时也。

本义为贝壳，后被假借为地支的第五位，用来纪时，是现在的上午七点至九点。时间往往与星的运行有关，所以"辰"又可以当"星"讲。

《说文解字》
冒也。二月，万物冒地而出。象开门之形。故二月为天门。

本义是剖分，引申指木器上安榫头的孔眼，又借作十二地支的第四位，也指十二生肖中的"兔"。

古代没有钟表，人们只能靠观察太阳、月亮的起落估计时间。后来，聪明的古人造出了一种叫漏刻的计时工具。它的底部是带孔的漏壶，里面装了水，还有一个有刻度的浮箭，随着水的流出，会上涨。人们按照刻度就可以计时了。

> 夜漏尽，鼓鸣即起；昼漏尽，钟鸣则息也。——蔡邕《独断》

漏壶中的水会从小孔里漏下来，所以，漏也指从小孔或缝隙中滴落。杜甫在《茅屋为秋风所破歌》中写道："床头屋漏无干处，雨脚如麻未断绝。"房顶漏雨了，外面大雨，屋里小雨，滴滴答答的，床头都淋湿了。漏后来也引申为遗漏、疏忽。

> 夫明哲之君，网漏吞舟之鱼，然后三光明于上，人物悦于下。——《后汉书》

有了漏刻，古人就有了比较清晰稳定的时间概念。古代宫中，会把值夜的人们分成五个班次，按时更换，由此引申出了夜间计时的单位"更"。一夜分为五更，每更约两小时。有专门的更夫负责打更，告诉人们时间。

先生骨清少眠卧，长夜默坐数更鼓。——苏轼《夜过舒尧文戏作》

更的本义是改正、改变。《论语》中说："君子之过也，如日月之食焉：过也，人皆见之；更也，人皆仰之。"君子犯错，就像日食、月食一样谁都看得见，藏也藏不住；如果能够改正，就会得到大家的敬仰。更也指调换、替代。

景公欲更晏子之宅。——《左传》

用更漏来计时

更也作更互、交替的意思。《史记》中李斯给秦王嬴政解释当年秦穆公称霸的时候，为什么没有灭掉六国：因为当时"诸侯尚众，周德未衰，故五伯迭兴，更尊周室"，诸侯还很多，周朝的威德还没有衰败，所以五霸轮流兴起，一位一位地交替着，还是尊崇着周王室的地位。同时，更也指更加、程度加深的意思。

与之，即无地以给之；不与，则弃前功而后更受其祸。——《战国策》

更漏都是用来计时的，人们学会计时后，就把一天分成了十二个时辰。一个时辰相当于现在的两个小时，分别用十二地支来命名。钱大昕《十驾斋养新录》中解释："一日分十二时，每时又分为二，曰初、曰正，是为二十四小时。"

从巳时直杀到未时，周瑜……遂下令鸣金收住船只。——《三国演义》

时的本义是季节。古人对日月星辰等天象细心观察，找到了规律，区分出了四季。《尚书·尧典》中记载："期三百有六旬有六日，以闰月定四时，成岁。"尧那时候就已经制定了历法，确定一周年有三百六十六天，用闰月来调整确定四季，使每年的农时正确。从此以后，人们开始按照时节安排农业生产，春种秋收。

谓其三时不害,而民和年丰也。——《左传》

时又引申为时间、时候。贾谊在《论积贮疏》中说："生之有时，而用之亡度，则物力必屈。"生产物品有时间的限制，不是随时都可以产出来。使用它们不加节制，那社会财富一定会很快用完的。时也引申指气候。

天时不如地利，地利不如人和。——《孟子》

用更漏来计时

067

古人用时辰计时，但辰的本义却是蛰虫在惊蛰时苏醒后蠢蠢欲动的样子，引申为震动。《史记·律书》中说："辰者，言万物之蜄也。"辰这个字，说的就是万物都蠕动了起来。

后来，辰用来计时。辰时，指上午七点到九点。十二生肖中，辰对应的是龙。

> 辰为龙，巳为蛇。——《论衡》

> 我属辰龙，你属巳蛇，我的属相比你的大，比你的威风！

> 算了吧。龙是大家编的，谁见过？

辰也指日、月、星的总称，后来也指众星。《左传》中记载有一年六月初一，发生了日食。昭子主张祭祀，平子不同意。太史也建议祭祀，他说："在此月也，日过分而未至，三辰有灾。"就是在这个月，太阳过了春分还没到夏至，日、月、星都显示了灾祸。另外，辰也指时运。

> 我生不辰，逢天僤（dàn）怒。自西徂东，靡所定处。——《诗经》

> 唉，我出生时没赶上好时运，正赶上老天爷发火，让我到处漂泊……

> 吃了这个鸡腿，赶紧回家吧。

> 都过来,开始点卯!
> 这卯簿上的内容还不少呢。

> 各役过堂点卯。卯簿详注年貌、籍贯、住址及著役日期、经管某事于姓名之下。——《福惠全书》

用更漏来计时

卯也是十二时辰之一,指的是早晨五到七点。五点是卯初,六点是卯正。白居易写过一首诗《卯饮》,其中一句是:"卯饮一杯眠一觉,世间何事不悠悠。"卯时喝上一杯睡上一觉,世间万事都逍遥。

古代官衙里每天早晨卯时开始办公,办公前会点名报到,这就叫作"点卯"。

> 枘凿者,榫卯也。榫卯圆则圆,榫卯方则方。——《二程遗书》

《论衡》中提道:"卯,兔也。"卯在十二生肖中是可爱的小兔子。

卯还指木器上安榫头的孔眼。中国的古建筑、家具或一些木制器械上,很少使用钉子,会用凹凸部位相互咬合的方式,把各个部件组合起来,凹进去的那个孔眼就叫卯。

> 这就能咬住啦?
> 你看看,这就叫严丝合缝!

关联字

漏 → 泄、渗、落、筛、孔、透

更 → 迭、调、换、改
        梗、哽、埂、鲠

时 → 钟、刻、分、秒、今、昔、昨

辰 → 振、震、唇、蜃、娠、赈、辱

卯 → 寅、巳、未、申、酉、戌、亥
        柳、聊、卯、铆、卿、贸

漏更时辰卯

04 春夏长：生机勃勃的季节

甲骨文	金文	小篆	楷书

《说文解字》
推也。从艸屯，从日。艸（草），春时生也。会意，屯亦声。

本义就是四季中的第一季。甲骨文左边表示草木在阳光的照射下生长，右边像草木钻出地面的样子。金文从日，从艸，从屯。

《说文解字》
中国之人也。

甲骨文	金文	小篆	楷书

本义是中国之人，古代汉民族的自称，也指中国，后假借为表示一年中的第二个季节。甲骨文是一个人的象形。头、发、眼、身躯、两臂、腿脚等一应俱全，且双手摆开呈现出一种强而有力的架势。金文更加复杂，小篆字形变化不大。

甲骨文	金文	小篆	楷书

《说文解字》
久远也。从兀从匕。兀者，高远意也。久则变化。

本义是两点之间距离大，或指岁数大、年岁高。甲骨文和金文像一位老人拄杖而立的样子。

> 春者何，岁之始也。——《春王正月》

古人渐渐发现了更多的天象规律。比如草木发芽后，过了三百六十多天，草木又发芽了，又一个轮回开始了。《尔雅》中说："春为青阳，春为发生，春秋繁露。春者，天之和也。又春，喜气也，故生。"这就是春天，天气变暖了，万物生长，逐渐繁茂，整个世界都充盈着生发的喜气。

春也可以指年、岁。曹植《杂诗》中写道："自期三年归，今已历九春。"本来盼着三年就能回来，现在已经过了九个春天，也就是九年了，还没回来。

春是一个重要的季节。古代春天有春社，大家祭祀土地神，也借机聚会饮酒，祈求一年风调雨顺，五谷丰登。

> 桑柘影斜春社散，家家扶得醉人归。——《社日》

春天还有鞭春牛的习俗。《燕京岁时记》记载:"顺天府……礼毕回署,引春牛而击之,曰打春。"原来打的是真牛,后来也会糊一头纸牛,往牛肚子里装满各种谷物。纸牛肚子被打破后,谷物散落出来,寓意五谷丰登。

立春这天,民间还有"咬春"的习俗——

天气渐渐热了起来,万物繁茂的夏天到来了。《诗经》中说:"四月维夏,六月徂暑。"农历四月进入夏天,六月就到暑天了。因为天气炎热,人们不大想吃饭,夏天可能会消瘦。在南方一些地区,古代有"称人"的习俗,一边称一边说些吉利话,祝福大家顺利度过夏天。

夏是中国史书上有记载的第一个世袭制的王朝。《孟子》中说："夏后、殷、周之盛，地未有过千里者也。"夏、商、周三个朝代最兴盛的时候，土地也没有超过方圆一千里的。由此，夏也指中国中原地区的人，是汉民族的自称。

华夏蛮貊，罔不率俾。——《尚书》

春生夏长，春夏是生长的季节，万物都生机勃勃。《淮南子》中说："禾稼春生，人必加功焉，故五谷得遂长。"春天，庄稼开始生长，但必须有农民辛勤耕作，五谷才能长得好。长由此引申为抚育孩子，使其成长。

父兮生我，母兮鞠我。拊我畜我，长我育我。——《诗经》

长也指年长、长者。《论语》中记录："子路、曾皙、冉有、公西华侍坐。子曰：'以吾一日长乎尔，毋吾以也。'"孔子的四位学生陪孔子坐着，一起谈论学问。孔子鼓励学生们要勇于表达自己的看法："千万不要因为我比你们年长，就不敢说话了。"长又引申为长官。

其德厚而才高者以为之长，德薄而才下者以为之佐属。——《上仁宗皇帝言事书》

德厚才高的人可以做某一部门的长官。德才都不高的，只能当助理官员和下属了。

王安石，你觉得自己德厚才高吗？

长是一个多音字，和"短"相对的时候，读作cháng。姜夔在《续书谱》中讲用墨时，提到了笔的选择："笔欲锋长、劲而圆。长则含墨，可以运动，劲则刚而有力，圆则妍美。"笔要锋长、劲、圆：笔锋长含墨就多，方便运笔，笔尖劲挺就会刚而有力，笔身圆润写出字来就会丰满多姿。长，也指长久。

齐王曰："齐僻陋隐居，托于东海之上，未尝闻社稷之长利。"——《战国策》

张仪先生，我齐国躲在东海边的一个小角落里，还没想过国家的长远计划。

归顺大秦，听我的，没错！

生机勃勃的季节

075

 关联字

春 → 温、暖、苏、煦、滋

夏 → 繁、荣、荫、烈、炙

长 → 延、引、深、远、近、短、永
　　　张、帐、胀、账

春夏长

05 秋收冬藏：一年结束了

甲骨文　小篆　楷书

《说文解字》
禾谷孰也。

本义是收成、收获。收获的季节多在一年中的第三季，又引申为泛指这个季节。甲骨文像一个蟋蟀的形状。金文从火从禾，表示庄稼。楷书"禾"换到"火"的左边。

《说文解字》
捕也。

小篆　楷书

本义为逮捕、拘押。引申指把散开的东西聚拢。又引申指取得、占取、获得（利益）。小篆从攴，从丩，会拘捕犯人的意思。

甲骨文　金文　小篆　楷书

《说文解字》
四时尽也。从仌从夂。夂，古文终字。

本义为终结，也指四季中的最后一个季节。甲骨文和金文，都像一根绳线在两端各打一个结，表示终端、终了的意思。小篆下边加了两个"人"。

《说文解字》
匿也。

金文　小篆　楷书

本义是指收存、储藏，也指隐匿。小篆和楷书字形变化不大。

夏天一过，气温渐渐降低，秋天到了。《月令章句》中说："百谷名以其初生为春，熟为秋，故麦以孟夏为秋。"各种谷物刚刚生长出来的时候是春，成熟了就是秋。所以，小麦以孟夏为秋。秋就是成熟，也指成熟的季节，是一年中的第三个季节。

秋风萧瑟，洪波涌起。
——曹操《观沧海》

秋收冬藏

太阳光直射到地球赤道的那一天，就是秋分。《春秋繁露》中记载："秋分者，阴阳相半也，故昼夜均而寒暑平。"古人认为立秋的时候，阴气就开始升起，到秋分这一天，阴阳各半，昼夜一样长。

因为秋天万物凋零，一派肃杀之气。所以，古代处决犯人一般都在秋季，称为"秋决"。

庆赏罚刑，与春夏秋冬，以类相应也。——《春秋繁露》

秋也指一年。"上与梁王燕饮，尝从容言曰：'千秋万岁后将传于王。'"《史记》中记载汉景帝和梁王喝酒的时候，曾经说过："等我死了之后，要把皇位传给你！"这里的千秋万岁，表面上说的是千年万年，实则是去世的委婉说法。秋还指某一时期、某一时刻。

此诚危急存亡之秋也。——《出师表》

一年结束了

秋天虽然肃杀，但也有满满的收获。李绅在《悯农》诗中写道："春种一粒粟，秋收万颗子。"春天种下一粒种子，秋天就能收获上万颗粮食。《史记》中说："夫春生夏长，秋收冬藏，此天道之大经也。"春天生发，夏天成长，秋天收获，冬天储藏，这是大自然的规律。收不仅指收获，也指收容、收养、接受。

收孤寡，补贫穷。——《荀子》

秋收冬藏

其实，收的本义是拘捕。《汉书》中记载苏武出使匈奴，匈奴单于扣留了他，逼他投降。苏武至死不降，还要自杀，被救了回来。"单于壮其节，朝夕遣人候问武，而收系张胜。"单于很钦佩他的节操，早晚都派人去探视苏武，却拘捕了张胜。收也引申为占领、占取。

秦将王翦破赵，虏赵王，尽收其地。——《战国策》

天气渐渐冷了，树叶凋零，北风呼啸，大雪纷飞。在寒冷的冬天里，人们靠秋天的储备过日子。《尚书》中说："日月之行，有冬有夏。"太阳和月亮不停地运转，地球上就有了冬天和夏天。冬，是一年中第四个季节，是最寒冷的一段日子，也是一年的终结。

冬者，五谷成熟，物备礼成。——《后汉书》

> 十一月冬至。京师最重此节……至此日更易新衣，备办饮食，享祀先祖。——《东京梦华录》

在古代，有"冬至大如年"的说法，可见冬至很重要。冬至这一天，太阳直射到南回归线上，北半球的中国白天最短，黑夜最长。《后汉书》中记载："冬至前后，君子安身静体，百官绝事。"黑夜最长的这些天，适合君子静养，百官也会放假。这时候，会有各种祭祀活动。

庄稼收获了，就要好好储藏起来，注意防水、防潮、防老鼠。藏也指收藏其他东西。《周礼》中记载了古代官府的八种职责，其中"五曰府，掌官契以治藏"。府的职责，就是掌管书契，负责文书和器物等的收藏。在古代，藏也是"脏"的通假字，指内脏。

一年结束了

关联字

秋 → 凋、谢、枯、涸、凉
揪、楸、锹、瞅、愁

收 → 丰、获、益、吸、缴、购、受
攻、攸、孜、敉、放、效、致

冬 → 凛、冽、冰、冻、皑、腊

藏 → 拢、匿、潜、储、存

秋收冬藏

06 年历闰：历法的修订

甲骨文	金文	小篆	楷书

《说文解字》 谷孰也。从禾，千声。

本义是谷熟，即年成。庄稼一年一熟，所以"年"引申为时间单位。甲骨文从禾，从人，会禾谷成熟，人在负禾之意。

《说文解字》 过也。从止，厤声。

甲骨文	金文	小篆	楷书

本义为经过，引申为行走、游历，也指历法。甲骨文上面两个禾，表示一列列的庄稼；下边是一只脚，会从庄稼中走过的意思。金文加了表示山崖的"厂"，后来发展变化不大。

小篆	楷书

《说文解字》 余分之月，五岁再闰。告朔之礼，天子居宗庙，闰月居门中。从王在门中。

本义为历法术语，指历法纪年和地球环绕太阳一周运行时间的差数，多余的叫"闰"。小篆从王，从门。

历法的修订

冬去春来，粮食从播种、成熟，到收获、储藏起来的一个周期，就是一年。年最初就是成熟、收成的意思。《谷梁传》中说："五谷皆熟为年，五谷皆大熟为大有年。"五谷成熟就是有收成，也就是丰收；五谷大熟就是大丰收。后来，年又成了时间单位，指地球环绕太阳公转一次所需的时间。

禹八年于外，三过其门而不入。——《孟子》

传说中，年是一头凶猛的怪兽，总是会在年末，到处捣乱，骚扰百姓。老百姓们烦透了，后来想出了一个办法：到年末这天，点起一堆堆篝火，同时点燃竹子。竹子烧着后，会发出噼里啪啦的爆破声。火光和爆破声会把年吓跑。所以，中国人过年都会放鞭炮。

爆竹声中一岁除，春风送暖入屠苏。——《元日》

"千家万户曈曈日,总把新桃换旧符。"古代时除了放鞭炮,喝屠苏酒,家家户户还会换上新的桃符。桃符就是一块画了神像,挂在门上辟邪的桃木板。据说,桃木本身就可以辟邪,何况再画上神像呢。

桃符长六寸,宽三寸,桃木板上画『神荼』『郁垒』二神。——《后汉书》

后来,桃木板用纸张代替。《宋史》中记载,后蜀主孟昶忽然心血来潮,命学士辛寅逊在桃木板上题字,"以其非工,自命笔题云:'新年纳余庆,嘉节号长春'"。看,这位皇帝还看不上大学士题的字,一着急亲自出手,中国有记载的第一副春联就此出炉了。

过年除了贴对联,还有贴年画的习俗。

扫除之后,便贴年画,稚子之戏耳。——《乡言解颐》

历法的修订

当然，提起过年，最重要的习俗便是吃饺子了。清朝有史料记载："元旦子时，盛馔同离，如食扁食，名角子，取其更岁交子之义。"这里说的元旦是农历正月初一。吃了饺子，过了年，就又长了一岁。所以，年也指年龄、寿命。

好粗啊！不知道这位树爷爷多少岁了。

反正是个老寿星！应该是树爷爷的爷爷的爷爷……

上古有大椿者，以八千岁为春，八千岁为秋，此大年也。——《庄子》

年历闰

古人在观察天象的基础上，为了配合人们日常生活的需要，制订出了一些计算时间的方法，这就是历法。根据月球环绕地球运行所制定的历法称为阴历；根据太阳在不同季节的位置变化所制定的历法称为阳历。

要我说，四分历是当前最合理的历法了。

确实，大胆地推行吧！

四分历……最得其正。——《后汉书》

唐朝初年，国家实行《戊寅元历》，这是历史上第一部颁行全国、采用定朔的历法。元朝时，皇帝命令许衡、郭守敬等人修订历法。为此，郭守敬组织了大规模的"四海测验"——派了14名天文学家，到全国27个地点进行观测，终于制定出了更加科学的《授时历》。

其实，历的本义是经过。司马迁在《报任安书》中为投降匈奴的李陵辩护："且李陵……深践戎马之地，足历王庭，垂饵虎口……"他认为李陵处境那么艰难，投降肯定是有原因的。

历由经过的意思又引申为超过、越过。

夫用百万之众，攻战逾年历岁，未见一城也。——《战国策》

历法的修订

古人在制定历法时，发现地球公转一周的时间是365天5时48分46秒。阳历把一年定为365天。多出来的时间，大约四年凑足一天，就把它加在二月里。而农历把一年定为354天或355天，多出来的时间大概每三年凑足一个月，就把它加在一年里，叫作"闰月"。

闰余成岁。——《千字文》

古代天子每年冬季都要召集诸侯，颁发朔政。朔政就是来年的历日与政令。诸侯要到祭庙会集接受朔政，称为"告朔"。如果这一年是闰年，王就会改到路寝门，举行告朔之礼。这就是闰字的由来，闰由此引申为副、偏，和"正"相对的意思。

据汉传于魏而晋受之……唐传于梁以至于周而大宋承之……非尊此而卑彼，有正闰之辨也。——《资治通鉴》

年 → 载、岁、季、寿、期、代

历 → 史、经、过、阴、阳

闰 → 润、副、偏、伪、正、余

历法的修订

07 节气民：口口相传的节气歌

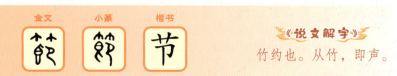

本义是竹节，即竹子上环状的凸起的地方。人或动物的骨骼交接处类似竹子的节，故又引申为骨节或关节。也指节气。

本义为云气，泛指一切气体，又引申指天气、气象、节气等。

本义是奴隶，后引申指百姓。金文像用锐物刺左目，表示奴隶的意思。

北斗七星是北半球能够观测到的重要星象。古人在修订历法的过程中，通过观测北斗七星，确定了春夏秋冬的节气，来指导农业生产。

> 斗柄东指，天下皆春；斗柄南指，天下皆夏；斗柄西指，天下皆秋；斗柄北指，天下皆冬。——《鹖冠子》

《淮南子·天文训》中，就已经有了关于二十四节气的记载。公元前104年推行的《太初历》，第一次把二十四节气正式纳入历法。

> 斗日行一度，十五日为一节，以生二十四时之变。——《淮南子》

口口相传的节气歌

时节、节气是节的引申义，它的本义是竹节。《晋书》中记载：晋国想要灭掉吴国，去攻打东吴。有人担心长江水势暴涨，对晋军不利，劝他退兵。杜预却说："今兵威已振，譬如破竹，数节之后，皆迎刃而解。"我们现在士气正旺，就好像劈竹子，劈过几节后，就会很轻松了。节由此引申为骨节、关节。

彼节者有间，而刀刃者无厚；以无厚入有间，恢恢乎其于游刃必有余地矣。——《庄子》

看我用最薄的刀刃，插进骨节的空隙中，轻松搞定！

太棒了！这就叫游刃有余！

竹子是正直挺立有风骨的，所以，节又引申指节操、气节。《荀子》中倡导："士大夫务节死制，然而兵劲。"士大夫务必要保持节操，甘愿为礼制而死，这样兵力才能强劲。历朝历代的文人都很崇尚气节——

时穷节乃见，——垂丹青。——《正气歌》

越是到穷途末路，才更能显出我文天祥的气节。我坚决不投降！

好！后世会记住你的！

节还指符节。朝廷传达命令、调动军队、派人出使外国等时候，能证明身份的凭证，就是符节。《周礼》中说："凡通达于天下者，必有节以传辅之。无节者，有几则不达。"真是没有符节，寸步难行啊。

唐朝边疆上掌握重兵的军区长官，叫作"节度使"。

> 节度使掌总军旅……辞日，赐双旌双节。——《新唐书》

口口相传的节气歌

节气在老百姓的农业生产生活中很重要。一个节气分为三候，《素问》中说："五日谓之候，三候谓之气，六气谓之时，四时谓之岁。"不过，气的本义是云气，古代巫师常常会通过望气来占卜吉凶。

> 巫祝史与望气者，必以善言告民，以请上报守。——《墨子》

武气绝，半日复息。惠等哭，舆归营。——《汉书》

古人很早就知道空气的重要性了。王充在《论衡》中写道："致生息之物密器之中，覆盖其口，漆涂其隙，中外气隔，息不得泄，有顷死也。"把有生命的、会呼吸的动物放到一个密闭的容器里，盖好口，再用漆把缝隙密封好，里外隔绝空气，动物没办法呼吸，时间不长就死了。气引申为呼吸、气息。

气也指勇气、豪气。《曹刿论战》中记载齐国进攻鲁国，曹刿主动要求和鲁庄公一起迎敌。齐军前两次击鼓的时候，他都不让迎战。他解释说："夫战，勇气也。一鼓作气，再而衰，三而竭。"作战靠的是勇气。要等到敌军第三次击鼓，士气衰竭时迎战，才能获胜。

气也指精神状态、情绪。

欲静则平气，欲神则顺心。——《庄子》

在文学方面,气常常用来指作家的气质或作品的风格、气势。《文心雕龙》中说:"结言端直,则言骨成焉;意气骏爽,则文风清焉。"语言端正挺拔,就形成了文骨。意气俊朗明快,文风就清新飘逸。在哲学层面,气也指主观精神。

口口相传的节气歌

二十四节气确定了,接下来,就需要推广到民间。民指的就是普通老百姓。《孟子》中提到理想的社会应该是:"民为贵,社稷次之,君为轻。"孟子认为:百姓们是最重要的,国家次之,国君是最不重要的。也就是说,没有了百姓,哪来的国家?国君去统治谁?

后来,民也指从事某一职业的人。

司空掌邦土,居四民,时地利。——《尚书》

推而广之，民也指人，人类。《左传》中说："民受天地之中以生，所谓命也。"古人认为，人是接受了天地之气才得以生出来的。

民也指民风、民俗。《史记》中记载了商鞅主张变法时，和甘龙的辩论。甘龙是反对变法的，他主张不改变民风、民俗。

节气民

"立秋种，处暑栽，立冬前后收白菜。""白露早，寒露迟，秋分种麦正当时。"关于节气的农谚有很多，大多句式短小，朗朗上口。除了农谚，还有一首节气歌，也在民间广为传唱。

二十四节气传到民间后，百姓们编成农谚，在田间地头传唱开来。

春雨惊春清谷天，夏满芒夏暑相连，秋处露秋寒霜降，冬雪雪冬小大寒。

节 → 竹、断、制、约、片、段

气 → 候、息、呼、吸
　　　氖、氧、氮、氟、氦

民 → 氓、居、奴、俗、抵、泯

口口相传的节气歌

08 立至满处：四季变换

| 甲骨文 | 金文 | 小篆 | 楷书 |

《说文解字》
住也。从大立一之上。

本义为站立。由站立引申为建立、竖立。甲骨文和金文都像一个人站在地面上。

《说文解字》
鸟飞从高下至地也。从一，一犹地也。象形。不，上去；而至，下来也。

| 甲骨文 | 金文 | 小篆 | 楷书 |

本义为到来、到达，引申表示极、最。甲骨文下部一横表示地面，地面上插着一支羽箭，会箭从高处射落到地面的意思。

| 小篆 | 楷书 |

《说文解字》
盈溢也。

本义为充盈、布满。引申指足够，达到一定限度。

《说文解字》
止也。得几而止。从几从夂。

| 金文 | 小篆 | 楷书 |

本义指息止。泛指居住。金文形体像一只蹲踞的老虎。小篆有两种字形：一种承接金文，字形变化不大；另一种简化了。

> 立秋前一日，食西瓜，谓之啃秋。——《首都志》

二十四节气中有四个表示季节的开始，分别是立春、立夏、立秋、立冬，称为"四立"。这里的"立"，就是开始的意思。古人很重视每一个季节的开始，都会有对应的民俗活动，用来祈求风调雨顺，五谷丰登。

立的本义是人站在地上。《庄子》中庖丁解牛的故事中，那头牛在庖丁的刀子下，轰然倒地之后，庖丁"提刀而立，为之四顾，为之踌躇满志"。杰出的杀牛者提着刀站在地上，四下里看看，心里满满的成就感。立还引申为制定、订立。

> 各当时而立法，因事而制礼。——《商君书》

四季变换

立也指树立、建立、创立等。《左传》中提到三不朽："太上有立德，其次有立功，其次有立言，虽久不废，此之谓不朽。"最上等的是树立德行，其次是建立功业，再次是创立学说，时间多久都不会被废弃，这三者都可称"不朽"。立也指皇帝或诸侯即位。

三十日不还，则请立太子为王。——《史记》

大王，您去渑池和秦王相会，三十天后还不回来，我就拥立太子即位为王了。

唉，我争取活着回来！

节气中有"四立"，还有"二至"，就是夏至和冬至，也是很重要的节气。《左传》中记载："凡分、至、启、闭，必书云物，为备故也。"每到春分秋分、夏至冬至、立春立夏、立秋立冬这几个重要的节气，都要把当时的气候、云色、灾患和变化记录下来。

今天冬至，本王闭关，哪也不去！

卖吃食的都不见了，连块糖都买不到了。呜呜——

先王以至日闭关，商旅不行，后不省方。——《易经》

《吕氏春秋》中记载："冬至亦曰日长至，是日昼漏刻四十一，夜五十九……日之长，于是而始，故亦曰日长至。"冬至这天，白天漏刻四十一，而晚上则漏刻五十九。从这天开始，白昼一天天变长。古代帝王会在冬至、夏至这两天祭祀天地。民间夏至会吃面条，冬至会吃饺子，还有一些很有趣的民俗活动。

夏至日，进扇及粉脂囊，皆有辞。——《酉阳杂俎》

至的本义是到达。《荀子》中说："道虽迩，不行不至；事虽小，不为不成。"即使是很近的道路，不走也是走不到的；即使事情很小很小，不去做，也是做不成的。后来，至引申为周到。

或遇其叱咄，色愈恭，礼愈至……——《送东阳马生序》

四季变换

101

至也可以指极、最。《庄子》中说:"故曰:至人无己,神人无功,圣人无名。"庄子把人修行可以达到的理想境界分为三等:至人、神人、圣人。至人是最高的那一等,已经忘掉了自己的存在,和天地一体;神人无为无功,逍遥自在;圣人则不计名利,随遇而安。至也可以指做事做到了最高境界。

> 古之治天下,至纤至悉也,故其畜积足恃。——《论积贮疏》

立至满处

去,把牛粪捡起来,多好的肥料呀。

大人,您管得太细了吧?

要不是这样,仓库里哪来那么多储备?

> 克勤于邦,克勤于家,不自满假。——《尚书》

国家大事上要勤勉,家庭过日子要节俭,不自满也不自大。

我肯定不自大,我还小呢,才八岁半。

二十四节气中还有一个小满节气。《月令七十二候集解》是这样解释的:"四月中,小满者,物至于此小得盈满。"阴历四月中,北方夏熟作物的籽粒开始灌浆饱满,但还没完全成熟,只是小满,还没有大满,但是,已经能够感受到丰收就在眼前了。

满也可以用来指人骄傲自满。

节气中还有一个处暑。《月令七十二候集解》中说:"处,止也,暑气至此而止矣。""处"是终止的意思,表示炎热即将过去,暑气将结束。天气虽然还有点热,但气温已经开始下降了。处的本义是止息,终止、中止和停止是它的引申义。

> 君子之道,或出或处。——《易经》

后来,用"处士"来指德才兼备却隐居不愿意出来做官的读书人。《史记》中记载:"伊尹处士,汤使人聘迎之,五反然后肯往从汤。"有个叫伊尹的隐士,商汤听说他能干,派人请了五次,才出来做官。处也可用作名词,指居所、处所。

> (黄帝)迁徙往来无常处。——《史记》

立 ➔ 站、矗、耸、挺、直、屹
　　　位、端、竖、拉、垃

至 ➔ 甚、极、最、达
　　　到、致、侄、郅

满 ➔ 充、盈、饱、溢、实

处 ➔ 停、止、置、所、栖

09 暑三伏寒九：最热和最冷的时候

《说文解字》 热也。从日，者声。

本义是炎热，由此引申指炎热的季节——夏季，也用作节气名。

《说文解字》 天、地、人之道也。从三数。

本义是数名，引申出多的意思。三的字形从古至今，各种字体都写作三横。

《说文解字》 司也。从人，从犬。

本义为俯伏、趴下，引申为潜伏。甲骨文是一个独体象形字，象侧面人体弯腰下视之形。金文左侧是一个面朝左的人，右边是一只犬（狗），会犬趴伏伺机袭击人的意思。

《说文解字》 冻也。从人在宀下，以茻荐覆之，下有仌。

本义指寒冷，引申指贫困。金文字形像人缩在屋里，四周堆了草。

《说文解字》 阳之变也。象其屈曲究尽之形。

本义与虫有关，但后世本义消亡，而被借用为数字九。后引申为至阳的虚数、极数，常表示最多、无数的意思。甲骨文像弯曲的长虫子。

处暑之前是小暑和大暑，这段时间是一年里最热的时候。《月令七十二候集解》中这样解释小暑："暑，热也，就热之中分为大小，月初为小，月中为大，今则热气犹小也。"大暑则是"今则热气犹大也"。小暑还不算太热，到了大暑可就非常炎热了。

小暑大暑，上蒸下煮。——《谚语》

《月令七十二候集解》中还解释了大暑的三候："一候腐草为萤，二候土润溽暑，三候大雨时行。"大暑节气的十五天里，萤火虫出现了，闷热潮湿，时不时地会下大雨。暑的本义就是炎热，也引申指炎热的日子。

寒暑不兼时而至。——《韩非子》

俗话说:"热在三伏。"三伏天出现在小暑和处暑之间,头伏十天,中伏十或二十天,末伏十天,这三四十天最难熬了。《汉书》中记载:"伏者,谓阴气将起,迫于残阳而未得升。故为藏伏,因名伏日。""伏"表示阴气在蠢蠢欲动,但是受一年最强烈的阳气所迫,只能藏伏地下。伏日吃东西也是有讲究的。

最热和最冷的时候

伏的本义是俯伏、趴下。《左传》中晋文公做了个可怕的梦:"晋侯梦与楚子搏,楚子伏己而盬其脑,是以惧。"他梦到自己和楚庄王打斗,被打倒了,楚庄王还趴在他身上吸食脑髓,于是非常害怕。后来,伏又引申为潜伏、潜藏。

俗话说："冷在三九，热在三伏。""三"在这里就是指二加一得到的数字三，不过，更多的时候，三是指几个、多数。孔子曾说："三人行，必有我师焉。"这里说的就是几个人一起走路，一定有可以做我的老师的人。三也指三倍。

凡兵无过三其身，过三其身，弗能用也。——《周礼》

在中国哲学思想中，"三"是一个很重要的概念。《道德经》中说："道生一，一生二，二生三，三生万物。"由虚无的混沌状态（道）化生出宇宙的本源（一）来，又分出阴阳两种状态，接着阴阳互相感应衍生出万物。这里的"三"可以理解为阴、阳和阴阳感应的状态。后来，用"三才"指天、地、人。

立天之道曰阴与阳，立地之道曰柔与刚，立人之道曰仁与义，兼三才而两之，故易六画而成卦。——《易经》

冬天有两个一说出来就很冷的节气：小寒和大寒。《月令七十二候集解》中说："十二月节，月初寒尚小，故云，月半则大矣。"小寒还不是最冷的，大寒才是一年里最冷的时候。这时候，也就快过年了，古人开始忙着准备年货，还有一项重要的祭祀活动——祭灶。

寒由天气寒冷引申出心寒、胆寒的意思。《史记》中记载樊於期投奔燕国，燕太子丹想收留他，鞠武劝阻："夫以秦王之暴而积怒于燕，足为寒心，又况闻樊将军之所在乎？"秦王残暴，就够让人害怕了，要再听说樊於期在这里，燕国就危险了。寒也指贫寒、低微。

吾观今之交乎人者，炎而附，寒而弃，鲜有能类清之为者。
——柳宗元《宋清传》

最热和最冷的时候

夏天有三伏，冬天有三九。从一九开始，到九九冬去春来，其中三九是最冷的。古人编了一首数九歌："一九二九不出手，三九四九冰上走，五九六九沿河看柳，七九河开，八九燕来，九九加一九，耕牛遍地走。"在古人心中，九是最大的阳数，冬天数着阳数，数到九九极点，阳气生出来，春天就来了。

数九寒天里，人们会画着"九九消寒图"熬过寒冬。《帝京景物略》记载："日冬至，画素梅一枝，为瓣八十有一。日染一瓣，瓣尽而九九出，则春深矣。曰'九九消寒图'。"画上九朵梅花，每朵九个花瓣，每天给一个花瓣染色，全部染完后，九九结束，春天就到了。

另外，小朋友们都会唱的乘法口诀，叫作《九九歌》。

> 天地之至数，始于一，终于九焉。——《黄帝内经》

地有九州，土有九山，山有九塞。——《吕氏春秋》

至阳之数人人爱。《周礼》中规定了都城的建造："方九里，旁三门。国中九经九纬，经涂九轨。"那时候，建造一座都城，方圆九里，每边开三座门，城中要开通九条南北大道，九条东西大道，每条大道要能并排行走九辆马车。在中国古代的世界观中，天地都是按"九"来划分的。

地上有九州，境内有九座山，山里有九道关塞……都是九，吉利数字呀。

我改名叫丁九九，是不是每次能考九十九分？

古人还认为：阳象征天，阴象征地。于是，"九"就成了统治者们的最爱。

大禹做了部落首领后，把天下分成了九个州，又铸了九个大鼎，对应这九州。九鼎就成了权利的象征。

古代用九五至尊来象征皇帝的权威。皇帝的龙袍上总共有九条龙，其中一条骑在肩头，所以从前看、从后看都是五条。

最热和最冷的时候

九五，飞龙在天。——《易经》

哈哈，我最喜欢九和五！

五阳气最盛，巨龙在天上飞舞。

关联字

暑 → 闷、潮、湿、溽、汗

三 → 一、二、四、多、叁、倍

伏 → 趴、卧、躺、匍、匐、俯

寒 → 贫、困、穷、怕、畏、惧
　　　寒、塞、赛、骞

九 → 五、六、七、八、十
　　　百、千、万、亿、轨、究、旭、鸠、仇

第三章 服饰文化

吃饱了还要穿暖,从穿兽皮、裹草叶到纺织麻布、做成衣服,人类开始了对服饰美的追求。他们用丝线织出光滑柔软的丝帛,用彩线绣出美丽的图案,还学会了使用自然界中的植物,给布料染出五彩缤纷的色彩。不仅如此,服饰还被赋予了文化色彩,渗透到每个中国人的生活中。

01 皮草叶：穿兽皮裹草叶

| 金文 | 小篆 | 楷书 |
  皮

《说文解字》
剥取兽革者谓之皮。

　　本义为用手剥兽皮，引申为兽皮。由兽皮引申指物体的表面。金文的左边是一把长柄平头的铲刀，刀柄的右侧还有一个铁环，右下侧是一只手。

《说文解字》
草斗，栎实也。一曰：象斗子。

| 甲骨文 | 金文 | 小篆 | 楷书 |

　　本义为比较柔软的植物，引申为粗糙、不细致。甲骨文画出了两棵草的样子。金文、小篆字形变化不大，楷书变为草字头下边加个"早"字。

| 甲骨文 | 金文 | 小篆 | 楷书 |

《说文解字》
艸木之叶也。

　　本义为草木之叶，引申指薄而像叶子的东西。甲骨文像一棵树叶繁茂的大树，上部的小点表示树叶。

远古人在解决吃的同时，也在寻找可以穿在身上御寒的东西。他们相中了兽皮，猎取了野兽，吃光了肉，剩下的毛皮，往腰上一围，就成了兽皮裙，又暖和又威风！兽皮还可以做成帽子。有一种白色鹿皮做的帽子，是祭祀的时候天子要戴上的。

掌皮，掌秋敛皮，冬敛革，春献之。——《周礼》

古代还会用兽皮做成箭靶子。《论语》中说："射不主皮，为力不同科，古之道也。"孔子的意思是：射箭，不一定非得要求射透箭靶子，因为各人力气大小不同，自古就是这样的。后来，皮又引申为表象、外貌。

夫足下欲兴天下之大事而成天下之大功，而以目皮相，恐失天下之能士。——《史记》

穿兽皮裹草叶

除了穿戴兽皮，古人还会穿草裙。想象一下，弄一把青草，编一编，往腰上一围，穿烂了一扔，再来条新的……真正的原生态，绿色环保服装！

草还可以做鞋子，最早只有天子和诸侯才能穿得上兽皮做的鞋，普通老百姓只能穿草鞋。不过，据《礼记》记载，古代割草是件挺严肃的事儿。

草艾则墨，未发秋政，则民弗敢草也。——《礼记》

秋天割草，不只是为了做草鞋，更大的用处是做燃料和牛马的饲料。

历朝历代都要有军队，对内可维持治安，对外可保家卫国。要养军队，就得有粮草。粮食是给士兵吃的，干草是喂战马的。赤壁之战前，曹操大兵压境。是战是降？孙权犹豫不决。周瑜为他分析形势，就提到了草料也是决定战争胜负的一个因素。

今又盛寒，马无稿草。——《资治通鉴》

战马需要草料，士兵和老百姓们却更需要粮食，所以古人也要开垦长满荒草的土地，用来种粮食。《韩非子》中管仲向齐桓公推荐官吏时说："垦草创邑，辟地生粟，臣不如宁戚。"意思是："开垦荒地建设城市，开辟土地种植粮食，我不如宁戚呀。"

草也指粗率、不认真。古代人很看重科举考试，考前准备一点儿都不能草率。

功名事大，不可草草。——《儒林外史》

后来，草又引申指草拟、草稿等意思。草稿不是正式提交的文稿，所以就会写得潦草随意。从广义上说，写得潦草的字，就叫"草书"。不过，从严格意义上来说，草书是一种特定的字体，在潦草狂放中体现着独特的美。

张芝……可谓草圣，超前绝后，独步无双。——《书断》

穿兽皮裹草叶

古人不只穿兽皮裙、草裙，也会穿树叶裙。想象一下，层层叠叠的树叶围在腰间，别有一番风味吧！

不要小看一片树叶！古代有位书生，根据一本书上的指示，找到了一片能够隐身的神叶。可是，就在他要摘下神叶的时候，一阵风吹来，神叶落到了地上——

皮草叶

由这个故事，引出了成语"一叶障目"。《鹖冠子》中这样解说："一叶障目，不见泰山。"被一片树叶遮住了眼睛，连高耸巍峨的泰山也看不到了！这是在讽刺一些人被局部现象所迷惑，看不到整体事物。

和"一叶障目"意思相反的是"一叶知秋"。《淮南子》中说:"见一叶落,而知岁之将暮。"见到一片叶子凋落,就知道一年将要结束了。这是比喻通过某种细微的现象,看到整个形势的发展趋势或结果。

叶也用来比喻微小的、像叶子一样的东西。《列子》中也记录了一片叶子的故事,不过,那片叶子是用三年时间雕刻而成的玉叶子!工匠的手艺很精巧,叶子雕刻得很逼真,但列子却不以为然:要是天地也跟工匠似的,三年才生出一片叶子,那树叶岂不是太少啦!

皮 → 肤、囊、薄、厚、皴、裂、皱
　　　破、坡、波、疲、被、彼

草 → 茅、荒、芜、茂、艾、蒲、蓬

叶 → 树、林、森、枝、根、杈、梢

皮草叶

02 葛麻褐：穿上粗布衣服了

小篆　楷书　葛

《说文解字》
绤草也。从艸，曷声。

本义为藤蔓植物名。通称葛麻。葛的茎皮可以用来织布，故用来指葛织品。

《说文解字》
与林同。人所治，在屋下。从广从林。

金文　小篆　楷书

本义是麻类植物。古代指可做绳索、纺织的大麻。金文从厂，下面挂的是纤麻，会在崖下劈麻、晾麻的意思。小篆改为从广，会在屋檐下晾麻的意思。

小篆　楷书

《说文解字》
编枲袜。一曰：粗衣。从衣，曷声。

本义为粗麻编的袜子。泛指粗麻或粗毛编织成的粗布或粗布衣服。古代穷人多穿褐衣，故引申指贫贱的人。

人类不断繁衍,人口越来越多,兽皮裙不是人人能穿得上的。草和树叶倒是不少,可是容易损坏,保暖性也不够好。一个偶然的机会,古人发现了葛这种植物。葛的藤蔓能缠绕着其他植物,长到两三丈……

困于葛藟,于臲卼,曰动悔。有悔,征吉。——《易经》

葛麻褐

因为葛是蔓生植物,到处攀缘缠绕,所以后来用"瓜葛"一词指牵连、纠纷,或者某种关系。《晋书》中记载王导和儿子王悦下棋——

争道,导笑曰:"相与有瓜葛,那得为尔邪!"——《晋书》

《诗经》中有一首诗《采葛》："彼采葛兮，一日不见，如三月兮。"那个采葛的姑娘，一天看不见，就好像隔了三个月没见。从这首诗里可以看出，那时候就已经开始采集葛藤了。

人们把葛藤采集回来，晾晒、蒸煮，煮烂后提取纤维，然后再编结成布，做衣服穿。

历史上记载：最早懂得采集葛藤织布的是葛天氏。他解决了人们穿衣的大问题，被推举做部落首领。

穿上粗布衣服了

葛布一般用来做夏衣，所以葛也代指夏衣。宋濂在《送东阳马生序》中说："今诸生学于太学，县官日有廪稍之供，父母岁有裘葛之遗，无冻馁之患矣。"现在这些太学生，官府每天提供膳食，父母每年也给他们送来冬、夏穿的衣服，冻不着饿不着。葛布也可以做头巾。

干葛巾布袍，驾一只小舟，径到周瑜寨中。——《三国演义》

哈，老朋友来了！呱唧呱唧，鼓掌欢迎！

我蒋干这就去会一会周瑜！

葛麻褐

除了葛，古人发现还有各种麻，也可以提取纤维，编织成布。麻是一类植物，有大麻、亚麻、苎麻、黄麻、剑麻、蕉麻等。麻纤维又长又坚韧，是织布的好材料。《诗经》中有一些关于麻的记载——

姐妹们累了吧？一起跳支舞如何？

同意，姐妹们，让我们一起快乐起舞吧！

哈，我的脚指头正痒呢。

不绩其麻，市也婆娑。——《诗经》

凡种麻，用白麻子。白麻子为雄麻……——《齐民要术》

《诗经》中还有关于如何提取麻纤维的记载："东门之池，可以沤麻……"东门的池子，可以沤麻或苎麻，沤烂了剩下的就是麻纤维了。

穿上粗布衣服了

125

古人不只是采集野生麻，还学会了种植。种麻不能用荒废多年的土地，肥力不够，秸秆和叶子就早早死掉了，纤维不坚韧，所以不能用来织布。

用粗麻制成的粗布或粗布衣，叫作褐。《孟子》中记载孟子问陈相："许子必织布而后衣乎？"曰："否，许子衣褐。"许子就是战国时期农家的代表人物许行，他穿的就是褐。褐做工粗糙，在古代是贫苦百姓穿的，所以褐夫指贫贱之人。

> 使言之而是，虽在褐夫刍荛，犹不可弃也。——《淮南子》

不过，古代有些人，不觉得穿粗布衣服有多苦，反而觉得挺快乐。《五柳先生传》中，陶渊明说自己"短褐穿结，箪瓢屡空，晏如也"。穿打着补丁的粗布衣服，常常吃了上顿没下顿，可他仍然逍遥自在。

《道德经》中说："知我者希，则我者贵，是以圣人被褐而怀玉。"了解道的人很少，能以大道为准则的人更少。所以说穿着粗布衣服怀里揣着美玉的圣人，一般人看不出来呀。

葛麻褐

葛 → 瓜、藤、蔓、萝、蕨

麻 → 芝、磨、魔、摩、嘛、靡、糜

褐 → 渴、喝、竭、揭、歇
　　 被、裙、袄、裸、衽

穿上粗布衣服了

03 丝帛锦绣：织出美丽的花纹

本义为蚕吐的丝。由本义引申指丝织品。丝很细小，所以也用来形容细微之极，极小。甲骨文像两束蚕丝。

本义为白色丝织品，后来引申为丝织品的总称。

本义为织有彩色花纹图案的丝织品，泛指鲜艳华美的事物。小篆从帛，金声，金同时也表示色彩的意思。

本义为五彩兼备。后来专指用彩色丝线在绸、布上面缀成花纹、图案或文字。

嫘祖教会了大家种桑养蚕之后,人们告别了兽皮裙时代,开始发展蚕桑业。蚕宝宝吃着桑叶慢慢长大,吐出的丝结成了蚕茧。蚕茧是由丝缠绕成的,必须经过剥茧抽丝这个过程,这是很重要的一步。

《尚书》中记载:"厥贡漆丝,厥篚织文。"可见,那个时候已经开始向朝廷进贡漆和丝,还有装在竹筐里的有美丽花纹的丝织品。

蚕茧要充分浸泡。

热水中煮过,找到头绪,就可以抽丝了。

丝也指丝织品。《韩非子》中为开疆拓土的战士们抱不平:"今死士之孤饥饿乞于道,而优笑酒徒之属乘车衣丝。"阵亡战士们的孤儿沿街乞讨,而优伶酒徒们却穿着丝绸衣服坐着车招摇过市。丝还可以做成好看的鞋子。

织出美丽的花纹

足下蹑丝履,头上玳瑁光。——《孔雀东南飞》

我刘兰芝被赶出婆家,虽然脚下丝鞋依然美丽,可我的心情却美丽不起来!

在吃饱穿暖的前提下,人们必然会走上追求美的道路。丝织品也是如此,"缂丝"就是其中的精品之一。《鸡肋篇》中记载:"定州织刻丝,不用大机,以熟色丝经于木杼上,随所欲作花草禽兽状。"这里的刻丝就是缂丝,能够逼真地织出一幅幅书画。

西汉时期,张骞奉命出使西域,打通了从西安到中亚细亚、地中海各国的一条商路,商路上运输的主要货物就是丝绸。从那时起,中国生产的丝绸,源源不断地运出国门,惊艳了世界。

19世纪末,德国地理学家李希霍芬在《中国》一书中,把"从公元前114年至公元127年间,中国与中亚、中国与印度间以丝绸贸易为媒介的这条西域交通道路"命名为"丝绸之路"。

蚕丝还可以做琴弦，所以古代把弦乐器和管乐器放在一起合称"丝竹"。《礼记》中认为："德者，性之端也；乐者，德之华也；金石丝竹，乐之器也。"德，是人性的发端；音乐，是由德绽放的花朵；金石丝竹，都是奏乐的工具。

古代宴会上，会演奏音乐来取乐。刘禹锡不喜欢宴会音乐，他在《陋室铭》中写道："无丝竹之乱耳，无案牍之劳形。"他想要的是清净自在的生活。

欧阳修在公务之余，也会带着朋友和随从出去游玩。玩累了就在小溪边草地上野餐，与民同乐。

织出美丽的花纹

帛也指丝织品。《史记》中记载一个叫娄敬的人要去觐见皇帝,虞将军给他一件新衣服,让他换上,娄敬却不肯。他说:"臣衣帛,衣帛见;臣衣褐,衣褐见。不敢易衣。"我穿什么衣服来的,就穿着这个见皇帝,才不稀罕换新衣服呢。古代祭祀神灵,也会用帛来做供品。

牺牲玉帛,弗敢加也,必以信。——《曹刿论战》

祭祀用的牛羊、美玉和丝帛,可不敢虚报数目。

丝帛锦绣

在造纸术发明之前,还可以在帛上写字,叫作"帛书"。《史记》中记载陈胜起义之前,先自己给自己造势,找了块绸布条,写上"陈胜王"三个字,偷偷塞进鱼肚子里,又把鱼放回到河中——

哎呀!陈胜要称王?这是上天降下的征兆,不听不行呀!

陈胜我认识,正招兵呢,咱们赶紧去投奔他吧。

冰蚕丝,太美了,我要把它织成最美丽的锦!

有冰蚕……然后作茧,长一尺,其色五彩,织为文锦。——《拾遗记》

古人纺织技术不断改进,织出来的带彩色花纹的丝织品叫作"锦"。传说中,员峤山有一种黑色的冰蚕,头上长角,身上有鳞,被霜雪覆盖着。这种冰蚕吐出来的丝结成的茧,非常神奇。

中国有名的蜀锦产自蜀地成都,因此得名。《广舆记》中记载:"成都府城南有锦江,一名汶江,织锦濯此则鲜丽,其地曰锦里,其城曰锦官城。"成都别名"锦官城"。城里的"锦江""锦里"这些名字的由来,都跟蜀锦有关。

今民贫国虚,决敌之资唯仰锦耳。——《太平御览》

我们的军费,全仗这些蜀锦了。

织出美丽的花纹

133

古人除了会织出美丽的锦缎,还能在丝织品上用各色彩线,绣出各种各样的图案,这就是刺绣。《周礼·考工记》中记载:"画缋之事……五彩备谓之绣。"刺绣时要先在织物上画出图案,再搭配各种颜色绣出来。

> 妾有绣腰襦,葳蕤自生光。——《孔雀东南飞》

我自己绣的,配色好看不?

丝帛锦绣

绣引申为绣有美丽花纹的衣物。《送东阳马生序》中写道:"同舍生皆被绮绣……余则缊袍敝衣处其间,略无慕艳意。"作者宋濂很清楚:我是来求学的,不是比吃穿的。推而广之,绣也用来指文辞的华丽。

这家伙穷的,穿成这样,也不嫌丢人!

哼,我宋濂满肚子锦绣文章,你们有吗?

> 骈四俪六,锦心绣口。——柳宗元《乞巧文》

丝 → 蚕、茧、桑、绢
　　　缫、绮、绪、综、缕、绦

帛 → 绵、帐、帕、幔、帷、幄

锦 → 幅、席、带、帘、帜

绣 → 缋、绩、绘、缤、绒、绚
　　　透、诱、莠、锈

织出美丽的花纹

04 棉线布匹：轧棉纺线织布

小篆　楷书

《说文解字》
无

本义是木棉，也指棉花或棉花纤维。小篆从木、从帛，楷书字形变化不大。

《说文解字》
无

小篆　楷书

本义是用棉、麻、丝、毛等材料制成的细缕。引申泛指细长像线的东西。小篆从糸，戋声。

金文　小篆　楷书

《说文解字》
枲织也。从巾，父声。

本义为麻、葛织物，用作动词，指铺开、展开。

《说文解字》
四丈也。

金文　小篆　楷书

本义为中国古代计算布帛的单位。引申表示两相对等，比得上。金文像凹凸不平的山崖，以此来比喻布的褶皱。

棉在古代纺织原料中是后起之秀。果实像桃，成熟后，棉花桃裂开，露出里面的白色纤维和籽。它是外来物种，一开始传入中国新疆后，只在当地种植。直到宋元时期，中原地区才开始大范围种植棉花。

元政府在江南设有"江南木棉提举司"，专门管理棉花的种植和税收等。在棉种植和棉纺织技术的发展中，黄道婆功不可没。

轧棉纺线织布

线可以织布，也可以缝补衣物。《周礼》中记载当时宫中有专门负责缝纫的人："缝人掌王宫之缝线之事。以役女御，以缝王及后之衣服。"她们在女官的领导下，缝制王和王后的衣服。

天天都要给王后缝制衣服，可我儿子还冻着呢。

人们用线缝连皮革的时候，针脚要很细密，还要藏进去。《周礼》中规定整治皮革的时候，最后要查看缝线："察其线而藏，则虽敝不甐。"缝线藏而不露，皮革损坏了线都不会磨损。

在多愁善感的诗人眼中，母亲亲手缝制的衣服，带有母爱的温度。

儿子明天要出门，今晚不睡觉也得做完。

纺出纱线，织成布，就可以做衣服了。布最初指麻布，后来也指棉、麻、葛等织物。《左传》中说："卫文公大布之衣，大帛之冠。"卫文公穿着粗布麻衣，戴着没有色彩花纹的素色帽子。这位国君穿着真简朴呀！布还引申为铺开。

收葱子，必薄布阴干，勿令浥郁。——《齐民要术》

外府掌邦布之入出，以共百物，而待邦之用。——《周礼》

布也指公布、颁布。《韩非子》中解释："法者……设之于官府，而布之于百姓者也。"法是官府制定好，再向老百姓公布的。布，还是一种钱币，主要在春秋时期周王室及一些国家里流通。

轧棉纺线织布

匹是布帛等织物的计量单位。《汉书》中说:"布帛广二尺二寸为幅,长四丈为匹。"古代布帛自两头卷起,一匹两卷,匹由此引申为相配、相比。《庄子》中说:"而彭祖乃今以久特闻,众人匹之,不亦悲乎!"传说中彭祖活了八百岁,因为长寿而闻名,大家想和他相比,岂不可悲?

匹也引申为结成伴侣,配对成双,志同道合的人。曹植在《洛神赋》中感叹:"叹匏(páo)瓜之无匹兮,咏牵牛之独处。"他在哥哥曹丕即位后,屡次被贬,心情郁闷,所以为匏瓜星没有同伴而叹息,为牵牛星的独处而哀咏。

- 棉 → 椿、朵、棵、样、桃、絮
- 线 → 练、纯、缩、细、纠、纳
- 布 → 市、吊、巾、帚、帆、幕
- 匹 → 并、比、配、伴、侣、同

轧棉纺线织布

05 素染黑：开始染色了

《说文解字》
白致缯也。

本义为本色未染的生绢，引申为白的、没有染色的。金文中间为丝织品的形状，下部两侧为双手，会双手拿着丝织品的意思。小篆省掉了双手，上部更像丝织品下垂的样子。

《说文解字》
以缯染为色。

本义为使布帛等物着色，又引申为传染、感染。小篆从九，从木，从水，会反复染几次使布帛着色的意思。

《说文解字》
火所熏之色也。

本义为黑色，引申指昏暗无光。金文像一个人脸上受了墨刑的样子。小篆会烟火熏黑的意思。

人们最早织出来的绢帛是丝的本色，没有染色的称作"素"。古人会在一尺长的白色绢帛上写信，传递信息和感情。所以，那时候的书信又叫作"尺素"。《饮马长城窟行》中说："客从远方来，遗我双鲤鱼。呼儿烹鲤鱼，中有尺素书。"

素也引申为白色。《古诗十九首》中有一句诗："纤纤擢素手，札札弄机杼。"白皙的双手在织布，织布机札札作响。

素也指不加修饰的。刘禹锡在《陋室铭》中这样描述自己向往的生活——

可以调素琴，阅金经。——《陋室铭》

开始染色了

古代读书人或哲学家偏爱素色。《管子》中认为:"素也者,五色之质也。"素色,是五色的基础,其他颜色都是在素色的基础上染色得来的。

古代有一本书叫《素书》,包含了安邦治国的大略,为人处世的智慧。传说中,汉朝开国功臣张良就是得到了这本书,才辅佐刘邦建立了汉朝。

素也指自然朴素，被后人赋予了纯洁无瑕、淡泊宁静等高贵品质。老子在《道德经》中说："见素抱朴，少私寡欲。"他主张要保持纯洁朴实的本性，减少私欲杂念。

虽然朴素最美，但真正能够达到老庄境界的还是极少极少的，所以，人们还是学会了染布。古代染布大多使用植物染料，染料要加水煮成染液，再把布放进去反复浸染，得到想要的颜色。

开始染色了

中国古法染布中有扎染、蜡染等。扎染也叫扎缬，就是用线绳等把织物捆扎缝起来，再进行染色；蜡染是用融化的蜡，在织物上画出图案，染色后再用开水煮，去掉蜡，形成白色图案。布一旦下入染液，就会被染色，再也不能更改了。

> 染于苍则苍，染于黄则黄。所入者变，其色亦变……故染不可不慎也！——《墨子》

素染黑

墨子由染布，生出了感慨："非独染丝然也，国亦有染。舜染于许由、伯阳……故王天下。"这里的染是熏染、影响的意思。治理国家也跟染色一样，舜被许由、伯阳影响，受到了好的熏染，所以称王于天下。

和素色也就是白色相对的是黑色。《礼记·檀弓上》记载:"夏后氏尚黑,大事敛用昏,戎事乘骊,牲用玄。"夏代崇尚黑色:办丧事、入殓都在黄昏的时候,军队作战时也驾着黑马,就连祭祀用的牺牲也是黑色的。他们认为黑色是庄重威严的。

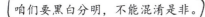

黑白分明,然后民知所去就。——《春秋繁露》

咱们要黑白分明,不能混淆是非。

有些事不见得非黑即白。

开始染色了

147

百姓们都戴黑头巾,那就叫黔首吧!

(秦始皇)分天下以为三十六郡,郡置守、尉、监。更名民曰"黔首"。——《史记》

《荀子》中记载:"天子雕弓,诸侯彤弓,大夫黑弓,礼也。"这里的花纹或颜色,可以区分等级,成了身份的象征。

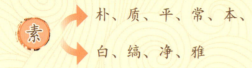

素 → 朴、质、平、常、本、白、缟、净、雅

染 → 熏、陶、沾、污、濡、浸

黑 →
- （与黑有关）默、黯、黝、黕、嘿
- （都是黑色）皂、玄、缁、乌、黧

06 赤黄蓝青：染出多彩世界

《说文解字》 南方色也。

本义为比朱红稍浅的颜色。甲骨文从人，从火，会火映红了人的意思。

《说文解字》 地之色也。

本义为佩璜。引申指黄色。甲骨文像佩璜的样子：上面系带，中间佩璜，下面垂着穗子。

《说文解字》 染青草也。

本义是蓼（liǎo）蓝，也泛指含有像蓼蓝汁一样可制作蓝靛染料的植物，或某些叶呈蓼蓝色的植物。又引申为蓝色。

《说文解字》 东方色也。

本义为像叶子一样的绿色，引申为青色物。

在各种色彩中，赤色能够给人向上力量的颜色。赤是太阳的颜色，代表着生命和活力。古代人认为赤代表南方的颜色，所以，南方也称作"赤"。《周礼》中说："画缋之事，杂五色。东方谓之青，南方谓之赤，西方谓之白，北方谓之黑，天谓之玄，地谓之黄。"

圣朝……推赤心于天下，安反侧于万物。——《与陈伯之书》

古人把婴儿叫作"赤子"。《孟子》中说："儒者之道，古之人若保赤子……"儒家学说认为，古代君王爱护百姓就像爱护婴儿一样。后人也用永葆赤子之心，说明人要像婴儿一样纯真无瑕。

中国名曰赤县神州。——《史记》

槐四五月开黄花，未开时状如米粒，采取曝干，炒过煎水染黄甚鲜。——《广群芳谱》

黄色是用植物染出来的。栀子和槐米都可以染出黄色，只是栀子染的时间长了会褪色。可以染黄色的还有一种黄栌木。《天工开物》中记载金黄色是用"芦木煎水染，复用麻藁（gǎo）灰水淋，碱水漂"。黄栌木煮水后染布，然后再用麻藁灰水冲泡，碱水漂洗。

妈妈要染布呀！染布不能用槐花，得用槐米。

你摘槐米干吗？

以后我杨坚的子子孙孙都要穿黄袍，做皇帝！

《白虎通义》中高度评价了黄色："黄者，中和之色，自然之性，万世不易。"黄色代表中和，是自然的特性，万世不变。后来，黄色成了皇帝的专用色。

你们平民百姓，不准穿戴赤黄色！

武德初，因隋旧制……后渐用赤黄，遂禁士庶不得以赤黄为衣服杂饰。——《旧唐书》

染出多彩世界

151

赤黄蓝青

  蓝原本是指可以染出蓝色的一种植物——蓼蓝，后来也指各种蓝色染料植物。蓼蓝很早就被古人发现，用来染布了。《诗经》中记载："终朝采蓝，不盈一襜。"一整天在外面采蓼蓝，一衣兜都没采满。

  《礼记·月令》中记载："（仲夏之月）令民毋艾蓝以染，毋烧灰，毋暴布。"仲夏之月，不要割蓼蓝，不要烧灰，也不能晒布。这时候，正是蓼蓝生长的时候，采摘草叶影响生长，所以，不允许提前割蓼蓝。

  什么时候才能收割蓼蓝呢？《黎平府志》中记载九月或者十月就能割蓼蓝了。

蓼蓝割下来，要先制成蓝靛。《齐民要术》中详细记录了制靛的过程："刈（yì）蓝倒竖于坑中，下水，以木石镇压，令没。热时一宿，冷时两宿，漉去荄（gāi，草根之意），内汁于瓮中。"把蓼蓝倒进大坑里，放水，用石头压住让蓼蓝沉下去。天热时泡一晚，冷的时候泡两晚，然后过滤掉草根，把汁水倒进大瓮里。

染出多彩世界

青色也是从蓝草中提炼出来的,但是颜色比蓝草还要深。《荀子》中说的"青出于蓝而胜于蓝",就是这个意思。在制作蓝靛的过程中,加入石灰后,使劲搅拌,把水面上浮出的泡沫捞出晾干后,会得到一些青黑色的粉末,这叫作"青黛",可以用作药物。

青也指深绿色。《陋室铭》中说"草色入帘青",这里的青就是草的绿色。

青也指黑色。李白《将进酒》中写道:"高堂明镜悲白发,朝如青丝暮成雪。"照着镜子,悲叹那一头白发——早晨还是黑的,傍晚就变成雪一样白了。

正眼看人时,黑色的眼珠在正中,所以称为"青眼",表示对人的器重和喜爱,和"白眼"相对。

喜弟康闻之,乃赍酒挟琴造焉,籍大悦,乃见青眼。——《晋书》

在瓷器中，青色也占据了很重要的地位。据说，宋徽宗曾做了一个梦，梦到雨过天晴后天空的颜色特别美，就找来工匠，要求他们："雨过天青云开处，这般颜色做将来。"最后，汝窑的匠人们果然烧出了举世闻名的天青色。

到了元朝，景德镇的湖田窑又烧制出了非常漂亮的青花瓷。明代青花成为瓷器的主流。窑工们以含氧化钴的钴矿为原料，在陶瓷坯体上描绘纹饰，这种钴料烧成后呈典雅的蓝色。

关联字

 → 各种红色 红、丹、朱、绯、绛、茜
 赧、赦、赫、郝

 → 横、璜、磺、簧、潢、橙

蓝 → 钴、靛、蔚、蓼、菘

青 → 请、清、情、晴、精、菁
 碧、绿、翠、黛

赤黄蓝青

衣裳服袍：穿衣有讲究

《说文解字》
依也。上曰衣，下曰裳。象覆二人之形。

本义指上衣。后来泛指身上穿的各种衣裳服装。甲骨文、金文都像一件衣服的形状。

《说文解字》
下裙也。

本义为古代的下裙，是男女都穿的遮蔽下体的衣裙，不是裤子。

《说文解字》
用也。

本义是降服、使服从，引申为做、担任，也特指服装。甲骨文从人从手，表示一只大手抓住了一个人，使他屈服。金文从人从手从凡（盘），会人持盘操办事务之意。

《说文解字》
襺（jiǎn）也。从衣，包声。

本义是有夹层、中间絮有丝绵的长衣，泛指衣服。

远古时期，人们穿兽皮、树叶和葛麻衣服，只是用来御寒保暖。黄帝做了部落首领后，看到人们身上裹着树叶、麻衣，跑动很不方便，于是就来了灵感：设计出了上、下两部分的新式服装，上面叫衣，下面叫裳。

东方未明，颠倒衣裳。颠之倒之，自公召之。——《诗经》

据说，黄帝的设计灵感来自乾坤天地，衣象征天，裳就是地。从此，服饰作为一种礼仪制度，推行开来，以此教化天下人要遵守天地间的秩序。

黄帝、尧、舜垂衣裳而天下治，盖取诸乾坤。——《周易》

后世的文人很清楚地知道，遵从礼仪的要求穿衣服，这是君子的德行。但是，"衣以饰外，德以饰内。"《衣铭》里的这句话告诉人们：衣服装饰的只是外表，只有德行才能美化心灵。

白居易在诗歌《红线毯》中把地毯称作"地衣"。他写道："地不知寒人要暖，少夺人衣作地衣。"就是讽刺统治者们花费金钱织华丽的金线毯，却不顾老百姓还在忍饥挨饿。衣也作穿的意思。

穿衣有讲究

黄，中之色也。裳，下之饰也。——《左传》

裳特指下身穿的衣服。《左传》中记载南蒯想要叛乱，占卜吉凶得了一卦"黄裳元吉"。他去问惠伯。惠伯告诉他，如果占卜的是诚信的事儿，那这个卦象就是大吉大利，肯定能成功。

衣裳服袍

《诗经》中常常会提到"裳"。《七月》中写道："七月鸣鵙（jú）。八月载绩，载玄载黄。我朱孔阳，为公子裳。"七月伯劳鸟声声鸣叫。八月开始织麻，然后染成黑色或黄色。我染的红色更加鲜亮，拿去给公子做衣裳。后来，裳也泛指衣裳。

脱我战时袍，著我旧时裳。——《木兰诗》

王曰:"礼,为旧君有服,何如斯可为服矣?"曰:"谏行言听,膏泽下于民;有故而去,则君使人导之出疆,又先于其所往;去三年不反,然后收其田里。此之谓三有礼焉。如此,则为之服矣。"——《孟子》

服指衣服。《诗经》中写道:"彼其之子,不称其服。"意思是说:那些人们呀,不配穿那些华丽的官服。

服也专指丧服。《孟子》中曾记载齐宣王向孟子请教如何做一个受臣子爱戴拥护的君主。

穿衣有讲究

很多人喜欢穿华美的衣服,但是《黄帝内经》中却告诉我们衣服舒适就好:"任其服……高下不相慕,其民故曰朴。"穿什么衣服都觉得舒适……不羡慕地位比自己高的人,这样就叫作朴。服也引申为佩戴。

户服艾以盈要兮,谓幽兰其不可佩。——《离骚》

和衣裳分上身下身不同，袍是直腰身，长过膝盖的外衣，男女都可以穿。《正字通》中说："袍者，表衣之通称。"袍服，就是外衣的通称。《中华古今注》中记载，袍服在有虞氏的年代就有了。后来，袍作为朝服穿戴。

> 袍以朝见也。秦始皇制，三品以上绿袍、深衣，庶人白袍，皆以绢为之。——《中华古今注》

袍服分为龙袍、官袍和民袍。清朝龙袍以明黄色为主，也用金黄、杏黄等颜色，在形制、制作工艺、装饰图案和色彩上都有严格的规定。官袍按照官员品阶不同，也有不同的图案。

衣
- 跟衣有关的动词：裁、裹、披、穿、套
- 衬、衫、袄、领、袖、襟、袂

裳 → 裙、裤、裆、袜、褴、褛

服 → 装、饰、从、随、顺

袍 → 褂、袈、裟、衮、袭、襦、衿

穿衣有讲究

版权专有 侵权必究

图书在版编目（CIP）数据

会讲历史的汉字：全5册 / 杨士兰著；叁月拾，吴新迎绘. -- 北京：北京理工大学出版社，2023.6
ISBN 978-7-5763-2256-9

Ⅰ.①会… Ⅱ.①杨…②叁…③吴… Ⅲ.①汉字—少儿读物 Ⅳ.①H12-49

中国国家版本馆CIP数据核字（2023）第061401号

出版发行 /	北京理工大学出版社有限责任公司
社　　址 /	北京市海淀区中关村南大街5号
邮　　编 /	100081
电　　话 /	（010）68914775（总编室）
	（010）82562903（教材售后服务热线）
	（010）68944723（其他图书服务热线）
网　　址 /	http://www.bitpress.com.cn
经　　销 /	全国各地新华书店
印　　刷 /	三河市九洲财鑫印刷有限公司
开　　本 /	880毫米×1230毫米　1/16
印　　张 /	52.5
字　　数 /	750千字
版　　次 /	2023年6月第1版　2023年6月第1次印刷
定　　价 /	169.00元（全5册）

责任编辑 / 李慧智
文案编辑 / 李慧智
责任校对 / 王雅静
责任印制 / 施胜娟

图书出现印装质量问题，请拨打售后服务热线，本社负责调换

会讲历史的汉字

杨士兰 — 著
叁月拾 吴新迎 — 绘

3

北京理工大学出版社
BEIJING INSTITUTE OF TECHNOLOGY PRESS

第二章 祭祀信仰

01 占卜示神：沟通天地鬼神　048

02 祭祀牺牲牢：用牛羊做祭品　055

03 酒祥福：给神敬酒祈福　063

04 禅宗庙：求祖先护佑自己　071

05 丧殉葬俑：人死后怎么办　078

06 殡坟墓忧：父母去世要丁忧　084

第三章 国家诞生

01 尧舜禹：三位响当当的首领　092

02 世袭嫡继：继承父亲的一切　099

03 周中国：中国出现了　106

目 录

第一章 华夏图腾

01 龙凤：象征皇权的龙凤 002

02 龟麟：长寿和仁者的象征 010

03 虎雀鹿鹤：都是吉祥物 016

04 鸡鸳鲤：大家都喜欢 024

05 燕雁鹊乌：鸟中祥瑞 031

06 狮豹貔：辟邪招财的瑞兽 039

09	08	07	06	05	04
官职相吏：各级官吏	州郡县府省：各级行政部门	汉唐宋：中华盛世	秦皇帝：第一位皇帝	公侯伯卿：都是大官儿	君臣尊卑：地位有尊卑
150	142	134	128	121	113

第一章 华夏图腾

每个民族都有属于自己的图腾。有一些是人们幻想出来的具有某种神力的动物，比如龙凤有着无上的权威，麒麟能给人间带来祥瑞，貔貅能带来财富……更多的则是现实中的动物：虎、狮、豹等野兽勇武有力；鹿和"禄"谐音，象征着福禄；仙鹤、大雁、喜鹊等寓意吉祥……人类借助这些图腾，来表达对美好生活的祈盼和向往。

01 龙凤：象征皇权的龙凤

| 甲骨文 | 金文 | 小篆 | 楷书 |

《说文解字》

鳞虫之长。能幽，能明；能细，能巨；能短，能长；春分而登天，秋分而潜渊。从肉，飞之形，童省声。

本义是指古代传说中一种能兴风作雨的神奇动物，它是中华民族共同崇拜的图腾，象征着慈善、力量、丰收和变化。后来也象征皇权。甲骨文画出了一条龙的形状。金文的龙有角，相对抽象化了。小篆分为左右两部分。

《说文解字》

神鸟也。天老曰："凤之象也，鸿前麐后，蛇颈鱼尾，鹳颡鸳思，龙文虎背，燕颔鸡喙，五色备举。出于东方君子之国，翱翔四海之外，过昆仑，饮砥柱，濯羽弱水，莫宿风穴。见则天下大安宁。"从鸟，凡声。

| 甲骨文 | 小篆 | 楷书 |

本义是一种神鸟，是中国古代传说中的百鸟之王，象征祥瑞。其中，雄的叫凤，雌的叫凰。甲骨文像一只凤的样子，右边"凡"表读音。小篆把"凡"字上移，符号化了。

人类诞生的初期,自然环境恶劣,人们对有力量的动物非常敬畏,乃至崇拜,甚至会认为某种动物就是自己部落的祖先。图腾崇拜就这样开始了。龙是中华民族的图腾,象征着卓越、力量和权力。

麟、凤、龟、龙,谓之四灵。——《礼记》

在《春秋》中,有关于董父和刘累养龙的故事:董父给舜养龙,舜给他赐姓董,封为豢(huàn)龙氏。刘累跟董父学会了养龙,给孔甲养了两条小龙,后来莫名其妙死了一条……可见,这时候的龙还不是一种神兽。

象征皇权的龙凤

作为图腾崇拜的龙,其实是想象出来的。关于龙的形象,《论衡》中记载:"世俗画龙之象,马首蛇尾。"世上人画出来的龙,马的脑袋蛇的尾巴。

东汉学者王符说龙有九似:"头似驼,角似鹿,眼似兔,耳似牛,项似蛇,腹似蜃,鳞似鲤,爪似鹰,掌似虎。"

唐代的笔记小说集《酉阳杂俎》中还记录了一个细节:"龙,头上有一物,如博山形,名尺木。龙无尺木,不能升天。"龙有了龙角才能升天。

从前,有一个叫叶公的人特别喜欢龙,他的房间里到处雕刻着龙,连衣带钩、酒器上都是龙。

龙凤

瞧瞧这龙,多威风!我的最爱!

虺五百年化为蛟,蛟千年化为龙,龙五百年为角龙,千年为应龙。——《述异记》

这条龙得活了三千年吧?

是叶公非好龙也,好夫似龙而非龙者也。——刘向《新序》

叶公,我的粉丝,我来看你啦!

哎呀妈呀,吓死人啦!

象征皇权的龙凤

《管子》中记载，黄帝有六个助手，称作"六相"，其中"奢龙辨乎东方，故使为土师"。奢龙掌管东方，所以让他做土师。龙代表东方，所以有"东方青龙"的说法。

龙也指英雄才俊。徐庶向刘备推荐诸葛亮时，把他称作"卧龙"。

封建王朝中，龙不仅仅是祥瑞四灵之一，它还是皇帝的象征。《吕氏春秋》中记载：晋文公重耳出逃在外几年后，终于返回晋国。在他封赏有功之臣时，介之推不肯接受赏赐，做了首诗——

有龙于飞，周遍天下。五蛇从之，为之承辅。龙反其乡，得其处所。四蛇从之，得其露雨。——介之推《龙蛇歌》

> 诸沃之野，沃民是处。鸾鸟自歌，凤鸟自舞。凤皇卵，民食之。——《山海经》

能够和龙匹配的四灵之一是凤。龙是鳞虫之长，凤凰则是羽虫之长。《大戴礼记》中说："有羽之虫三百六十，而凤凰为之长。"凤为雄鸟，凰为雌鸟，是古代传说中的神鸟。不过，在《山海经》的记录中，凤凰还挺平常。

《禽经》中记载凤也是综合了很多动物的特征："凤，鸿前，麟后，蛇首，鱼尾，龙纹，龟身，燕颔，鸡喙，骈翼。"凤是祥瑞的象征："出，则王政平，国有道。"凤凰出现，就会有明君出现，政事平顺，国家按照大道运行。

> 凤鸟不至，河不出图，吾已矣夫！——《论语》

象征皇权的龙凤

> 凤非梧桐不栖，非竹实不食，非醴泉不饮。——《庄子》

"哪里有竹实？哪里有醴（lǐ）泉？我又饿又渴。"

凤是一种高贵的鸟。《帝王世纪》中说："不食生虫，不履生草……其饮食也，必自歌舞，音如箫笙。"不吃生虫，不踩地上的野草。吃东西的时候，还要自唱自跳，就像吹着笙箫一样。

龙凤

后来，凤成为皇帝后妃的象征，和龙一起，彰显着皇家的高贵和威权。装饰有凤凰样珠宝的凤冠，成为后妃们的专属头饰。不过，最早的凤冠不是后妃的专利——

"这就是最早的凤冠金钗，像凤凰的冠羽！"

"原来不是我们后来看到的样子呀。"

关联字

龙 → 鳞、蟠、螭、蛟
　　 拢、聋、笼、珑、陇

凤 → 鸾、凰、雏、鸣、翼

象征皇权的龙凤

02 龟麟：长寿和仁者的象征

甲骨文	金文	小篆	楷书

《说文解字》
旧也。外骨内肉者也。从它，龟头与它头同。象足甲尾之形。

　　本义是乌龟。甲骨文像一只乌龟的侧视图。金文是龟的俯视图。小篆由甲骨文演变而来，也是龟的侧视图。

《说文解字》
大牝鹿也。从鹿，粦声。

小篆	楷书

　　本义为古代传说中的一种动物，像鹿，全身有鳞甲，有尾。古代以其象征祥瑞，亦用来比喻杰出的人物。

四灵中有一位长寿之星——龟，它是其中唯一一个现实中存在的动物。在中国人类历史上，龟一出场，就自带了神秘气场。传说中，伏羲在河边，观察到一只白龟身上的纹路，灵机一动，推演出了"先天八卦"。

> 春官所属有龟人……掌藏龟以备卜之用。工掌捕龟及加龟甲。——《周礼》

我抓到一只大乌龟！

龟人，拿龟甲来，大王出兵前要占卜一下。

> 又有黑龟，并赤文成字，言夏桀无道，汤当代之。——《竹书纪年》

呀，一只黑龟，上面有红字，这写的是什么？

大意是夏桀无道，汤要取代他！

这是神龟呀。

为什么龟甲能用来占卜呢？《说苑》中记载："灵龟五色，色似玉……知存亡吉凶之变。"灵龟，有玉一样的质地，能通晓存亡吉凶等变化。

长寿和仁者的象征

011

南方老人用龟支床足,行二十余岁,老人死,移床,龟尚生不死。——《史记》

所以,乌龟是个宝呀。《礼记》规定:"诸侯以龟为宝,以圭为瑞。家不宝龟,不藏圭,不台门,言有称也。"只有诸侯或者国君才能养国宝级的龟,才能收藏圭这种祥瑞之物。卿大夫家里就不能养龟,不能收藏圭……

老爸,您怎么就扔下我走了呢?

支床脚二十多年了,不吃不喝,竟然还活着?真是老寿星呀。

女皇帝武则天喜欢龟。天授二年(公元691年),她命令把所有高级官员的身份象征——佩戴的"鱼袋"换成"龟袋":三品官的用金装饰,四品官的用银装饰,五品官的用铜装饰。到了宋朝,因为苏东坡的一首诗,"缩头乌龟"又成了胆小者的代名词。

陈季常,送你一首诗:"闻君开龟轩,东槛俯乔木。人言君畏事,欲作龟头缩。"

好哇!竟然说我像缩头乌龟!找打!

麟可系之羁兮，岂异乎犬羊？——《天问》

四灵中还有一个麒麟，也是一种想象出来的复合型瑞兽。《瑞应图》记载它是"羊头，狼蹄，圆顶，身有五彩，高一丈二尺"。麒麟长着羊头，狼的蹄子，头顶是圆的，身上是彩色的，高大概两米左右。

《诗经》中有一首诗借麒麟来赞颂贵族公子："麟之趾，振振公子，于嗟麟兮！麟之定，振振公姓，于嗟麟兮！麟之角，振振公族，于嗟麟兮！"麒麟的蹄子不踢人，麒麟的额头不撞人，麒麟的尖角不伤人。仁厚有为的公子们，你们就像麒麟一样！

长寿和仁者的象征

> 唐虞世兮麟凤游。今非其时来何求。麟兮麟兮我心忧。——《获麟歌》

唉，尧舜那个时代才会有麒麟和凤凰飞舞。现在没有明君，麒麟呀，你来是为什么？

所以，《公羊传》中认为麒麟是仁兽："有王者则至，无王者则不至。"有明君的时候才出现，没有明君的时候，是不会出现的。先秦还流传着一首诗歌，表达了只见麒麟却不见明君的忧伤心情。

你别难过，我只是想来看看你！

《孟子》中对麒麟的评价比较客观："麒麟之于走兽，凤凰之于飞鸟……出于其类，拔乎其萃。"麒麟和凤凰高出了同类，超越了同类。所以，后世常用"凤毛麟角"来比喻稀少珍贵的杰出人才。

哈哈，我的研究专著终于出版啦！

> 学者如牛毛，成者如麟角。——《北史·文苑传序》

唉！学习的人多如牛毛，有成就的就像麟角那么稀少呀。

龟 ➔ 乌、寿、鳖、鼋、阄

麟 ➔ 麒、麂、漉、麓
磷、粼、璘、嶙

长寿和仁者的象征

03 虎雀鹿鹤：都是吉祥物

甲骨文	金文	小篆	楷书
			虎

《说文解字》
山兽之君。从虍，虎足像人足。象形。

本义就是指老虎，进而引申为勇敢和坚强。甲骨文是头朝上、尾朝下、腿朝左的一只虎，身上有花纹。

《说文解字》
依人小鸟也。

甲骨文	金文	小篆	楷书
			雀

本义指麻雀或山雀。甲骨文的形象就像一个鸟头，头顶上有一撮羽毛。

甲骨文	金文	小篆	楷书
			鹿

《说文解字》
兽也。象头角四足之形。鸟鹿足相似，从匕。

本义为鹿。甲骨文像一只鹿，头上还长着很漂亮的鹿角。

《说文解字》
鸣九皋，声闻于天。从鸟雀声。

小篆	楷书
	鹤

本义为仙鹤。

《五经异义》记载:"龙,东方也;虎,西方也;凤,南方也;龟,北方也;麟,中央也。"在这本书里,虎和祥瑞四灵一起,守护着五个方位。虎是自然界真实存在的一种猫科动物,凶猛剽悍,威风凛凛,也是人们畏惧但又崇拜的对象。

前朱雀,后玄武,左青龙,右白虎。——《礼记》

好像是西方七宿中的七百多颗星星组成的白虎图案。

这白虎是个啥?

虎者,阳物,百兽之长也,能执搏挫锐,噬食鬼魅。——《风俗通义》

都是吉祥物

《周易》中记载:"云从龙,风从虎。"龙象征皇权,而虎作为百兽之王,成为官吏以及普通百姓崇拜并且可以直接运用的文化符号。

我虎大王勇猛擅斗,能吞噬鬼魅。把我嵌在墓室门口,能镇墓辟邪。

因为老虎凶猛，所以，从春秋战国起，就出现了雕刻成老虎形象的兵符，称为"虎符"。兵符是古代的最高统治者用来调兵遣将、传达军事命令的凭证。一般是剖成两半，一半由统治者亲自掌管，另一半交给地方将领保管。

《史记》中记载了《信陵君窃符救赵》的故事。秦国侵略赵国，赵国派人来魏国求援，魏王不肯出兵救援，魏国公子信陵君的门客侯嬴给他出主意——

人们常用老虎来比喻威武勇猛。《三国志》中说:"关羽、张飞皆称万人之敌,为世虎臣。"

同时,老虎也会伤人,是危险的猛兽,所以,虎也比喻有危险的凶猛人物。"养虎遗患"就是比喻放纵敌人,遗留祸患。

和青龙、白虎一起位列四大神兽的，还有朱雀。《梦溪笔谈》中记载："唯朱雀莫知何物，但鸟谓朱者，羽族赤而翔上，集必附木，此火之象也。"只是不知道朱雀是什么动物。不过，既然是红色鸟，必然是有红色羽毛能够飞上天的，聚集的时候一定要停在树木上，这就是火的象征吧？

> 飞朱鸟使先驱兮，驾太一之象舆。——《楚辞》

> 燕雀安知鸿鹄之志哉？——《史记》

雀的本义是麻雀或山雀，也泛指各种小鸟。《左传》中说："视民如子。见不仁者诛之，如鹰鹯之逐鸟雀也。"要爱民如子。看见不仁义的人，就像凶猛的鹰鹯追捕鸟雀一样诛杀他，毫不留情。

虎雀鹿鹤

鹿也是一种瑞兽，象征着长寿、王权、福禄。在被人们神化之前，它们自由自在地生活在原野上。《诗经》中写道："呦呦鹿鸣，食野之苹。"一群鹿儿呦呦欢鸣，在那原野悠然自得地啃食着蒿草。不知道从什么时候起，白鹿被赋予了神秘色彩。

瑶光散为鹿。——《春秋运斗枢》

哎呀，祥光散开变出了一头白鹿！

这是祥瑞之兆呀，我们村子有福啦！

据说，君王仁孝圣明时，白鹿就会现世。《符瑞志》中说："鹿为纯善禄兽，王者孝则白鹿见。""鹿"和"禄"同音，指代福禄。鹿也用来比喻政权或爵位。

秦失其鹿，天下共逐之。——《史记》

你看，秦丢掉了天下，各路人马都争着去抢呢。

啊？我还以为秦国丢了一头鹿呢。

都是吉祥物

古人常常把鹤和鹿联系在一起，表示鹤鹿同春的意思。

《相鹤经》中记载："鹤，阳鸟也，而游于阴，行必依洲渚，止不集林木。"和朱雀不同，鹤在阴暗的地方游走，一定要在洲渚等有水的地方生活，休息时不会停在林木上。

宋代有个叫林逋的人种了很多梅花，养了两只仙鹤，"以梅为妻，以鹤为子"，过着高洁隐逸的生活。在文人心里，鹤是高尚品格的象征。不过，春秋时期的卫懿公，却因为太喜欢鹤而亡了国。

鹤鸣于九皋，声闻于天。
——《诗经》

虎 → 啸、威
　　→ 虚、虐、虔、虞、虑、虏

雀 → 崔、鹳、鹰、劣、省

鹿 → 麋、颈、茸、牝、犄、角

鹤 → 鹳、鹭、鸥、鹇、鸪
　　→ 榷、傕、確、氅、唳

都是吉祥物

04 鸡鸳鲤：大家都喜欢

甲骨文	金文	小篆	楷书

《说文解字》
知时畜也。从隹，奚声。

本义是一种家禽。一般指普通家鸡。甲骨文、金文都像一只公鸡的形象。

《说文解字》
鸳鸯也。从鸟，夗声。

小篆	楷书

本义为鸳鸯这种水鸟。

小篆	楷书

《说文解字》
鳣也。从鱼，里声。

本义为鲤鱼。

鹤举止高雅，所以也指拥有非凡气质的杰出人物，于是，就出现了"鹤立鸡群"这个成语。鸡和鹤走在一起，再多的鸡也成了陪衬，一眼看到的还是那个卓尔不群的鹤。

天啊，我看到嵇绍了！在人群里，就像一只鹤站在鸡群中！

哈，那太帅了吧！

不过，也不能小瞧鸡这种家禽。太阳一出来，它就叫起来，它是能感应天地变化的。《汉书》中说："鸡者，小兽，主司时起居人。"

范阳祖逖，少有大志……中夜闻鸡鸣……因起舞。
——《晋书》

祖逖起床啦！为了实现目标，要努力呀！

当然，鸡不光是会报时，它们还是一种美食。《月令》中记载："春食麦与羊，夏食菽与鸡……"根据季节的不同，选择适合的粮食和肉食搭配。比如鸡就适合和豆类搭配着在夏天吃。后来，老百姓们也画鸡来辟邪镇妖。

正月一日，贴画鸡户上……插桃符其傍，百鬼畏之。——《荆楚岁时记》

大公鸡守门口，大鬼小鬼绕着走，绕着走！

头戴冠者，文也；足傅距者，武也；敌在前敢斗者，勇也；见食相呼者，仁也；守夜不失时者，信也。——《韩诗外传》

为什么把鸡当作吉祥物呢？或许因为"鸡"和"吉"谐音，或许是认为鸡有文、武、勇、仁、信这五德。老百姓们当然喜欢集五种美德于一身的鸡。

公鸡英勇好斗,古代上层社会喜欢斗鸡取乐。王勃年轻时在沛王府中做事。有一次,沛王和兄弟英王斗鸡。王勃兴致勃勃地写了一篇《檄英王鸡》,为沛王助阵。他觉得自己是在开玩笑,可是文章中的"两雄不堪并立,一啄何敢自妄"惹怒了唐高宗。王勃被赶出了沛王府。

大家都喜欢

> 鸳鸯在梁，戢(jí)其左翼。君子万年，宜其遐福。
> ——《诗经》

和好争斗的公鸡不同，鸳鸯是一种水鸟，通常成双成对出现，相亲相爱。《古今注》中记载："鸳鸯，水鸟，凫类也。雌雄未尝相离，人得其一，则一思而死，故曰匹鸟。"一只死去，另一只会因为思念也死去。世人就用鸳鸯来表达对新婚夫妇的祝福。

> 鸳鸯好漂亮！做成鸳鸯被肯定更好看！

> 婚礼上要用的，自然漂亮！

> 文采双鸳鸯，裁为合欢被。——《古诗十九首》

> 黄河三尺鲤，本在孟津居。点额不成龙，归来伴凡鱼。——李白《赠崔侍御》

《埤（pí）雅·释鱼》中说："俗说鱼跃龙门，过而为龙，唯鲤或然。"传说中能跳过龙门的鲤鱼，就会变成龙。后来，用鲤鱼跳龙门比喻中举、升官等飞黄腾达的事。

《孔子家语》中记载："伯鱼之生，鲁昭公使人遗之鲤鱼。夫子荣君之赐，因以名其子也。"孔子生了儿子，鲁昭公派人送去了一尾大鲤鱼。孔子觉得很荣幸，就给儿子起名"孔鲤"，字"伯鱼"。后来就把父亲教育孩子的处所叫作"鲤庭"。

> 尝独立，鲤趋而过庭。曰："学诗乎？"对曰："未也。""不学诗，无以言。"鲤退而学诗。——《论语》

大家都喜欢

关联字

鸡 → 鸭、鹅、鸽、鹇、鹃
　 → 笼、瘟、栖、埘、蛋

鸳 → 鸯、盎、鹭、鸶、鸢

鲤 → 哩、理、埋、狸、娌
　 → 鲑、鲈、鲫、鲢、鲅

鸡鸳鲤

05 燕雁鹊乌：鸟中祥瑞

甲骨文	小篆	楷书

《说文解字》
玄鸟也。籋口，布翅，枝尾。象形。

本义为燕子。甲骨文像一只头朝上展翅奋飞的燕子。

《说文解字》
鸟也。从隹，从人。

金文	小篆	楷书

本义为大雁。金文右上边是悬崖，左下边是一只鸟的形象。

小篆	楷书

《说文解字》
无

本义为喜鹊。

《说文解字》
孝鸟也。象形。孔子曰："乌，吁呼也。"取其助气，故以为乌呼。

金文	小篆	楷书

本义为乌鸦，引申为黑色的东西。金文像乌鸦张口，伸长脖子鸣叫的形状。

黄莺过水翻回去，燕子衔泥湿不妨。——杜甫《即事》

还有一些小鸟，也深受人们的喜爱，小燕子就是其中之一。燕子是一种候鸟，冬天飞去南方过冬，春天又飞回北方。在人家屋檐下做窝孵小鸟，每天飞来飞去寻找食物，其乐融融。

哎呀，雨太大了，我得找个地方躲躲。

我不怕水，赶紧衔泥回去做窝。

燕燕于飞，下上其音。之子于归，远送于南。
——《诗经》

我们是气氛组的，来煽情的。

诗人常常会把感情寄托到燕子身上。刘禹锡在《乌衣巷》中写道："旧时王谢堂前燕，飞入寻常百姓家。"晋朝灭亡了，王谢两家贵族已经没落了。燕子见证了朝代的兴亡、家族的败落，会不会感到忧伤呢？

别送了……咦？怎么有小燕子？

燕也是一个国家名,是战国七雄之一。《史记》中记载:"周武王之灭纣,封召公于北燕。"周武王灭掉了商纣王之后,把召公分封到了北边的燕地,也就是现在北京一带。

当时还有一个赵国,都城在河北邯郸,所以后来把北京和河北这片土地称作"燕赵大地"。韩愈在《送董邵南序》中说:"燕赵古称多感慨悲歌之士",荆轲就是最出名的一位壮士。

还有一种寓意吉祥的候鸟叫大雁。《仪礼·士昏礼》中记载:"纳采纳吉,请期皆用雁。"古代婚礼有六个步骤:纳采、问名、纳吉、纳征、请期、亲迎。除了纳征之外,其他五个步骤都要用到大雁。不只婚礼,古代士大夫相见,也会用到雁。

因为大雁每年都会按时在南北方之间迁徙,后来又有了"鸿雁传书"的说法。汉武帝派苏武出使匈奴,苏武被匈奴人扣留多年。后来常惠教使者对匈奴单于说,大汉天子在上林苑打猎,射中了一只大雁……

> 言天子射上林中,得雁足有系帛书,言武等在某泽中。——《汉书》

还有一种名字自带喜气的鸟——喜鹊，它是喜庆、吉祥、幸福、好运的象征。《诗经》中有诗句："维鹊有巢，维鸠居之。"喜鹊筑好了巢，斑鸠来居住。本义是指女子出嫁，定居夫家。后来用"鸠占鹊巢"指代强占了别人的住处。

季冬之月，鹊始巢。——《礼记·月令》

再见啦，我的家！

鹊春三月乳子，已，舍巢去，他鸟居之。——《正字通》

哎呀，太棒了！白送一套大别墅，正好可以孵宝宝啦。

鸟中祥瑞

后来"鹊桥"引申为能够联结男女之间良缘的各种事物。

传说中,有个苦孩子牛郎每天放牛,吃不饱穿不暖。他遇到了下凡的织女,两个人结成夫妻。

可是王母娘娘知道后很不高兴,用一条天河隔开了他们。两个人不能见面,非常难过。喜鹊看到了,很同情他们,召集来很多自己的同类——

乌鹊填河成桥而渡织女。——《淮南子》

《墨客挥犀》中说:"北人喜鸦声而恶鹊声,南人喜鹊声而恶鸦声。"北方人喜欢乌鸦声讨厌鹊声,南方人则相反。其实,最早乌鸦也是一种吉祥鸟。

> 周将兴时,有大赤乌衔谷之种而集王屋之上,武王喜,诸大夫皆喜。——《春秋繁露》

这是吉兆呀,我大周将要兴盛了。

这乌鸦真是吉祥鸟呀。

> 此乌初生,母哺六十日,长则反哺六十日,可谓慈孝矣。——《本草纲目》

妈妈,吃虫虫。您养我小,我养您老!

后来,乌鸦变成了凶兆。唐代《酉阳杂俎》中记载:"乌鸣地上无好音。"乌鸦叫声嘶哑难听,听到了准有坏事。不过,乌鸦也有好的寓意。"羊羔跪乳,乌鸦反哺"就是用来教育人们要孝顺父母的。

鸟中祥瑞

037

关联字

燕 → 莺、鹂、窝、尾

雁 → 喙、翎、羽、隼、稚、雉

鹊 → 鸿、鹄、鸠、鸥、鸵

乌 → 鸦、鸣、钨、坞、邬

燕雁鹊乌

06 狮豹貔：辟邪招财的瑞兽

金文　楚书
狮

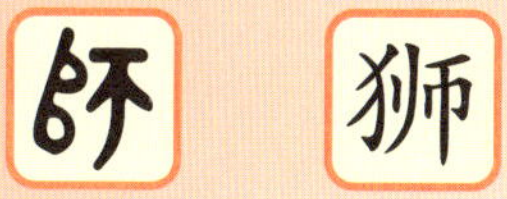

《说文解字》
无

本义为狮子。最初写作"师"，后来加了偏旁。繁体楷书从犬从师。

《说文解字》
似虎，圜文。从豸，勺声。

甲骨文　小篆　楷书
豹

本义为豹子。甲骨文就像豹子的形象。小篆则变成了从豸、勺声的形声字。

甲骨文　金文　小篆　楷书
貔

《说文解字》
豹属，出貉国。

本义指传说中的一种野兽，有的说像虎，有的说像熊。甲骨文和金文都像动物的形状。

还有一些野兽，也在传统文化中占据了一席之地，狮子就是其中一种。狮子不是中国本土动物，是从西域传过来的。《后汉书·西域传》："安息国……章帝章和元年，遣使献师（狮）子、符拔。"

《东观记》中记载，西域的疏勒国也进献过狮子，并且还描绘出狮子的样貌："（疏勒王）献狮子，似虎，正黄有髯耏，尾端茸毛大如斗。"

> （狮）怒则威在齿，喜则威在尾。每一吼，百兽辟易。——《正字通》

狮豹貔

自高宗乾陵起，唐代帝陵的神道石刻中就有了狮子形象。宋元时期，寺观、祠堂、住宅、园林中也出现了很多石狮雕刻。我们今天仍能看到的卢沟桥的柱头上，就雕刻着各式各样的石狮子。石狮子的雕刻也是有规定的——

狮子分头、脸、身、腿、牙、胯、绣带、铃铛、旋螺纹、滚凿绣珠、出凿崽子。——《扬州画舫录》

其他的还包括绣带、铃铛、滚的绣球，还要凿出小狮子。

沧州有一个重达29.3吨的铁狮子，当地俗称"镇海吼"。它的头顶和脖子下各铸有"狮子王"三个字，是最大的铸铁文物。

除了造石狮子、铁狮子用来镇宅辟邪，人们也爱舞狮子。这项民俗活动为春节增添了浓浓的喜庆气氛。

舞狮子，舞狮子，舞出太平盛世！

每一狮子，有十二人，戴红抹额，衣画衣，执红拂子，谓之狮子郎，舞太平乐曲。——唐《乐府杂寻》

辟邪招财的瑞兽

041

和狮子一样勇猛的还有豹。《正字通》中记载:"豹,状似虎而小,白面,毛赤黄,文(纹)黑而钱圈,中五圈左右各四者,曰金钱豹。"金钱豹身上有像钱一样的圈圈,中间五圈,左右各四圈。

《世说新语》中记载王献之看几个门客玩游戏,看了一会儿,就断定了输赢,遭到门客的批评。由这个故事而来的成语"管中窥豹",指从管子里看豹,只看见豹身上的一块花斑,比喻只看到事物的一部分而看不到全貌。

> 门生辈轻其小儿,乃曰:"此郎亦管中窥豹,时见一斑。"——《世说新语》

狮豹貔

你不行了,要输。

你这小孩子,只看到了一部分,就在这里指手画脚。

豹子的皮纹高贵美丽，很受人们的欢迎。《左传》中无终子嘉父派孟乐到晋国去，"因魏庄子纳虎豹之皮，以请和诸戎"。通过魏庄子的关系，献上虎豹皮，想请晋国和戎狄各部落讲和。

豹子小时候毛色暗淡，长大后会变得华美。所以，人们用豹子的变化来比喻君子的蜕变和成长。

大人虎变，其文炳也；君子豹变，其文蔚也；小人革面，顺以从君也。——《易经》

行动！像老虎一样，说干就干！

完美蜕变为一只美丽华贵的豹子！要做就做一个高尚的人。

大王指向哪儿，我就去哪。

辟邪招财的瑞兽

还有一种野兽貔貅,据说非常勇敢,可以上战场。《史记》中记载:"(轩辕)教熊罴貔貅䝙虎,以与炎帝战于阪泉之野。"黄帝训练了一支猛兽队伍(其中就有貔貅),在阪泉和炎帝作战。威风吧?貔貅也比喻勇士或勇猛的军队。

狮豹貔

044

貔貅在传统文化中是一种瑞兽,雄性为"貔",雌性为"貅"。貔貅的造型有一角或两角的,一角的称为"天禄",两角的称为"辟邪"。传说中,貔貅曾经触犯天条,被玉帝惩罚——

狮 → 鼶、猿、猴、猛、狠、狼、狈

豹 → 猫、豺、獭、灼、酌

貔 → 狌、貌、貘、貉、貂

辟邪招财的瑞兽

第二章 祭祀信仰

  远古时期，生产力低下，人类对自然充满敬畏。他们崇拜鬼神，非常重视祭祀，制定了严格的祭祀礼仪，还奉上了丰厚的祭品，虔诚地祈求鬼神的庇佑。同时，他们视死如生，为死去的先人修坟立墓，隆重地下葬，并且相信他们已经化为神灵，按时祭祀，希望他们可以保佑子孙平安如意。

01 占巫示神：沟通天地鬼神

甲骨文	小篆	楷书

《说文解字》
视兆问也。从卜，从口。

本义指视龟甲之兆推知吉凶，引申指通过观察物象来推断吉凶。甲骨文从卜，从口，会以口问卜的意思。

《说文解字》
祝也。女能事无形，以舞降神者也。象人两褎（xiù）舞形。

甲骨文	金文	小篆	楷书

本义为能以舞降神的人，后来则特指女巫。甲骨文、金文中的"⌒"和"I"形，很像古代的度量工具，也有人认为像古代女巫所用的道具。小篆"工"两边两个人，表示可以沟通天地的人。

甲骨文	金文	小篆	楷书
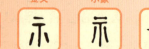			

《说文解字》
天垂象，见吉凶，所以示人也。从二（上）。三垂，日、月、星也。观乎天文，以察时变。示，神事也。

本义是古人祭祀祖先与鬼神时所使用的祭台。甲骨文像用两块石头搭起的简单祭台之形。金文把甲骨文的底座变为"小"，表示供桌的支架。

《说文解字》
天神，引出万物者也。从示、申。

金文	小篆	楷书

本义是传说中的天神，泛指神灵、神仙。金文像闪电的样子。小篆添加"示"字旁。

夏商时期，人们生存环境恶劣，常常要用卜筮来推测吉凶祸福。卜是查看龟甲烧灼后的裂纹，筮是看蓍草的排列情况。

《易经》是阐述天地及世间万象变化的古老经典，浓缩了中华民族五千年的智慧，其中也总结了卜筮预测的规律，可以用来指导占卜。

《易》有圣人之道四焉：以言者尚其辞，以动者尚其变，以制器者尚其象，以卜筮者尚其占。——《易经》

沟通天地鬼神

占也指推测、推算。《明史·徐光启传》中记载明朝崇祯年间,因为日食发生的时间和推算的不符,崇祯想要责备钦天监。徐光启指出,元朝郭守敬也出现过日食时间推算错误的情况——

占巫示神

050

说到占卜,就会想到巫。《山海经》中记载:"有灵山,巫咸、巫即、巫盼、巫彭、巫姑、巫真、巫礼、巫抵、巫谢、巫罗十巫从此升降,百药爰在。"灵山上生长着各种各样的药材,住着十巫。

> 巫咸国在女丑北,右手操青蛇,左手操赤蛇。在登葆山,群巫所从上下也。——《山海经》

很久以前,巫是部落里拥有知识的人。他们可以观测天象,预测阴晴雨雪,所以被认为拥有神力,可以和天地沟通。《国语·楚语》中说:"其智能上下比义,其圣能光远宣朗,其明能光照之,其聪能听彻之。"巫要能懂天地万物,能通透明朗,能明察秋毫,也能听得透彻。

春秋战国末年,周王室没落,南迁的楚国继承了夏商周的巫文化,兴盛起来。《汉书·地理志》记载:"楚人信巫鬼,重淫祀。"楚国人信奉巫术和鬼神,注重祭祀。古人往往巫、医并称。

乡立巫医,具百药以备疾灾。——《逸周书·大聚》

沟通天地鬼神

夫乾确然，示人易矣；夫坤隤然，示人简矣。——《周易》

祭祀就要有祭台。每逢节日或者遇到重大事件，人们就要在祭台上摆放各种祭品，跪拜祖先和鬼神。那时候，古人把各种自然天象看作神明显灵。所以，"示"引申为上天显现出某种征象，向人垂示吉凶祸福。

你们看，乾阳是刚健的，它是以平易来显示于人的。

坤阴是柔顺的，它是以简约来显示于人的。

廉颇、蔺相如计曰："王不行，示赵弱且怯也。"——《史记》

示由垂示又引申指把事物拿出来或指出来让人知道，如表示、显示。《史记》中记载，秦王约赵王在渑池相会。秦国厉害呀，赵王害怕不敢去——

赵王，您不去，显得我们软弱怕事！

廉颇、蔺相如，我……我去！

古人认为万物有灵,都有神性。《礼记·祭法》中写道:"山林川谷丘陵,能出云为风雨,见怪物,皆曰神。"山林、川谷和丘陵,只要能够吞云吐雾,兴风作雨,出现异常现象的,都叫作"神"。周朝设置了大宗伯的官职,负责祭祀鬼神。

由天地间的神灵回到人自身,神引申为精神、意识。《庄子》中说庖丁宰牛三年后,"臣以神遇而不以目视,官知止而神欲行"。现在宰牛全凭心领神会而不用眼看了。视觉停止了,心神还在运行。神也用来指神奇、灵验。

沟通天地鬼神

关联字

占 → 卜、问、筮、蓍、骨
　　　　战、站、沾、粘、毡

巫 → 诬、蛊、祈、祷、咒、婆

示 → 显、摆、范、展、宣
　　　　祖、祝、礼、祚、祇

神 → 仙、视、祠、禧
　　　　申、审、伸、砷、绅

占巫示神

02 祭祀牺牲牢：用牛羊做祭品

甲骨文	金文	小篆	楷书

《说文解字》
祭祀也。从示，以手持肉。

本义为用牲畜等供奉鬼神，向鬼神祈福消灾。旧时祭神、供祖或以仪式追悼死者，都可称为"祭"。

《说文解字》
祭无已也。从示，巳声。

甲骨文	金文	小篆	楷书

本义指求子之祭，后泛指祭祀。甲骨文像一个人跪在祭台前。

小篆	楷书

《说文解字》
宗庙之牲也。从牛，羲声。

本义为古时候宗庙祭祀用的毛色纯而不杂的牲畜。

《说文解字》
牛完全。从牛，生声。

甲骨文	金文	小篆	楷书

本义是指祭祀用的牛、羊、猪。甲骨文左边为一只捆绑的羊，右边从生。

甲骨文	金文	小篆	楷书

《说文解字》
闲，养牛马圈也。

本义为豢养牛马等牲畜的栏圈，引申为关押犯人的监狱。甲骨文里面是个"牛"字，外面像养牛的圈。

祭如在，祭神如神在。——《论语》

远古先民敬畏天命，迷信鬼神。祭主要是拜鬼神，祈求保佑。《尚书》中记载："祭之犹言察也。察者，至也，言人事至于神也。"祭祀，就是察，察就是达到。所以，祭祀就是说人的心意要到达神灵那里。祭祀要虔诚。

爹，神灵在哪儿？我咋看不见？

神在我的心里，心诚则灵！

后来，随着社会的发展，祭祀鬼神的风气慢慢变淡，人们更多地开始祭拜祖先，祈求祖先的护佑。《礼记》中说："祭者，所以追养继孝也。"祭拜祖先就是追念养育之恩，表达孝敬的意思。因为祭祀时要宰杀牲畜做祭品，所以，祭也有杀的意思。

凉风至，白露降，寒蝉鸣，鹰乃祭鸟，用始行戮。——《礼记·月令》

秋天了，又到了鹰隼捕杀鸟类的时候了！

看，这老鹰好凶猛！

在古代，祭祀是国家的大事。《左传》中说："国之大事，在祀与戎。"国家有两件大事，一是祭祀，二是征战。这两件事都是要花好多钱的。

邦都之赋，以待祭祀。——《周礼》

收钱去，大王祭祀得花不少钱呢。

是呀，全指望着赋税呢！

用牛羊做祭品

从最早的部落首领，到后来的国君，都非常重视祭祀。他们制定了完善的制度。《礼记·祭法》中规定：除了天地自然神灵和家族之外，为国家和人民做过巨大贡献的几类人，也享受祭祀。

一共有五类人享受祭祀:"法施于民则祀之,以死勤事则祀之,以劳定国则祀之,能御大灾则祀之,能捍大患则祀之。"

祭祀稷神,保佑今年五谷丰登。

后土后土,社神社神,佑我百姓,安居乐业。

凡是为民众树立典范的要祭祀,凡是为公众献身的要祭祀,凡是为安邦定国立下功劳的要祭祀,凡是能抵御大灾害的要祭祀,凡是能制止大祸患的也要祭祀。

是!永远记住他们的功业!

尧、舜、禹、契汤,还有周文王、周武王……都要虔诚祭祀!

古代宗庙祭祀要用祭品,最重要的就是牲畜。《诗经·小雅》中说:"以我齐明,与我牺羊,以社以方。"捧出五谷美食,献上纯白的羊,来祭祀社神和四方神。牺牲一般连用,指代祭祀用的牲畜。

《左传》中记载齐国进攻鲁国时,曹刿和鲁庄公讨论决定作战结果的因素。鲁庄公提出了三点,其中包括祭祀鬼神要虔诚,要取信于神。不过曹刿认为还不够,最重要的是要取信于民。

色纯为牺,体全为牲。

用牛羊做祭品

《说文解字》中解释牲是体形完整的牛。《谷梁传》中说："全曰牲，伤曰牛。"不缺犄角、不少腿脚的叫作牲，才有资格做祭品；稍微有点损伤的就只是牛，不能做祭品了。

凡诸侯之礼……鼎簋十有二，牲三十有六。——《周礼》

好，我去数数，够不够！

咱家老爷是诸侯，得摆十二鼎簋，三十六头牲畜……

祭祀牺牲牢

060

《周礼·庖人》记载："始养之曰畜，将用之曰牲。是牲者，祭祀之牛也。"这些动物刚开始当家畜养，挑出来用于祭祀的牛，就是牲。

凡王之馈，食用六谷，膳用六牲……——《周礼》

大王今天的膳食，六谷和六牲都准备好了吗？

报告长官，今天没买到马肉。

饲养牲口的栏圈叫"牢"。《战国策》中记载，战国时楚国国君顷襄王沉迷享乐，大臣庄辛劝他，他也听不进去。后来被秦国攻破了都城，他才后悔没有听庄辛的话。

亡羊而补牢，未为迟也。——《战国策》

丢了羊再修补羊圈，也不算晚。赶紧召集军队，奋起反抗吧！

好，誓死保卫大楚国。

古代祭祀所用的牺牲，举行祭礼前要先饲养于牢，故这类牺牲称为"牢"。古代祭祀是有不同规格的："天子社稷皆大牢，诸侯社稷皆少牢。"天子祭祀社稷用大牢，也叫"太牢"，即牛、羊、豕三种；诸侯祭祀则用少牢，即羊、豕两种。

用牛羊做祭品

牢乃豢畜之室，牛牢大，羊牢小，故皆得牢名。——《本草纲目》

大牢、小牢不都是牲口圈嘛！瞎攀比个啥？

我管的地盘比你大，叫大牢！

关联字

祭 → 祀、奠、坛、献、察

牺 → 特、牡、牧、物
　　 洒、硒、栖、晒

牲 → 畜、犊、牦、犄、牯
　　 胜、姓、性

牢 → 圈、监、狱、固、稳
　　 密、害、宽、定、宁、寄

酒祥福：给神敬酒祈福

| 甲骨文 | 金文 | 小篆 | 楷书 |

《说文解字》
就也，所以就人性之善恶。从水，从酉，酉亦声。一曰：造也，吉凶所造也。

本义为一种用粮食或水果等发酵制成的、含酒精的饮料。甲骨文字形两边是酒液，中间是盛酒的器具。金文就像一个酒坛子。小篆添加了水字旁。

《说文解字》
福也。从示，羊声。

| 甲骨文 | 金文 | 小篆 | 楷书 |

本义是吉祥，引申泛指征兆。甲骨文就是羊的形象，古人以羊为吉祥之意。金文加了表示祭台的"示"字。

| 甲骨文 | 金文 | 小篆 | 楷书 |

《说文解字》
祐也。从示，畐声。

本义是求福。后来做名词，与"祸"相对，引申指护佑。甲骨文右边是祭坛，左边为双手捧着酒坛的形状，会拿酒祭神、祈求幸福的意思。金文祭坛改到了左边，去掉了双手。

给神敬酒祈福

除了牺牲玉帛，酒也是很重要的祭品。《周礼》中规定："凡祭祀，以法共五齐三酒，以实八尊。"祭祀时，按常法要供应五齐、三酒，来盛满八个酒樽。祭祀过程中，还要添酒——

这是大祭，要添加三次；中祭添加两次；小祭加一次就够了。

酒祥福

现在公认的酒的发明者是杜康和仪狄，杜康又被尊为"酒圣"。《世本八种》中说："仪狄始作，酒醪，变五味。少康作秫酒。"仪狄开始做的是醪糟，杜康则是用高粱做出来的酒。

传说中，有一天，杜康把吃剩下的饭放到了桑树洞里。过了好久，竟然弥漫出迷人的芬芳。仔细查看，树洞里流出了清冽的汤水，这就是酒。仪狄造酒的传说更有意思——

把你做的美酒拿来，给大禹首领尝尝。

好，我相信，首领肯定会喜欢。

给神敬酒祈福

昔者,帝女令仪狄作酒而美,进之禹。禹饮而甘之,遂疏仪狄,绝旨酒,曰:"后世必有以酒亡其国者。"——《战国策》

即便如此，爱喝酒的人还是很多，酒文化渐渐形成。《汉书·东方朔传》中说："销忧者莫若酒。"消解忧愁，没有什么比酒更灵验的了。杜甫曾写过一首《饮中八仙歌》，里面写了八位好酒的人，有贺知章、张旭等人，其中最著名的是李白。

宋代的欧阳修也喜欢喝酒。他的名篇《醉翁亭记》记录了他在滁州做官时，到山里去游玩，借酒来抒发自己与民同乐的高尚情怀。

> 醉翁之意不在酒，在乎山水之间也。山水之乐，得之心而寓之酒也。——《醉翁亭记》

在古代，羊是很重要的祭品，也被认为是吉祥的牲畜，于是就用"羊"字来表示吉祥。《尚书》中把"祥"和行善联系起来："作善，降之百祥；作不善，降之百殃。"多做善事，老天就会降下各种吉祥；如果不做善事，就会降下各种灾殃。祥又泛指征兆，既指吉祥，也指不祥。

善祥出，国必兴。恶祥见，朝必亡。——《论衡》

尽天年，则全而寿。必成功，则富与贵。全寿、富贵之谓福。——《韩非子》

不管用什么祭品，目的都是祈福。祭祀后要把祭品（酒、肉）分别送人，叫"致福""归福"。那么，什么是福呢？《礼记》中解释："福者，备也。备者，百顺之名也。"福就是备，就是诸事顺遂的意思。

给神敬酒祈福

祸兮福之所倚，福兮祸之所伏。——《道德经》

酒祥福

福和祸相对，但又是相倚的，可以互相转化。《淮南子》中讲了个塞翁失马的故事：老汉的马丢了后，失而复得，因此引发了一家人的命运转折。

虽说祸福相倚,但生活中人们还是想多一些福气的。《易经》中说"鬼神害盈而福谦",说的是鬼神看到人自满了,就会给点挫折,看到人谦虚则给他点福气。

> 无念尔祖,聿修厥德。永言配命,自求多福。——《诗经》

人生坎坷,所以人们用各种方式表达对幸福的祈盼。因为蝙蝠的"蝠"和"福"同音,所以人们把蝙蝠图案刻在器物或建筑上。比如五只蝙蝠围绕一个寿字,称为"五福捧寿"。清朝时,孝庄皇太后病重。为了给祖母祈福,康熙提前戒斋沐浴三天,写了一个别出心裁的"福"字——

给神敬酒祈福

关联字

酒 → 糟、曲、窖、酿、酉
　　　 醉、醇、酌、酣、醺、酴

祥 → 吉、瑞
　　　 详、样、洋、痒

福 → 副、幅、蝠、辐
　　　 禄、寿、喜

酒祥福

禅宗庙：求祖先护佑自己

《说文解字》
祭天也。从示，单声。

本义是古代帝王祭地礼，引申指帝王让位给他姓，又泛指继承。小篆从示（表示与祭祀有关），单声。

《说文解字》
尊祖庙也。从宀，从示。

本义为祭祀祖先的庙，引申为祖宗。甲骨文外部是房舍，里面有祭台，表示这里就是宗庙。

《说文解字》
尊先祖皃也。从广，朝声。

本义为用来祭祀祖宗的屋舍。金文从广从朝，广表示房屋，朝表示被祭祀者是一些与朝廷君王一样应受到尊重的人。

古代帝王祭祀天地的花样很多，封禅应该是规模比较大的一种。封为祭天，在泰山顶上筑圆坛报天之功；禅为祭地，在泰山脚下筑方坛报地之功。

> 立石，与鲁诸儒生议，刻石颂秦德，议封禅望祭山川之事。——《史记》

禅宗庙

"去泰山举行封禅大典，祭祀天地山川，怎么样？"

"陛下功德无边，封禅是必须的！"

"不知道您能不能爬上泰山？"

司马迁在《史记》中说出了帝王举行封禅大典的条件："每世之隆，则封禅答焉，及衰而息。"创造了太平盛世的帝王，才有资格去封禅。国事衰弱就算了吧。历史上有六位帝王举行过封禅大典。

上古时期，实行禅让制。禅是指在祖宗面前大力推荐，让是让位的意思。尧去世前，把首领的位置让给了舜，舜去世前又让给了禹，这就是禅让。到禹去世后，禹的儿子启继承了帝位，开启了历史上"家天下"的时代。禅也指传承、替代。

> 万物皆种也，以不同形相禅。——《庄子》

求祖先护佑自己

> 曲径通幽处，禅房花木深。——《题破山寺后禅院》

禅读"chán"的时候，是佛教用语，可以指代和佛教有关的一些事物。参禅就是反观内心，参悟本性。

除了祭祀天地,古人还祭祀祖先,祈求祖先的庇护。《孔子家语》中说:"故筑为宫室,设为宗祧。"建筑宫室,作为宗庙来祭祀祖先。

同人于宗,吝道也。——《易经》

朝廷设有掌管皇帝亲族或外戚勋贵等有关事务的官。《汉书》中记载:"宗正,秦官,掌亲属。"明清时期设置的管理皇家宗室事务的机构叫宗人府,由皇族亲王做宗令。所谓"万变不离其宗",宗也指根本、本源。

以天为法,以德为行,以道为宗。——《吕氏春秋》

《诗经》中有句诗:"雍雍在宫,肃肃在庙。"宫指宫室,庙就是宗庙。在家庭中和睦相处,在宗庙恭敬肃穆。最初宗庙都指祭祀祖先的建筑物。庙也代指政权。贾谊在《过秦论》中分析了秦政权被陈涉起义摧毁的原因是没有实行仁政。

一夫作难而七庙隳,身死人手,为天下笑者,何也?——《过秦论》

这是为什么?

宗庙被毁,大秦完了!

求祖先护佑自己

古代一些皇帝去世后,葬入太庙立牌坊时要起个名号,叫作"庙号"。开国皇帝一般称"祖",如唐高祖李渊等;接下来的皇帝一般称"宗",如唐太宗李世民等。《魏书》中记载北魏的皇帝去世后也有庙号。

上谥曰明元皇帝,葬于云中金陵,庙称太宗。
——《魏书·太宗纪》

北魏的宗庙,供奉的自然是北魏的皇帝喽!

北魏也有谥号和庙号,也有太宗皇帝。

《六书故》中记载："宫前曰庙，后曰寝。"古代宫室的前面叫庙，后面叫寝。"庙堂"常用来指代朝堂。

居庙堂之高则忧其民，处江湖之远则忧其君。——《岳阳楼记》

在朝堂做官会心系百姓，回到乡野又会忧虑国家安危，我范仲淹愁呀！

禅宗庙

后世常常寺和庙连在一起称呼，其实它俩不是一回事儿。寺是僧人修行的佛教场所；而庙则是供奉神仙或者历史上有名人物的场所，比如供奉女娲的女娲庙，供奉孔子的孔庙，等等。司马迁曾经去曲阜拜祭过孔庙，流连忘返——

观仲尼庙堂车服礼器，诸生以时习礼其家。——《史记》

这里都是孔夫子用过的车马、服装和礼器……

今天我们会在这里演习礼仪，欢迎您参加！

关联字

禅 → 郸、箪、弹、掸、惮

宗 → 族、派
宗 → 宵、客、宪、宙、宠

庙 → 寺、观
庙 → 席、座、应、底、度

求祖先护佑自己

05 丧殉葬俑：人死后怎么办

甲骨文	金文	小篆	楷书
			丧

《说文解字》
亡也。从哭，从亡。会意，亡亦声。

本义为丧失、丧亡。由丧失，引申指死亡。甲骨文从三"口"，会哭丧的意思。金文从噩，从亡。

《说文解字》
无

小篆	楷书
	殉

本义是根据死者寿命（旬数）决定陪葬人数的陪葬制度，也指为死者陪葬。从歹（本作"歺"），从旬，旬也表示读音。歺，是剔过肉剩下的骨头，与"死亡"有关。"旬"意为"十年"。"歹"与"旬"联合起来表示"死者寿数"。

甲骨文	小篆	楷书
昍	薾	葬

《说文解字》
藏也。从死在茻中；一其中，所以荐之。

本义为掩藏人的尸体。甲骨文像人在棺内以草掩埋之状，会埋葬之意。小篆复杂化，像尸体横陈在"一"（垫子）上，四周被草覆盖的样子。

《说文解字》
痛也。从人，甬声。

小篆	楷书
	俑

本义是古代用来殉葬的木俑或陶俑。小篆从人从甬，表示殉葬的人俑多放在坟墓中的甬道里。

再伟大的人也是会死的。《尚书》中记载:"武王既丧,管叔及其群弟乃流言于国,曰:'公将不利于孺子。'"周武王去世后,管叔和几个弟弟就在国内散布流言说:"周公将要对成王不利。"丧由死亡之意引申指丧仪、丧事。

秦不哀吾丧而伐吾同姓,秦则无礼。——《左传》

丧的本义是丧失。《孟子》中记载梁惠王对孟子诉说自己的耻辱,东边败给了齐国,"西丧地于秦七百里",南边又受到楚国的羞辱,太倒霉了!丧也指忘记、忘掉。

今者吾丧我,汝知之乎?——《庄子》

人死后怎么办

> 死者而用生者之器也，不殆于用殉乎哉。——《礼记》

商朝那会儿比较盛行残忍的殉葬制度，会逼迫活着的奴隶等陪同死人埋葬。秦汉后逐渐用木俑、陶俑代替了活人。《墨子》中记载："天子杀殉，众者数百，寡者数十。"多的要杀几百人，少的也要几十人，太残酷了！

丧殉葬俑

殉也指为了某种目的或理想而牺牲生命。庄子总结了人世间四类人的追求和牺牲。

> 小人则以身殉利，士则以身殉名，大夫则以身殉家，圣人则以身殉天下。——《庄子》

其实，在上古时期，葬礼很简单。《易经》中记载："古之葬者，厚衣之以薪，葬之中野。"只用厚厚的柴草覆盖，埋在荒野中。后来才把死者装进内外双重棺椁（guǒ）里，再埋入坟墓。

不封不树，丧期无数。——《易经》

后世葬礼越来越复杂，有了很多烦琐的礼仪、流程，也有了很多种丧葬形式。除了土葬、火葬等，南方少数民族还有一种悬棺葬——棺材高高地挂在悬崖上。文人去世后，还会有墓志铭，记述一生的经历或功德。

公始病，以书属辙曰："即死，葬我嵩山下，子为我铭。"——《东坡先生墓志铭》

成语"始作俑者"也出自孔子之口。他对人俑陪葬制度的憎恨，浓缩在这个成语中。后世用它来比喻第一个做某项坏事的人或恶劣风气的创始人。

（孔子）谓为俑者不仁。——《礼记》

始作俑者，其无后乎！——《孟子·梁惠王上》

古代人认为人死了是进入了另外一个空间。他们主张事死如事生，所以才有了陪葬。最有名的陪葬人俑是秦始皇陵的兵马俑，规模宏大，千人千面，栩栩如生。但是，孔子是不赞成人俑陪葬的。

丧殉葬俑

关联字

- 丧 → 死、逝、失、亡、沦
- 殉 → 询、荀、洵
       殆、残、歼、殃、殂
- 葬 → 殡、掩、埋、殊、殁
- 俑 → 偶、涌、拥、佣、踊

人死后怎么办

06 殡坟墓忧：父母去世要丁忧

小篆	楷书
	殡

《说文解字》
死在棺，将迁葬柩，宾遇之。

本义为停柩待葬，泛指殡葬，把死人送去埋葬。小篆从歹从宾，宾亦声。

《说文解字》
墓也。从土，贲声。

小篆	楷书
	坟

本义是土堆，特指埋葬死人而筑起的土堆，也就是在坟墓上封土成丘。

小篆	楷书
	墓

《说文解字》
丘也。从土，莫声。

本义是上古时期凡掘塘穴葬棺木，盖土与堆平，不植树者称墓。后泛指坟墓。

《说文解字》
心动也。从心，尤声。

金文	小篆	楷书
		忧

本义是忧愁。金文独体，为人以手掩面之形。小篆改为上下结构，楷书简化字为左右结构。

葬礼中比较重要的一个环节就是出殡，古代殡指停柩待葬。《礼记》中记载：孔子很小的时候，父亲就去世了，他不知道墓地在哪儿。后来母亲死了，只好先把灵柩放在曲阜的五父衢。人们都以为孔子已经把母亲埋葬了，其实只是暂时停柩——

《礼记》中记载孔子对弟子们说："夏后氏停柩在东阶，仍然把死人当作主人看待；殷人停柩在两楹之间，是介于宾主之间；而周人则停柩在西阶上，已经把死者当作宾客了。我是殷人，梦见自己站在两楹之间……"七天之后，孔子去世了。

父母去世要丁忧

人去世后是要入土为安的。埋入坟墓,给一生画上句号,坟和墓还是有区别的。扬雄《方言》:"凡葬,无坟谓之墓,有坟谓之茔(yíng)。"不堆起土堆的叫作墓,堆起土堆的叫作茔。孔子埋葬亲人的时候,堆起了四尺高的坟堆。

古者墓而不坟。丘东西南北之人也,不可以弗识也。于是封之崇四尺。——《礼记》

坟也指古代典籍。《尚书序》中说:"伏牺(羲)、神农、黄帝之书,谓之三坟,言大道也。"

古代有专门掌管丧葬的官员。《周礼》中记载:"冢人掌公墓之地,辨其兆域而为之图。先王之葬居中……"冢人掌管王的墓地,辨别墓地的范围,绘制地图。先王的墓葬在中间……还有一位墓大夫,也是掌管墓地的。

古代达官贵人的墓有通向墓室的墓道,有的墓门口还会有石碑。《五人墓碑记》中说:"且立石于墓之门,以旌其所为。"在墓门口立一石碑,来表彰他们的所作所为。从古墓中出土的陪葬品,对研究古人的生活、生产很有帮助。

父母或长辈去世，子孙万分忧伤，所以，忧也特指父母的丧事。古代崇尚孝道。官员父母去世后，要辞官回家，为父母守丧，叫作"丁忧"。如果有特殊原因，朝廷可以强召丁忧官员回来做官，叫作"夺情"。

忧本义为忧愁。陶渊明在《归去来兮辞》中说："悦亲戚之情话，乐琴书以消忧。"和亲戚朋友们谈心使我愉悦，弹琴读书让我忘记忧愁。

迁时居忧，力辞，服除始拜命。——《明史》

殡 → 缤、傧、宾、滨、鬓、膑

坟 → 纹、蚊、汶、玟

墓 → 暮、幕、慕、募

忧 → 愣、惶、悼、愧、恬、恼
忧 → 优、犹、鱿、扰

父母去世要丁忧

第三章 国家诞生

　　随着人类的发展，形成了氏族部落。最初的部落首领实行禅让制，到大禹的首领之位由儿子启继承，世袭制代替了禅让制。后来夏朝被商推翻，商又被周朝灭掉，中国出现了。秦始皇灭六国，建立了秦朝，实行郡县制，中央集权制的国家出现了。后来一直到清朝，基本上延续了这样的模式。

01 尧舜禹：三位响当当的首领

甲骨文　小篆　楷书

《说文解字》
高也。从垚在兀上，高远也。

本义为高。尧是传说中父系氏族社会后期部落联盟的领袖，史称"唐尧"。甲骨文的上部是两堆土，下部是面朝左的一个人，表示高丘之人。小篆字体演变成了人的头上有三个"土"字。

《说文解字》
草也。楚谓之葍（fú），秦谓之藑，蔓地连华，象形。从舛，舛亦声。

小篆　楷书

本义是一种蔓生的草，后专指上古帝王"舜"。

金文　小篆　楷书

《说文解字》
虫也。从厹，象形。

本义为虫。古代的夏部落以虫为族徽，故借之指传说中夏朝的开国之君、鲧的儿子禹。金文像叉子叉住一条头、身、尾俱全的长虫形状，突出了头部。

人类形成部落后，就有了部落首领，上古时期有三个最著名的部落首领是尧舜禹。《尚书》中记载："曰若稽古，帝尧曰放勋。"查访古代的事，帝尧叫作放勋。尧是帝喾的儿子，十三岁封在陶，后来又改封唐，所以也叫陶唐氏。

《淮南子》中记载，尧生活的时代，天空出现了十个太阳，晒焦了庄稼，晒干了草木，地上还有怪兽肆虐，老百姓们都快饿死了，尧万分着急。

> 大哉！尧之为君也，巍巍乎唯天为大，唯尧则之。——《论语》

尧做了部落首领之后，征讨四夷，统一了华夏各族。他派羲和推算制定历法，指导百姓耕种，还按照不同的政务任命官员，开始初步制定国家政治制度，为奴隶制国家的产生奠定了基础。儒家对尧推崇备至。

三位响当当的首领

尧年老后，知道自己的儿子不成材，所以选定了舜作为继承人。他考察了几年之后，就把首领之位让给了舜。让位二十八年后，尧去世了。

尧传位给了舜，那么舜是个什么人呢？《孟子》中记载："舜生于诸冯，迁于负夏，卒于鸣条，东夷之人也。"舜生于诸冯，迁居到负夏，最后在鸣条去世，是东夷人。

舜孝顺友爱，是天下人的典范。舜的亲生母亲很早就去世了，他的继母又生了一个弟弟象。他的家人都不喜欢舜，总想害死他。

尧认为舜品德高尚，于是就让他来管理百官，推行教化。舜因材施用，任命了二十二个人管理天下事务，比如皋陶主管司法，伯夷掌管礼仪，契管理农耕……他们都政绩斐然。

《史记》中记载："四海之内咸戴帝舜之功……天下明德皆自虞帝始。"四海之内都爱戴帝舜的功德……天下的圣明之德都是从帝舜时代开始的。后世儒家对舜的评价也很高。

舜的儿子也不成材，他仿效尧帝，召集大家推举合格的继承人，大家一致推举了禹。《史记》记载："夏禹，名曰文命。禹之父曰鲧。"

帝尧时代，大水泛滥，鲧被派去治理水患，九年的时间也没治好。舜即位后，派禹继续治水，禹用了十三年疏浚河道，终于治好了水患。后来，舜把首领的位置传给了他。

> 禹穴之时，以铜为兵，以凿伊阙，通龙门。——《越绝书》

尧舜禹

伊阙凿开了，龙门通啦，通啦！

我宣布，从今天起，禹即天子位，以后大家都要听他的！

> 禹于是遂即天子位，南面朝天下，国号曰夏后。——《史记》

遵命！

> 禹会诸侯于涂山，执玉帛者万国。——《左传》

禹即位后，要加强自己的统治，就出兵讨伐三苗。灭掉三苗后，为了巩固王权，他召集很多部落首领在涂山召开大会，称作"涂山之会"。这次大会，是夏王朝建立的重要标志。

在治水的过程中，禹走遍山山水水，对各地的地形、习俗、物产等了如指掌。于是，他重新把天下规划为九个州。涂山大会后，他又命人铸了九个鼎，和九州对应。司马迁和孔子都高度赞扬了他的功绩。

> 维禹之功，九州攸同，光唐虞际，德流苗裔。——《史记·太史公自序》

三位响当当的首领

尧 → 绕、饶、娆、桡

舜 → 舛、舞、桀、瞬

禹 → 属、踽、齲、偶

尧舜禹

02 世袭嫡继：继承父亲的一切

金文　小篆　楷书

《说文解字》
三十年为一世。从卅而曳长之。亦取其声也。

本义为三十年，引申指一辈一辈相承。金文的形体是三个带圆点的竖，就是古代的三十。在小篆中，三个小圆点变成了一小横。

《说文解字》
左衽袍。从衣，龙省声。

金文　小篆　楷书

本义表示死者穿的衣襟在左边的内衣。

小篆　楷书

《说文解字》
孎也。从女，啻声。

本义为奴隶社会、封建社会中的正妻。引申指家庭中血缘近的、亲的，或奴隶社会、封建社会中的正支。

《说文解字》
续也。

金文　小篆　楷书

本义为连续、接续。引申为继承。金文会把断了的丝线接续上之意。小篆在左边又增加"糸"。

有蒋氏者，专其利三世矣。——柳宗元《捕蛇者说》

好羡慕你，我们的赋税太重了！

这里面有毒蛇！捕蛇是我们蒋家的专利，已经三代人了。

禹年老后，他的儿子启继承了天子之位，从此，世袭制开始了。《谷梁传》记载："何重焉？天子世子，世天下也。"为什么看重世子？因为天子的世子是要继承天下的，天子第一，世子就是老二呀。在民间，用世来指父子相承。

世袭嫡继

皇权在父子间传递，就是世袭；如果被外姓夺走，那就是改朝换代了。世也指朝代。《桃花源记》中渔人进入桃源后，那里的人"问今是何世，乃不知有汉，无论魏晋"。桃源中的人问现在是什么朝代，他们不知道有汉朝，更不用说魏、晋了。世也指世代、累世。

汝家书生门户，世无富贵，自今仕宦不可过二千石，婚姻勿贪势家。——《颜氏家训》

嗯嗯，婚姻也不可攀附权势人家。

权贵

咱家是书香门第，世代没有过大富大贵，今后做官不能做超过拥有两千石俸禄的官。

世的本义为三十年。《论语》中孔子认为:"如有王者,必世而后仁。"如果有贤明的王者兴起,一定要经过三十年,才可以把仁政推行开来,见到成效。世也指天下、人间。

世有伯乐,然后有千里马。——韩愈《杂说》

汉兴,仍袭秦制,置中常侍官。——《后汉书》

继承父亲的一切

袭也有继承的意思。《明史》中记录:"世官九等,皆有袭职,有替职。"由此引申为因袭,照旧搬用。

> 乃命留五时衣各一袭。——《后汉书》

袭的本义是死者穿的衣服，引申为穿衣。《释名》中记载："衣尸曰袭。袭，匝也。以衣周匝，覆之也。"给死者穿衣服叫作袭。袭就是满、遍，用衣服把尸体覆盖得严严实实的。后来把一套衣服叫作"一袭"。

把太后的五时衣服各留下一套，做个念想！

是。春青、夏朱、季夏黄、秋白、冬黑，都给陛下收好了。

世袭嫡继

袭也指抄袭、剽窃。韩愈在《南阳樊绍述墓志铭》中批判抄袭行为："惟古于词必己出，降而不能乃剽贼，后皆指前公相袭。"只有古人的文章是自己创作出来的，后人做不到就剽窃，公然抄袭前人作品。袭还有偷袭、袭击的意思。

> 掩人不备，行不假途，人衔枚，马勒缰，昼伏夜行，为袭也。——《白虎通》

走小道，不出声，白天藏，晚上走，这叫偷袭，能做到吗？

古代实行一夫一妻多妾制,只有一位正妻可以称为嫡,其他的都是妾。嫡妻生的孩子为嫡子,妾生的孩子叫庶子。嫡庶差别很大,在一般情况下,只有嫡子才可以继承父亲的地位。

宗正……本注曰:掌序录王国嫡庶之次,及诸宗室亲属远近。——《后汉书·百官志三》

对于皇室和诸侯来说,承袭的是尊崇的地位以及由地位带来的一切。而普通百姓之家,可继承的或许就只是父辈创造的一些财富了。后来,继承的对象扩展为上代留下来的东西、道理、制度或精神。

继承父亲的一切

工匠之子,莫不继事。——《荀子·儒效》

"继"也指子孙后代。《战国策》中记载齐国要赵国的长安君做人质，长安君是赵太后最爱的小儿子，她当然不肯了。触龙劝说她要为儿子着想，让他为国立功，这样，即使太后不在了，也没人能够动摇长安君的地位。

赵王之子孙侯者，其继有在者乎？
——《战国策·触龙说赵太后》

继的本义是把断掉的丝再接续上，泛指承接、连续、不间断。苏洵在《六国论》中写道："齐人未尝赂秦，终继五国迁灭。"齐国没有割地贿赂秦国，最终也随着其他五国灭亡了。继也指后援。

攻之不克，围之不继，吾其还也。
——《左传·殽之战》

世 → 泄、屉、绁、俗、盛

袭 → 剽、窃、抄、龚、垄

嫡 → 正、庶、滴、嘀、镝

继 → 承、位、续、绝、断

继承父亲的一切

03 周中国：中国出现了

| 甲骨文 | 金文 | 小篆 | 楷书 |

《说文解字》
密也。从用口。

本义为周密、周到，没有疏漏。引申为周遍、遍及。甲骨文像在一块田地里密植上庄稼的样子。金文在下面增加了一个"口"。

《说文解字》
内也。从口，丨，上下通。

| 甲骨文 | 金文 | 小篆 | 楷书 |

本义为内、里，由内、里引申为中间，一定范围内部适中的位置。甲骨文像一面直立的旗帜，居中的"口"表示"中间"的意思。金文风吹旗帜的方向变了。

| 甲骨文 | 金文 | 小篆 | 楷书 |

《说文解字》
邦也。从口，从或。

本义指诸侯的领地，后泛指国家。甲骨文就是"或"字，左边口，右边像是一支戈。金文左边的口字变成了有疆域界限的国土形状，会以戈保卫国家的意思。小篆"或"字外面添加了国字框。

> 昔天子班贡，轻重以列，列尊贡重，周之制也。——《左传》

夏朝之后是商朝，商的最后一个君主纣王暴虐无道，被姬发灭掉了，有了周朝。周天子是天下的共主，有很大的权力，诸侯们都要向他纳贡，按照地位高低确定进贡物品的轻重多寡。

周朝实行分封制，周武王把姬姓宗室子弟和功臣封为列国诸侯，各自去管理属于自己的一块封地。但是到了东周时期，强大的诸侯国纷纷崛起，周天子的权力越来越小，直到周朝灭亡。

> 周公……立七十一国，姬姓独居五十三人。——《荀子》

周的本义是周密、周到。《汉书》中称赞汉宣帝时的重臣张安世，"职典枢机，以谨慎周密自著，外内无间。"他掌管核心部门，以谨慎周密著称，里里外外一点漏洞都没有。周密又引申为完备充足。

> 周于利者，凶年不能杀；周于德者，邪世不能乱。——《孟子》

周也指周围，引申为周遍、遍及。《淮南子》中写道："今使乌获、藉蕃从后而牵牛尾，尾绝而不从者，逆也。"让大力士牵着牛尾使劲拽，牛尾拽折了牛也不会听话，因为这是逆着牛的本性。如果顺着牛的本性呢？

> 若指之桑条以贯其鼻，则五尺童子牵而周四海者，顺也。——《淮南子》

周武王去世后，周成王即位，修建了都城洛邑。这件事以铭文的形式刻在青铜器何尊上，向几千年后的中国人昭示了"中国"一词的出现。"中国"当时指洛阳一带，后来拓展到黄河中下游的中原地区。

余其宅兹中国，自之乂民。——何尊铭文

对着苍天宣告，我大周以此地为天下的中心，统治民众！

中国出现了

中的本义是中心、当中。《贾谊新书》中说古代天子统治方圆千里的地方，"中之而为都，输将繇使，其远者不出五百里而至"。一般都会在国土中心建造都城，运送各种物品最远也超不过五百里。中也指半、中途。

半夜里天上下起了流星雨。快，记下来！

这是世界上最早的彗星记录。

鲁庄公七年，夏……夜中星陨如雨。——《左传》

中也指内心。《道德经》中说："多言数穷，不如守中。"一个人话说得太多，往往会陷入困境，还不如留在心里，保持沉默。

《中庸》是儒家经典之一，"中庸"一词出自《论语·雍也》："中庸之为德也，其至矣乎。"中庸就是待人接物保持中正平和，这种道德达到了最高境界。

喜怒哀乐之未发，谓之中……中也者，天下之大本也。——《中庸》

发而皆中节，谓之和……和也者，天下之达道也。
——《中庸》

国最早不是指国家,而是诸侯的领地、邦国。《孟子》中记载:"大国地方百里,次国地方七十里,小国地方五十里。"看来,那时候的邦国都不大,大国也不过方圆一百里,最小的国才方圆五十里。

国有时候也指国都。《左传》中记载:"大都不过三国之一,中五之一,小九之一。"大的城邑不能超过国都的三分之一,中等的不能超过五分之一,小的不能超过九分之一。国后来也指国家或家乡。

关联字

周 → 姬、全、密、旋、边

中 → 间、央、适、上、下
　　 种、钟、肿、仲、忠

国 → 籍、徽、防、富
　　 围、团、园、圃

周中国

君臣尊卑：地位有尊卑

甲骨文　金文　小篆　楷书　君

《说文解字》尊也。从尹，发号，故从口。

本义是掌握权势、发号施令的人。又为君主、统治者。甲骨文从尹（表治理），从口（表发布命令）。

《说文解字》牵也。事君也。象屈服之形。

甲骨文　金文　小篆　楷书

   臣

本义就是奴隶（男奴）。由奴隶又可以引申为俘虏。甲骨文就像竖起来的一只眼睛。当人低头向上斜视时，眼睛便会竖起来。

甲骨文　金文　小篆　楷书　尊

《说文解字》酒器也。从酋，廾以奉之。

本义为一种用以盛酒的礼器。甲骨文上面是一个尖底的酒坛子，下边是双手，表示双手向人敬酒的意思。楷书下边变成了"寸"字。

《说文解字》贱也。执事也。从甲。

甲骨文　金文　小篆　楷书

本义是手执酒器。因为执酒器为尊者酌酒的人是低下之人，故引申为地位低微。甲骨文像左手持粗糙的酒器的形状，会执事供人役使的意思。

地位有尊卑

皇天眷命，奄有四海，为天下君。——《尚书》

国家政治制度越来越完善，人与人之间的等级也鲜明起来。战国时期中山国的方壶铭文中有这样的句子："遂定君臣之位，上下之体，休有成工。"这是最早出现的"君臣"对称。在这里，君指的是诸侯国国君，后来逐渐演变为主宰天下的天子、皇帝。

君臣尊卑

国君是天下的主人，主宰土地和人民。后来，君也泛指主人，比如旅馆的主人也可以称作"君"，这里的"君"就不再是神圣不可侵犯的了。

田成子因负传而随之，至逆旅，逆旅之君，待之甚敬。——《韩非子·说林上》

春秋战国时期，君也是一种尊号，一般指君主给有功之臣的封号，比如大名鼎鼎的战国四公子：赵国的平原君、魏国的信陵君、齐国的孟尝君、楚国的春申君。《史记》中记载："秦封之于商十五邑，号为商君。"秦王把商鞅封为"商君"，还给他十五座城邑。

君也引申为各种尊称。妻子尊称丈夫为"夫君"，称呼官员的母亲为"太君"，儿子尊称父母为"严君"，儿孙们称呼去世的先祖为"先君"。

地位有尊卑

先君孔子与君先人李老君同德比义，而相师友。——《后汉书·孔融传》

牛则执纼，马则执靮，皆右之；臣则左之。——《礼记》

有君就有臣，但是最早的臣指的却是奴隶。那时候，部落间会有争斗，那些俘虏来的劳动力就叫作"臣"。夏朝，臣还指管理王的家事的内臣。到了商朝，臣既指奴隶，也指官吏。

君臣尊卑

后来，臣也作为官吏对皇帝上书或说话时的自称。诸葛亮在《出师表》中就说："臣本布衣，躬耕于南阳。"我本来是一个平民，在南阳亲自下地干活的。臣也有臣服的意思。

由于"臣"作为奴隶、战俘是受管制的对象，要服务于主人，因此又把国君所统治的民众百姓都称为臣。

有了君臣，就有了等级，也就有了尊卑。《荀子》中说："天子者，执位至尊，无敌于天下。"天子，是天底下地位至高无上的那个人，天下无敌。尊引申为辈分、地位高或年龄大的人。

由地位高又引申为尊重。《中庸》中主张："故君子尊德性而道问学。"所以君子要尊重高尚的德行，再经由勤学好问修养性情。

尊本义是一种盛酒的礼器，盛行于商代到西周时期。中国现存商代青铜方尊中最大的一件是四羊方尊。

和尊相对的就是卑。古人把尊卑看作一种秩序。《易经》中说:"天尊地卑,乾坤定矣。"天高高在上,是尊贵的;地在下,是卑贱的。乾为天,坤为地,乾坤就确定下来了。后来,卑又引申为素质低下。

卑也指态度谦卑、谦恭。《史记》中记载:"惠王数败于军旅,卑礼厚币以招贤。"魏惠王总是打败仗,实在没办法了,就用谦卑的礼数、丰厚的钱币来招纳贤才。换个角度,卑也可以表示轻视。

地位有尊卑

关联字

君 → 王、主、权、残、暴
群、裙、峮

臣 → 钦、差、奸、佞

尊 → 重、敬、崇、贵
遵、樽、鳟

卑 → 微、鄙、谦、劣、贱、猥、琐

公侯伯卿：都是大官儿

 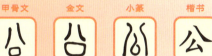

《说文解字》平分也。从八，从厶。八犹背也。韩非曰：背厶为公。

本义为无私。引申为公正。也是古代的爵位名。甲骨文会平分器皿中的东西的意思。小篆会与私相背的意思。

《说文解字》春飨所射侯也。从人；从厂，象张布；矢在其下。

本义是射礼。古代有"射侯"之礼，凡是能射中"侯"的就是有本事的男子，可做官长。后来又变成了官职的等级，也就是古代五等爵位的第二等。

《说文解字》长也。从人，白声。

本义为兄弟中的年长者，也是古代爵位的名称之一。小篆从人，白声。

《说文解字》章也。六卿：天官冢宰、地官司徒、春官宗伯、夏官司马、秋官司寇、冬官司空。

本义为用酒食招待别人，后来指高级官员。甲骨文像两个相对席地而坐的人，面对一个装满食物的瓦罐之类的食器就餐。

在封建社会里,君主会给宗族封爵。周朝的爵位分五等。《礼记·王制》中记载:"王者之制禄爵,公、侯、伯、子、男凡五等。"公、侯、伯、子、男五等中,公是第一等。

公侯伯卿

周朝和两汉都有三公,是朝廷中最高的三个官职的统称。周朝和两汉的三公设置不同。周朝设太师、太傅、太保为三公。西汉设大司马、大司徒、大司空为三公。东汉设太尉、司徒、司空为三公。公后来泛指朝臣中最高掌权者。

光凡为御史大夫、丞相各再历三世,居公辅位。——《汉书》

公的本义是公平、正义。《盐铁论》中评价秦二世的时候，说："邪臣擅断，公道不行，诸侯叛弛，宗庙隳亡。"奸臣独断专行，公平道义得不到施行，各地诸侯纷纷反叛，导致国家败亡。公也引申为公共的，公众的。

大道之行也，天下为公。——《礼记》

五等爵位制中的第二等是侯爵。《史记》中记载刘邦攻入咸阳后，项羽怕他跟自己争夺天下，想要除掉他。刘邦手下的樊哙斥责项羽——

劳苦而功高如此，未有封侯之赏，而听细说，欲诛有功之人。——《史记·项羽本纪》

侯也指诸侯。《礼记》中记载:"天子之县内诸侯,禄也;外诸侯,嗣也。"天子所治理的都城周围的诸侯,只给俸禄不允许世袭;在王畿之外的诸侯,就允许世袭。侯也引申指达官贵人。

> 王侯将相宁有种乎? ——《史记》

侯的本义是箭靶。《仪礼》中记载:"天子熊侯,白质;诸侯麋侯,赤质;大夫布侯,画以虎豹;士布侯,画以鹿豕。"天子用白色的熊皮做的箭靶;诸侯用红色麋鹿皮做的箭靶;大夫则用布做的箭靶,上面画着虎、豹;士也用布侯,不过上面画的是鹿和猪。

> 终日射侯,不出正兮。
> ——《诗经》

五等爵位制的第三等是伯，引申指诸侯的霸主。《左传》中说："五伯之霸也，勤而抚之，以役王命。"五伯称霸的时候，勤劳王事，安抚诸侯，奉行天子的命令。伯也可以指称霸、统领。

伯的本义是兄弟中的年长者。《白虎通·姓名》："以时长幼，号曰伯仲叔季也。伯者，子最长，迫近父也。仲者，中也。叔者，少也。季者，幼也。"古代弟兄的排行次序为伯、仲、叔、季，"伯"是老大。伯也用作妻子对丈夫的称呼。

都是大官儿

公卿常常连用。"公"就是五等爵位的第一位,"卿"是古时高级长官或爵位的称谓。卿,分为上、中、下三级。

卿也指君对臣、长辈对晚辈的称呼。《三国志》中赤壁之战前,鲁肃为孙权分析形势后,孙权很高兴:"今卿廓开大计,正与孤同,此天以卿赐我也。"鲁肃分析天下大事,正对孙权的心思。

关联字

公 → 婆、母、私、共
     翁、瓮、松、讼

侯 → 候、等、伺、侍、猴、喉

伯 → 仲、叔、婶、怕、泊

卿 → 既、即、唧、鲫

都是大官儿

06 秦皇帝：第一位皇帝

甲骨文	金文	小篆	楷书

《说文解字》 伯益之后所封国。地宜禾。从禾，舂省。一曰秦，禾名。

本义为周代的秦国（古秦地宜禾，此字以地名为本义）。甲骨文像双手持杵舂禾谷的样子。

《说文解字》 大也。从自。自，始也。始皇者，三皇，大君也。自，读若鼻，今俗以始生子为鼻子。

金文	小篆	楷书

本义就是光亮。泛指辉煌。特指远古的帝王，也泛指君主。金文就像一盏灯。小篆是秦始皇改的："'自''王'为'皇'。"

甲骨文	金文	小篆	楷书

《说文解字》 谛也。王天下之号也。从上，朿声。

本义是天帝、上帝，亦可指先王。秦以后成为"皇帝"的简称。甲骨文像花蒂的样子，表示对生命诞生的一种信仰。

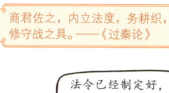

周朝分为西周和东周。东周诸侯割据，就是历史上的春秋战国时期。这时候，西部的秦国逐渐崛起，秦穆公任用贤才，吞并了一些国家，成为"春秋五霸"之一。接下来即位的是秦孝公——

第一位皇帝

秦孝公去世后，惠文王、武王、昭襄王相继即位，继续强大国力，扩充军队。其他几国害怕了，集合了百万大军要攻打秦国。"秦人开关延敌，九国之师，逡巡而不敢进。"秦军迎敌，九国大军犹犹豫豫地不敢进军——

秦皇帝

> 称皇者，以皇是美大之名。——《尚书·序疏》

后来，等到秦始皇上场。他出场的时候还只是秦王嬴政，统一天下后才称为始皇帝。"及至始皇，奋六世之余烈……吞二周而亡诸侯。"到始皇的时候，发展六世遗留下来的功业，将各诸侯国统统消灭。

> 王初并天下，自以为德兼三皇，功过五帝，乃更号曰"皇帝"。——《资治通鉴》

其实，嬴政改号"皇帝"还有别的原因：他统一天下后，以为自己德行超过了三皇，功业盖过了五帝，所以把"皇帝"两个字合在一起，自己占用了。

夫大汉之开元也，奋布衣以登皇位。——《东都赋》

《尚书大传》中说："燧人为燧皇，伏羲为羲皇，神农为农皇。"这就是"三皇"，他们都是推动人类发展的大神级人物。秦始皇想要和他们并列，甚至超过他们。后世，皇权、皇位都代表了至高无上的权力。

秦始皇是中国历史上第一个皇帝，建立起了中国历史上第一个封建集权制国家。他焚书坑儒，为人残暴，同时他也统一了文字和度量衡，取消分封制，建立郡县制，在中央设置三公九卿。

二十六年，法度衡石丈尺。——《史记》

第一位皇帝

> 始皇之心，自以为关中之固，金城千里，子孙帝王万世之业也。——《过秦论》

《史记》中记载秦始皇即位后说："朕为始皇帝，后世以计数，二世、三世至于万世，传之无穷。"他想得很美，以为大秦朝可传千秋万代。谁知道，只传到儿子秦二世，秦朝就灭亡了。

秦皇帝

帝最早是指天帝——宇宙的主宰，后来，又把黄帝、颛顼、帝喾、尧、舜称为"五帝"。《管子》中说："察道者帝，通德者王。"明察治世之道的可以成就帝业，懂得施行仁政的人可以为王。从始皇帝之后，帝成为天下最高的统治者。

> 陛下承大乱之极，受命而帝，兴明祖宗。——《后汉书》

关联字

秦 → 陕、岭、腔、奏、泰

皇 → 煌 惶 蝗 隍 篁 凰
    → 君 后 上 储 太 极

帝 → 皇、廷、联、统
    → 蹄、啼、谛

第一位皇帝

07 汉唐宋：中华盛世

金文　小篆　楷书

《说文解字》 漾也。东为沧浪水。从水，难省声。

本义为水名，即汉水，又叫汉江，是长江的最大支流，也用作朝代名。

《说文解字》 大言也。从口，庚声。

甲骨文　金文　小篆　楷书

本义为说话虚夸、不着边际，即大话。引申指行事比较离谱，不正常，不符合一般规则，也用作朝代名。甲骨文上面像是一个铜铃，下边一张大口，表示说话像钟铃一样响，会说大话的意思。小篆中上部出现了两只手。

甲骨文　金文　小篆　楷书

《说文解字》 居也。从宀从木。读若送。

甲骨文上部为"宀"，表示房子；下部是"木"，为一根顶梁的柱子，表示房檐中间由一根木柱撑起。本义为定居，后世常用作朝代名或姓氏。

秦朝末年，陈胜起义后，刘邦和项羽也加入了反秦的队伍。当时，楚怀王和众将约定："先入定关中者王之。"刘邦先攻进了关中，但是项羽势力大，不遵守约定——

> 项羽自立为西楚霸王……负约，更立沛公为汉王。——《史记》

刘邦不甘心，最终打败项羽，夺得了天下，在氾水北面登上帝位，建立了强盛的大汉王朝。

> 汉王三让，不得已，曰："诸君必以为便，便国家。"——《史记》

嵩字泰基，宽弘爱士，尤善《史》《汉》，博观坟典。——《晋书》

汉唐宋

西汉国力强盛，后期外戚专权，导致王莽篡汉，西汉灭亡。东汉史学家班固写了《汉书》，记录西汉历史。

公元25年，刘秀重建汉朝，史称"东汉"。西晋史学家范晔写了《后汉书》，记录了这段历史。

间者匈奴尝有善意，所得汉民辄奉归之，未有犯于边境。——《汉书》

汉朝兴起，国力强盛，四方少数民族都来归附，他们称呼中原的汉朝人为汉人。汉族是因汉朝而得名，在秦汉时形成了统一的稳定的民族。从此，文化渐渐发展起来。

汉灭亡以后，经历了三国魏晋南北朝的分裂时期，最后由隋统一了全国。可是隋朝很快便被李渊、李世民父子灭掉。李渊即位后，建立了中国历史上又一个强盛的国家。

唐太宗开创了"贞观之治"，后来的唐玄宗缔造了"开元盛世"。唐朝国力强盛，文化、科技等也达到了很高的水平。当时，雕版印刷已经盛行。1907年，英国探险家斯坦因从敦煌骗走的《金刚经》，是现存最早的标有年代的雕版印刷品。

中华盛世

唐朝是诗歌发展的一个巅峰时代，最有代表性的当然是唐诗了。李白、杜甫是唐诗中的两座高峰。其他的，如白居易、李商隐、杜牧等，也都留下了许多脍炙人口的诗篇。

乃重修岳阳楼，增其旧制，刻唐贤今人诗赋于其上。——《岳阳楼记》

刻上唐朝诗人以及现在诗人的诗赋。

其实，唐的本义是说大话、虚夸。《庄子》中总结庄周说话的特征："谬悠之说，荒唐之言，无端崖之辞，时恣纵而不傥。"话语悠远荒谬，言论虚空不实，辞说没有边际，谈论起来放纵随意。唐也可以解释为虚、空。

彼已尽矣，而女求之以为有，是求马于唐肆也。——《庄子》

我要买马，马呢？

马都走了，你还来找什么？

唐朝灭亡后，又开始了一段混乱时代，称为"五代十国"。《宋史》中记载后周大将赵匡胤，"未及对，有以黄衣加太祖身，众皆罗拜呼万岁"。众将拥护他做皇帝，还没来得及回答，就黄袍加身做了皇帝，建立了宋朝。

赵匡胤做了皇帝之后，心里也不安稳，不放心那几位立过大功的将领们。于是，他想了个"杯酒释兵权"的办法——

靖康那年的耻辱呀，我岳飞还没有洗清。

我们心中的怒火，什么时候才能浇灭？

靖康耻，犹未雪，臣子恨，何时灭？——岳飞《满江红》

后来，北方的金朝崛起，进军中原，捉走了宋徽宗和宋钦宗两位皇帝，北宋灭亡，史称"靖康之变"。赵构逃向杭州，偏安于南方，建立了"南宋"。

宋朝重文轻武，总是被少数民族欺负，最后被来自大草原的蒙古人灭掉了。即使如此软弱，宋朝依然是一个文化、科技高度发达的时代。

让后世念念不忘的是和"唐诗"并列的"宋词"——

我要开一派浩然磊落的豪放词风！

东坡先生的词就像天地间的奇观一样，令人叫绝！

词至东坡，倾荡磊落，如诗如文，如天地奇观。——《辛稼轩词序》

汉 ➡ 语、汉、欢、取、仅、叹

唐 ➡ 糖、塘、溏、搪

宋 ➡ 案、容、寂、寞

中华盛世

08 州郡县府省：各级行政部门

甲骨文	金文	小篆	楷书

《说文解字》
水中可居曰州。

本义为水中陆地。甲骨文自上而下的三条曲线表示河流，中间的小圆圈表示水中的一块陆地。

《说文解字》
至秦初置三十六郡，以监其县。从邑，君声。

小篆	楷书
	郡

本义为古代行政区划。

金文	小篆	楷书
		县

《说文解字》
系也。

本义为悬首示众，引申为悬挂。金文从木，从系，从倒首。

《说文解字》
文书藏也。从广，付声。

金文	小篆	楷书
	府	府

本义为府库，是古代国家收藏文书或财物的地方。金文从广，从贝，从付，会储藏财物的地方的意思。小篆去掉了"贝"字。

甲骨文	金文	小篆	楷书
			省

《说文解字》
视也。

本义是视、察看。甲骨文上部是个"屮"，下部是一只大眼睛，表示用眼睛观察草。

上古时代，一旦发了洪水，人们只能搬往水中高地才能生存。后来，大禹疏通了河道，治理了洪水，把天下分为九州。《尚书·禹贡》中记录的九州有冀、兖、青、徐、扬、荆、豫、梁、雍。

当时大多数人认为九州就是世界，但是后来的阴阳家邹衍却认为，这九州只是整个世界的八十一分之一，也就是说所谓的神州大地，只是浩瀚海洋中一块很小的陆地。

赤县神州包括九个州，是大禹划分的，但是不仅如此……

还有其他我没走到过的地方吗？

中国名曰赤县神州。赤县神州内自有九州，禹之序九州是也，不得为州数。——《史记·孟子荀卿列传》

我猜呀，九州外还有九个类似这样的九州，被大海包围着。

哇！邹衍的认识好前卫哦！

中国外如赤县神州者九，乃所谓九州也……如此者九，乃有大瀛海环其外。——《史记·孟子荀卿列传》

各级行政部门

143

州在古代也指户籍编制单位。《礼记》中记载:"二百一十国为州。"那么,一州有多少户人家?《周礼》记载,五家组成一比,五比组成一闾,四闾组成一族,五族组成一党,五党组成一州。那么,一州就是两千五百户人家。

《管子》中记载的却不同:"故百家为里,里十为术,术十为州。"按这种说法算,一州就是一万户人家。后来,州演变成行政区划。

荆、扬二州人多饿死,遣四府掾分行赈给。——《后汉书》

秦始皇统一全国后，把原来周朝的分封制改为郡县制，郡县长官称为郡守和县令，由皇帝直接委派，不再世袭。这样，皇帝把权力牢牢抓在自己手里，加强了中央集权。

海内为郡县，法令由一统。——《史记》

秦始皇统一天下之前，县大于郡；秦以后，郡大于县。隋开皇三年（583年），取消各郡，以州统县；大业三年（607年），又改州为郡……此后几经更改，郡这个名称慢慢退出了历史舞台。

滕子京谪守巴陵郡。——《岳阳楼记》

各级行政部门

县比郡、州低一等，一县的长官是县令。《晋令》中说，有一千户人家的大县长官才能称为县令。县令也可以称作县官。不过，最早，县官也指皇帝或朝廷。

秦王……收穰侯之印，使归陶。因使县官给牛车以徙。——《史记》

县的本义是悬挂。《诗经》中说："不狩不猎，胡瞻尔庭有县鹑兮？"你不出去打猎，为何院子里悬挂着那么多鹌鹑？这是在讽刺统治者不劳而获。县也指悬殊、相差很远。

君子小人之所以相县者，在此耳！——《荀子》

府也是一级行政区划，介于省和县之间。唐朝开元元年（713年），把都城雍州改为京兆府，把陪都洛州改为河南府，这是"府"作为行政区单位的开始。府也指官员办公的地方或朝廷。

宫中府中，俱为一体。
——《出师表》

府不仅仅指官府，还可以指达官贵人的住宅，比如王府、侯府之类。不过，府的本义是收藏文书或财物的地方，也就是府库。《史记》中记载刘邦攻破咸阳后，没有烧杀抢掠，而是——

籍吏民，封府库，而待将军。——《史记·项羽本纪》

省作为行政区划出现得比较晚。清朝赵翼在《陔余丛考》中记载："元时诸路各设行中书省，是以有省之名。"元朝建立了行省制度，中央有中书省，地方上则叫"行中书省"，简称"行省"，后来直接称作"省"。

省最早是官署名，魏晋时候开始设置，总管国家政务。后来历朝历代都有沿用也都有改革，到唐代确定为三省中书省、尚书省、门下省。政权分归三省，难免会有矛盾，导致效率低下，怎么解决呢？

旧制，宰相常于门下省议事，谓之政事堂。——《通典》

关联字

州 → 冀、幽、并、荆、兖、洲

郡 → 守、鄂、郭、邪、邺

县 → 令、丞、尉、悬

府 → 衙、库、邸、符、俯、附

省 → 察、内、俭、市、区

各级行政部门

09 官职相吏：各级官吏

| 甲骨文 | 金文 | 小篆 | 楷书 |

《说文解字》
史，事君也。

本义指官府，引申指官员、官职。

《说文解字》
记微也。从耳，戠声。

小篆　楷书

本义为听而记之。引申指主宰、掌管、承担。

| 甲骨文 | 金文 | 小篆 | 楷书 |

《说文解字》
省视也。从目，从木。

本义是细看、观察。引申为相面。还引申指辅助，辅助国君的人就可以称作"相"。

《说文解字》
治人者也。从一，从史，史亦声。

甲骨文　金文　小篆　楷书

本义是指管理狩猎或记录猎获物的人。引申为官吏。甲骨文左下方是一只手，右侧像一把捕捉猎物的长柄网，会打猎的意思。

古代皇帝要治理国家，统治百姓，就离不开官。古代的官是有品级的，比如县令是七品，所以把他们称作"七品芝麻官"。《周书》上说："宣帝嗣位……官员班品，随意变革。"正常情况下，皇帝任命官员是需要严格考核的。

官吏们办公的场所即官府，也叫官。柳宗元《童区寄传》中写了一个叫区寄的小孩，被两个强盗劫持。他用计杀了二人，叫醒了集市上的人："愿以闻于官。"希望人们帮忙把这件事报告官府。官也指官职。

衡不慕当世，所居之官辄积年不徙。——《后汉书·张衡传》

各级官吏

既然做了官，就要尽职尽责，不同的官员需要承担不同的职责。《周礼》中记载："惟王建国……设官分职，以为民极。"帝王建立国家时，安排官吏、分派职责，让老百姓的日子越过越好。

分封制那会儿，各地诸侯们要定期到国都朝见天子，这叫作"述职"。《孟子》中记载："诸侯朝于天子曰述职。述职者，述所职也。"古代下级官吏对上级要自称"卑职"。

官员有管理地方事务的地方官,也有在朝廷辅佐帝王的大臣,叫作"相"。《史记·项羽本纪》中记载:"(宋义)乃遣其子宋襄相齐。"宋义于是派他的儿子宋襄去做齐王的相,辅佐他。相也指司仪赞礼的人。

《荀子》中说:"相者,论列百官之长,要百事之听,以饰朝廷臣下百吏之分。"这里说的相,是百官的头儿,要治理各方事务,管理朝廷大臣等。有时候,将相也会闹矛盾,比如赵国的廉颇和蔺相如——

最早，吏泛指所有官员。《礼记》中记载："五官之长，曰伯，是职方。其摈于天子也，曰'天子之吏'。"五官之长叫作伯，是主管国家某方面政务的官。他们朝见天子时，通报的要称呼他们为"天子之吏"。

官吏很重要，是中央集权制中不可缺少的一部分。

土地博大，野不可以无吏。——《管子》

汉代以后，吏特指官府中的小官和差役。这些遍布天下的官吏差役，执行中央的命令，是直接和百姓们打交道的人。《管子》中说："吏者，民之所悬命也。"官吏，是关系着老百姓性命的人。吏做动词，也指让做官。

若欲吏之，真将在北山之北，南山之南矣。——《后汉书》

官职相吏

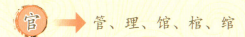

官 → 管、理、馆、棺、绾

职 → 责、履、兼、任
　　　聪、聊、耻、耶

相 → 宰、互、传、邻、同、对

吏 → 俸、役、卒、捕、使

各级官吏

版权专有 侵权必究

图书在版编目（CIP）数据

会讲历史的汉字：全5册 / 杨士兰著；叁月拾，吴新迎绘. -- 北京：北京理工大学出版社，2023.6
ISBN 978-7-5763-2256-9

Ⅰ. ①会… Ⅱ. ①杨… ②叁… ③吴… Ⅲ. ①汉字—少儿读物 Ⅳ. ①H12-49

中国国家版本馆CIP数据核字（2023）第061401号

出版发行 /	北京理工大学出版社有限责任公司
社　　址 /	北京市海淀区中关村南大街5号
邮　　编 /	100081
电　　话 /	（010）68914775（总编室）
	（010）82562903（教材售后服务热线）
	（010）68944723（其他图书服务热线）
网　　址 /	http://www.bitpress.com.cn
经　　销 /	全国各地新华书店
印　　刷 /	三河市九洲财鑫印刷有限公司
开　　本 /	880毫米 × 1230毫米　1/16
印　　张 /	52.5
字　　数 /	750千字
版　　次 /	2023年6月第1版　2023年6月第1次印刷
定　　价 /	169.00元（全5册）

责任编辑 /	李慧智
文案编辑 /	李慧智
责任校对 /	王雅静
责任印制 /	施胜娟

图书出现印装质量问题，请拨打售后服务热线，本社负责调换

会讲历史的 汉字

杨士兰 — 著
叁月拾 吴新迎 — 绘

4

北京理工大学出版社
BEIJING INSTITUTE OF TECHNOLOGY PRESS

第二章 商业贸易

01 贝刀泉币钱：钱币统一了 ... 048

02 朋贯交钞：把币串起来 ... 055

03 贸买卖贩商：走南闯北去经商 ... 061

04 市集铺利：做生意就是要挣钱 ... 068

05 当典质贷：没钱了就去典当 ... 076

第三章 道路交通

01 行走奔：出行全靠脚 ... 084

02 车驾鞭御轨：驾驶马车也要学习 ... 091

03 舆轿道：坐轿子很威风 ... 099

04 驿邮通：驿路通畅 ... 107

目 录

第一章 城市文明

01 穴巢栏架：人类最早的住处 002

02 夯墙瓦宫家：安一个温暖的家 009

03 门堂室户：登堂才能入室 016

04 席几案：席地而跪 024

05 榻床椅：垂足而坐 032

06 屯城郭都：城郭出现了 039

第四章 军事战争

01 战败俘虏：胜败乃兵家常事 … 138

02 剑矛胄炮：进攻和防御 … 144

03 伍卒旅军：古代军队的编制 … 150

04 士兵将帅：军队要有主帅 … 156

05 关符牌：出行要有凭证 … 114

06 桥梁：江河上的桥梁 … 121

07 舟船航：乘船出海要导航 … 128

第一章 城市文明

远古时期，人类住在洞穴里，或者像鸟一样住在树上，后来才慢慢学会了夯土筑墙盖房子，人类终于有家了。随着社会文明的发展，人类的住处也有了特定的规制，建筑物也要符合礼制。更多的人聚居在一起，统治者开始统一规划人类聚居地的建设，并且修建了坚固的城墙来抵御敌人，城郭就出现了。

01 穴巢栏架：人类最早的住处

金文	小篆	楷书

《说文解字》
土室也。从宀，八声。

本义即是洞穴。小篆像古人居住的半地下土窑之形。金文很像土室或岩洞。

《说文解字》
鸟在木上曰巢，在穴曰窠。从木，象形。

甲骨文	金文	小篆	楷书
			巢

本义就是鸟巢，又引申指其他动物的巢穴。甲骨文下部像一棵树木之形，上部为鸟巢的形状。小篆上部像巢上有三只鸟的样子，表示鸟栖于树窝上。

小篆	楷书

《说文解字》
栏木也。从木，阑声。

本义为栏杆，又引申指饲养牲畜的圈。

《说文解字》
无

小篆	楷书
	架

本义为棚架，由此引申为扶持、支撑。小篆从加，从木。

远古时期，人类还不会建造房屋，只能住进山洞，比如山顶洞人。但是，天然洞穴毕竟少，人类就开始人工挖凿一些土穴，用一些木条支撑起穴顶，再盖些泥土。这样就做好了一个住处。

> 古之民未知为宫室时，就陵阜而居，穴而处。——《墨子》

穴也指坟墓、墓坑。《诗经》中有这样的誓言："谷则异室，死则同穴。"活着不能住在一个房间，死了也要埋在一个坟墓里。穴也可以指穴居、穴藏。

> 夫鼠，昼伏夜动，不穴于寝庙，畏人故也。——《左传》

人类最早的住处

穴还指地道。《墨子》中说，为了提防敌人挖地道进城，就要在城里挖一口井，找一个瓮，放进井里，再让耳朵灵敏的人趴下去听，"审知穴之所在，凿穴迎之"，就能知道地道的准确地点，准确地还击。

> 敢问古人有善攻者，穴土而入，缚柱施火，以坏吾城。——《墨子·备穴》

人身体上经络运行的一些关键点位也以"穴"命名，就是中医上所说的"穴位"。《素问》中解释穴是"脉气所发"，《灵枢》中说是"神气之所游行出入也，非皮肉筋骨也"。脉气可以游走出入的地方就是"穴"。

《易经》中说:"上古穴居而野处。"一场暴风雪,就会把土穴毁掉,而且,简陋的土穴也无法防御凶猛的野兽。后来,有个聪明人受鸟巢的启发,想到了在树上架木为巢,躲避野兽的侵害。

> 有圣人作,构木为巢以避群害,而民悦之,使王天下,号之曰有巢氏。——《韩非子》

人类最早的住处

这样,古人的居住条件就有了一点点改善。《礼记》中记载:"昔者先王未有宫室,冬则居营窟,夏则居橧巢。"冬天住地下的洞穴,夏天住树上的巢,洞穴保暖,树上安全。当然,巢的本义就是鸟巢。

> 鹪鹩巢于深林,不过一枝。——《庄子》

北方人穴居的时候，南方潮湿多雨地区的人们住的是干栏式建筑。考古发现最早的干栏式建筑是河姆渡干栏式建筑。这种建筑以竹木为主要材料，共两层，下层放养动物和堆放杂物，上层住人，防潮又防震。栏的本义指栏杆。

干栏式房屋需要架设搭建。《阿房宫赋》中说："架梁之椽，多于机上之工女。"这里所说比织机上的织女还要多的椽子，就是要架设在房梁上的。房梁和椽子需要架设在柱子上。古代把两根柱子之间，称为"一架"。

三品，堂五间九架，门三间五架。
——《新唐书》

您看这样装饰可以吗？

再大气一点就更好了！

爹爹，能不能多立几根大柱子？

朝廷规定了，你老爸是三品官，只能立这么多了。

穴巢栏架

确实，不同等级的官员住所，甚至家庙的建造规模都是有规定的，不能逾越。《仪礼》中记载："大夫士庙室也，皆两下五架，正中曰栋，栋南两架，北亦两架。"这五架，中间的一架叫作"栋"。架还指各种能起支撑作用或者放置物品的架子。

架子还有一个很有趣的意思。《清嘉录》中记载："杂耍诸戏来自四方……两人裸体相扑，谓之'摆架子'。"相扑是一种古老的运动，因为相扑手摆出的架势吓人，后来用它来比喻装腔作势显威风。架后来也引申为超越、凌驾。

人类最早的住处

穴 → 洞、孔、窟、窿、窑、窖

巢 → 窝、蜂
　　 踝、棵、课、颗

栏 → 杆、阑、棚、栅、囵
　　 兰、烂、拦

架 → 柴、伽、痂、茄
　　 撑、承、辆

02 夯墙瓦宫家：安一个温暖的家

小篆　　楷书

《说文解字》
无

本义为用大力扛东西，引申指用力抬举重物把地或其他粒状材料砸实。小篆从大，从力。

《说文解字》
垣蔽也。从嗇，爿声。

甲骨文　金文　小篆　楷书

本义为用土木、砖石等筑起来的收藏食物的外围屏障。引申泛指起遮蔽、支撑或隔开作用的屏障、垣壁。

小篆　楷书

《说文解字》
土器已烧之总名。

本义为瓦器。引申为房顶上的"瓦"。泛指用土烧制而成的陶器。小篆像屋上屋瓦相扣之形，表示瓦片。

《说文解字》
室也。

甲骨文　金文　小篆　楷书

本义指有围墙的房屋，后泛指房屋。秦汉以后特指君王居住的地方。

甲骨文　金文　小篆　楷书

《说文解字》
居也。

本义指屋内、住所，引申泛指家庭。甲骨文表示"屋内有豕（猪）"为"家"。

后来，古人又学会了夯土建房子。用一个重物把本来疏松的土层砸实，作为地基或者土墙。用来夯实土层的重物很重，得几个人一起抬起来砸下去，所以打夯时会喊着号子，方便一齐用力。夯也指用力扛东西。

夯，大用力以肩举物。——《字汇》

嘿哟！嘿哟！

人们学会了夯土成墙，墙把人和家畜围起来，起到了屏障和保护的作用。《左传》中说："人之有墙，以蔽恶也。"这就是墙最原始的功能，隔绝灾难，抵御侵害，保护家庭。

界墙者，人我公私之畛域，家之外廓是也。——《闲情偶记》

下来，翻过去就是别人家了，你想干吗？

《论语》中记载：孔子看到学生宰予白天睡觉，便感慨说："朽木不可雕也，粪土之墙不可圬也。"腐烂了的木头就不能雕刻了，粪土似的墙也就没有必要粉刷了，比喻不可救药了。墙也指门屏，指代家庭内部。

兄弟阋于墙，外御其侮。——《诗经》

墙还能起禁锢自由、隔绝信息的作用。《左传》中记载齐桓公四十三年，易牙、竖刁、卫开方趁齐桓公病重，把他关进了病室——

塞宫门，筑高墙，不通人，矫以公令。——《吕氏春秋》

安一个温暖的家

古代的屋顶要覆盖瓦片。《礼记》中记载："夏时昆吾作瓦。"夏朝时，就已经烧制瓦片了。《庄子》中说："虽有忮心者，不怨飘瓦。"即使心中有仇恨，也不会因为飘落的瓦无意中打伤了自己，而怨恨那块瓦。瓦也指往屋顶上覆瓦。

予之始至也，才屹立十余柱，其上未瓦……其旁未垣。——《抚州广寿禅院经藏记》

上面还没有盖瓦，四周还没有筑墙。

建好的房屋，最早叫作"宫"。《尔雅》中记载："宫谓之室，室谓之宫。"秦汉以前，宫和室是同义词，都是指一般的住房。《释文》中记载："古者贵贱同称宫。秦汉以来，惟王者所居称宫焉。"秦汉之后，只有帝王居住的地方才能称作宫。

宣德间，宫中尚促织之戏，岁征民间。——《聊斋志异》

去，传本王命令，让老百姓都去逮蛐蛐！

咬它，咬它！

宫做动词,也指营建宫室房屋。《水经注》中记载:"重门城,昔齐王芳为司马师废之,宫于此。"从前,齐王曹芳被司马师废掉后,就在重门城这里营建了宫室。宫也指宗庙、神殿。

修路,修整宗庙、神祠,必须抓紧了!

皇帝就要来巡幸了,可不敢耽误了!

于是郡国各除道,缮治宫观名山神祠所,以望幸矣。——《史记·封禅书》

安一个温暖的家

人们建造房屋,既为遮风挡雨,抵御野兽侵害,也是为了给自己和亲人一个家。《尔雅》中记载:"牖户之间谓之扆(yǐ),其内谓之家。"古代门窗之间的地方,称作"扆";窗户里面叫作"家"。

便要还家,设酒杀鸡作食。
——《桃花源记》

来客人啦!快杀鸡摆酒。

家是每个人都向往的,老百姓们最大的愿望就是安居乐业。《诗经》中有诗句:"之子于归,宜其家人。"古人认为有夫有妇,就组成一个家。家也有定居、安家的意思。

乐羊死,葬于灵寿,其后子孙因家焉。——《史记》

家在古代指大夫统治的政治区域。《孟子》中说:"王曰:何以利吾国?大夫曰:何以利吾家?"大王会说:"怎样对我的国有利?"大夫会说:"怎样对我的家有利?"大家都考虑自己的利益,天下就要乱了。家也引申为私有财产。

卖庸而播耕者,主人费家而美食。——《韩非子》

夯 → 砸、杵、扛、锤

墙 → 院、垣、壁、围、堵
　　　樯、嫱、蔷

瓦 → 砖、瓯、瓶、瓷、甑

宫 → 琉、璃、宝
　　　阙、寝、殿、陛

家 → 居、住、阖、冢、稼

安一个温暖的家

03 门堂室户：登堂才能入室

本义为双扇门。泛指建筑物和交通工具的出入口。甲骨文上部是一条嵌入门枢的横木，下部像两扇门。金文去掉了门楣，只剩下两扇门。

本义为殿堂，高于一般房屋，用于献祭神灵、祈求丰年。金文上面为尚，下边为土，表示高大的土台上的建筑。

本义指人所息止的堂内的房间，即堂后之正室。甲骨文从宀（房屋），从至，会人至而息止的意思，至也表声音。

本义为单扇门。引申指人家、住户。甲骨文像一个单扇门的样子。

有了房屋，有了庭院，就会有入口。《玉篇》中记载："人所出入也。在堂房曰户，在区域曰门。"

《左传》中有个故事，吴国公子光想要夺取王位，就在地下室埋伏了很多甲士，请吴王吃饭。吴王警惕性也很高，安排了很多甲士沿路保护自己，但仍然防不胜防，被刺杀了。

> 夏四月，光伏甲于堀室而享王。王使甲坐于道，及其门，门、阶、户、席，皆王亲也。——《左传》

登堂才能入室

除了指家庭中的门，也可以指城门。古代为防盗和御敌，京城或者州郡四周都会建造高大的城墙。城墙上建有瞭望楼，下面有门，就叫"谯门"。

攻陈，陈守令皆不在，独守丞与战谯门中。——《史记·陈涉世家》

令初下，群臣进谏，门庭若市。——《战国策》

《战国策》中有个"邹忌讽齐王纳谏"的故事。在邹忌的劝说下，齐王下命令：群臣、差役和百姓，能够当面指出国君错误的，给予上等奖励；上书指出国君错误的，给中等奖励……命令一出，人们纷纷上门来提意见。

门也特指老师的门庭。《孟子》中曹交说:"交得见于邹君,可以假馆,愿留而受业于门。"他要去拜见邹国国君,借一个地方住,留下来在孟子门下学习。

古人大多都是一大家人住在一起,进出一个大门,所以门也指家、家族。

事有蹉跌,便至灭门之祸。——《周书·王轨传》

《六书精蕴》中关于门有更清楚的解释:"堂之口曰门。"

古代的堂,是高大的殿堂。《礼记》中记载:"明堂也者,明诸侯之尊卑也。"明堂,就是用来显示诸侯地位尊卑的。后来,堂也指厅堂。

故审堂下之阴,而知日月之行。——《吕氏春秋》

登堂才能入室

抱剑辞高堂，将投霍将军。——《送张秀才从军》

在古代的家庭里，父母的居室一般被称为堂屋，处于一家正中。堂屋的地面和屋顶相对比其他房间要高一些，所以古代把父母尊称为"高堂"。

《尔雅》中详细地记载了"堂"和"室"的区别："古者有堂，自半巳前虚之，谓之堂；半巳后实之，谓之室。"古代居室空着的前半部分叫作堂；后半部分放满家具、用具等，叫作室。室也指房屋、房间。

为巨室，则必使工师求大木。——《孟子》

因为堂在前，室在后，所以想要入室必须先登堂。《论语》中说："（仲）由也升堂矣，未入于室也。"仲由弹瑟的技术已经登堂，还没有入室。后来用"登堂入室"来比喻学问或技能循序渐进，由浅入深，达到了高深的境界。室引申为家庭。

室也指妻子或者娶妻成家。《韩非子》中说："丈夫二十而室，妇女十五而嫁。"男人二十岁就要娶妻成家了，而女子则在十五岁嫁人。室也指家族，特指王朝。

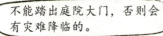

初九，不出户庭，无咎。——《易经》

堂的入口叫门，室的入口就是户。《六书精蕴》中解释："凡室之口曰户，堂之口曰门。内曰户，外曰门。"门在外，户在内。《礼记》中说："未有入室而不由户者。"要想进入室，必须得经过户。户后来也指居室。

门堂室户

户也指居民。古代也有户籍，一家一户有多少人登记在册。《唐六典》中记载："户部掌天下户口。"户部就是掌管天下人的户口的部门。所以，户也指家庭。

徙天下豪富于咸阳十二万户。——《史记》

关联字

门 → 栓、关、闩、轴、楣、框
　　 闪、问、闻、闲

堂 → 厅、会、穿、庵
　　 党、常、尚、赏

室 → 屋、舍、房、卧
　　 室、宋、安、定

户 → 牖、佃、簿、籍、扉
　　 扇、肩、扁、戾、启

登堂才能入室

04 席几案：席地而跪

甲骨文	小篆	楷书

《说文解字》
籍也。从巾，庶省。

本义是供坐卧铺垫的用具。甲骨文像一块席子。小篆从巾，庶省声。

《说文解字》
踞几也。象形。

本义为小或矮的桌子。甲骨文就像一个矮桌的样子。

小篆	楷书

《说文解字》
几属。从木，安声。

本义为上食物时用的有足木盘，后引申指长方形条桌。小篆从安，从木。

远古时期人们学会了建造房屋,但还不会做家具,他们只能在地上铺上席子,席地而坐。条件虽然简陋,古人却安排了一个"司几筵"的官,掌管各种典礼上几、席的陈设。

掌五几五席之名物,辨其用与其位。——《周礼》

君赐食,必正席而尝之。——《论语》

这五席,就是莞席、缫席、次席、蒲席、熊席。而且,身份不同,铺席子的层数也不同,地位越高铺得越厚。《礼记》中说:"天子之席五重,而诸侯用三重,大夫两重。"席子已经成为礼仪的一部分,生活中也不例外。

席地而跪

主人跪正席，客跪抚席而辞。——《礼记》

席几案

《孔子家语》中说："席而无上下，则乱于席次矣。"古代的座席是分上下尊卑的。没有了上下，席次就乱了。《礼记》中说："席南向北向，以西方为上；东向西向，以南方为上。"迎接宾客也要讲究礼节。

客彻重席，主人固辞。客践席，乃坐。——《礼记》

后来，席引申为座次、座位。古人把老师尊称为"西席"。《称谓录》记载：汉明帝每次去老师桓荣府里请教，都让他坐西边的座席，面向东，以表示尊敬。

（汉明帝）令荣坐，东面，设几。故师曰西席。

因为席子多用蒲草编成，比较柔软，可以卷起来，所以常用"席卷"一词形容像卷起席子一样把东西全部卷进去，全部占有。

有席卷天下、包举宇内、囊括四海之意，并吞八荒之心。——《过秦论》

席地而跪

古人席地而坐时，双膝跪地，臀部放在脚后跟上。大概觉得这样挺累，后来就出现了可以凭靠的"几"。《周礼》中记载：司几筵掌管的五几有"玉几，雕几，彤几，漆几，素几"。

> 坐而言。不应，隐几而卧。——《孟子》

《西京杂记》中记载："汉制：天子玉几，冬则加绨锦其上，谓之绨几。"天子使用玉做的几，冬天冷了，要套上丝织品；而公侯只能用竹木做的几，冬天也不能套丝织品。

> 公侯皆以竹木为几，冬则以细罽为橐以凭之。——《西京杂记》

席几案

后来，几发展成了平面光滑、有腿支撑的小桌子，可以放置一些小物件。归有光在《项脊轩志》中写到，妻子来到轩中，"从余问古事，或凭几学书"。

宋朝黄伯思设计了一套燕几，可以组合出不同的形式，供宴会时使用。

燕几图者，图几之制也。几之制，纵横离合，变态无穷。——黄伯思《燕几图》

这里放一张小的，那边，去抬一张大的来！

这是组合家具呀，能拼出好多样式来！

后来几案常常并称，指长条桌子。《正字通》解释："呼几案曰桌。"这里认为桌就是几案。其实几比后来的桌案要小得多，而最早的案则是木制的盛食物的矮脚托盘。

后世用"举案齐眉"形容夫妻之间互相尊敬。

席地而跪

谢谢你，为我辛苦做饭！

夫君，请吃饭！

妻为具食，不敢于鸿前仰视，举案齐眉。——《后汉书》

（权）因拔刀斫前奏案，曰："诸将吏敢复有言当迎操者，与此案同！"——《资治通鉴》

《考工记》中记载："案十有二寸。"那时候的案高有十二寸，上面摆放着枣栗。天子慰劳来朝见的诸侯时，用九张玉案排成一列；有大夫来朝见时，就排出五张玉案。案后来引申指长方形的桌子。

谁再劝我孙权投降曹操，就跟这张书案一样！

我们不敢了！

席几案

古代官员会把要处理的公文、卷宗等摆放在书案上，所以又把公文称为"案"。刘禹锡在《陋室铭》中写自己高雅、悠闲的生活，其中最重要的就是"无案牍之劳形"。没有公文要处理，自然是轻松的。案用作动词，也指考察、察看。

臣窃以天下地图案之，诸侯之地，五倍于秦。——《战国策》

我苏秦察看了天下地图，六国诸侯的地盘，是秦国的五倍。

六国真能联合起来对付秦国，当然好了！

席 ➔ 坐、座、位、次、序
　　➔ 卷、地、芦、篾

几 ➔ 何、率、机、饥、凳
　　➔ 多、少、许、些

案 ➔ 牍、件、审、诉、讼、板

席地而跪

05 榻床椅：垂足而坐

小篆	楷书	《说文解字》
	榻	床也。

本义是指狭长而较矮的床形坐具。

榻床椅

032

《说文解字》	甲骨文	小篆	楷书
安身之坐者。从木，爿声。	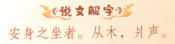		床

本义为供人坐卧的用具。甲骨文就像一张竖起来的床。小篆增加了木，表示床是由木头制成的。

小篆	楷书	《说文解字》
	椅	梓也。从木，奇声。

本义为树木名，后来指椅子。小篆从木，从奇。

> （陈）蕃在郡不接宾客，唯稺来特设一榻，去则县之。——《后汉书》

席地而坐太简陋，后来就有了床榻。《释名》记载："长狭而卑曰榻，言其榻然近地也。"狭长低矮的床叫作榻。

《初学记·通俗文》中记载："三尺五曰榻……八尺曰床。"坐榻比床要小，用于日常坐卧。不用的时候可以挂起来，客人来了就取下来待客。所以，"下榻"指礼遇宾客，后来也引申为住宿。

垂足而坐

在上层社会，坐榻确实已经成了地位的象征，生活礼仪的一部分。《南史》中记载：文帝喜爱有才学的释慧琳，每次接见的时候，都让他坐"独榻"，以示尊敬。

魏晋时期，一些士族大户自命清高。《世说新语》中记载：王献之去拜见谢安，当时习凿齿已经先到并坐下了——

榻床椅

034

> 管宁常坐一木榻，积五十余年，未尝箕股，其榻上当膝处皆穿。——《三国志·管宁传》

古人大多都是跪坐，也有少数人"箕踞"而坐，两条腿随意向前伸开。《三国志》中记载：简雍"在先主坐席，犹箕踞倾倚，威仪不肃，自纵适；诸葛亮已下则独擅一榻，项枕卧语，无所为屈。"

最早的床也是一种坐具。《礼记·内则》中记载：父母、公婆要坐下的时候，儿子、媳妇要捧着席子请示朝哪边铺设。如果要更换坐卧的地方，长子和媳妇要捧着卧席请示脚朝哪头，然后小儿子和媳妇要去搬坐床。

> 父母舅姑将坐，奉席请何乡；将衽，长者奉席请何趾，少者执床与坐。——《礼记》

垂足而坐

《晋书》中记载了一个"东床快婿"的故事：太尉郗鉴派门生来见王导，想在王家子弟中选位女婿。王导就让来人自己到东边厢房里去挑。门生回来告诉太尉王家子弟个个优秀，但是看到外人都很拘谨，只有王羲之——

惟一人在东床坦腹食，独若不闻。——《晋书》

榻床椅

西汉时期，张骞出使西域，打通了丝绸之路后，一种独特的胡床从西域传入中原。这是一种高高坐着，把腿脚垂下来的新型坐具。就这样，汉族人民由席地而坐，渐渐改为垂足而坐。

几回沾叶露，乘月坐胡床。——杜甫《树间》

胡床在魏晋南北朝至隋唐时期使用较广,有钱有势的人家不仅在居室中使用,出行时也要让侍从扛着胡床跟随左右,累了随时可以坐下休息。这种胡床可以看作是最早的椅子。

汉灵帝好胡服,景师作胡床,此盖其始也。——《风俗通》

胡床坐起来好舒服呀!

汉灵帝坐的就是现在所说的交椅!

椅子的名称最早出现在宋代,这时候的胡床已经开始有了靠背。北宋《济渎庙北海坛祭器杂物铭》中记载:"绳床十,内四椅子。"十个绳床里,有四个是有靠背的椅子。随着时代的变迁,椅子的样式也越来越丰富了。

我这个有靠背,可以倚靠,这才叫椅子!

这个不能倚,我也要坐椅子!

椅,坐具后有倚者,今人俗呼椅子。——《正字通》

垂足而坐

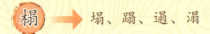

榻 → 塌、蹋、遢、溻

床 ⇉ 枕、炕、帏
    麻、底、度、庄、庆

椅 ⇉ 桌、躺、摇、靠
    倚、骑、犄、绮

榻床椅

06 屯城郭都：城郭出现了

甲骨文	金文	小篆	楷书
			屯

《说文解字》 难也。象草木之初生。屯然而难。从屮贯一。一，地也。尾曲。

本义是艰难，后来还引申为聚集、驻守，也指村落。甲骨文就像草木初生卷曲包裹的样子。

《说文解字》 以盛民也。从土，从成，成亦声。

金文	小篆	楷书
		城

本义为城墙，引申指城市。金文左边中间的圆圈表示城围，上下两端表示两座城楼对峙；右边是像戈一样的武器，表示用武器保卫城池。小篆左边的城楼变成了土。

甲骨文	金文	小篆	楷书

《说文解字》 齐之郭氏虚。善善不能进，恶恶不能退，是以亡国也。

本义是外城——古时在城墙外围加筑的城墙。甲骨文像一座城有相对的两座城楼的形状。小篆右边增加了"邑"。

《说文解字》 有先君之旧宗庙曰都。从邑，者声。

金文	小篆	楷书
		都

本义为大城市，又特指有先王宗庙的城邑或邦国的都城。

古时候，生活条件恶劣，粮食不足，野兽到处乱窜，人们必须以群居的方式生活。众人聚集在一起就形成了村落，就叫作"屯"。

> 今吾拥十万之众，屯于境上，国之重任，今单车来代之，何如哉？——《史记·魏公子列传》

军队的驻防，也是把大量人员聚集在一处，所以也称"屯"。由此引申指队伍或军营。《史记》中记载："陈胜、吴广皆次当行，为屯长。"陈胜、吴广都被编入队伍中，做了小头目。

> 桓公曰："行事奈何？"管子对曰："请以令发师置屯籍农……"——《管子》

管仲提的这个建议,就是后来施行的"屯田制"。汉文帝时,发放一些罪犯、奴婢和招募的农民戍边屯田。汉武帝时,又调发大批士兵到西域屯田。这时候主要是军屯,戍边和农耕并重。

东汉末年,战争连年不断,社会生产力遭到极大破坏,土地荒芜,粮食短缺。曹操开始在许都附近招募流民和百姓屯田——

> 城者，可以自守也。——《墨子·七患》

古时候，为了防御外族的掠夺或入侵，国君就会在人群聚集地四周筑起高大的城墙。《谷梁传》中说："城为保民为之也。"城墙就是用来保护老百姓的。

> 雉者何？五板而堵，五堵而雉，百雉而城。
> ——《公羊传·定公十二年》

古代对于城墙的规制是有要求的。《礼记》中记载："故制：国不过千乘，都城不过百雉。"原来的制度规定：诸侯国的战车不能超过一千乘，城墙不能超过百雉。百雉是多高呢？

今日割五城，明日割十城，然后得一夕安寝。——《六国论》

最有名的城墙就是万里长城。战国时期，北方的燕国和赵国为了抵御北方少数民族的骚扰，修筑了一些城墙。秦统一天下后，秦始皇在燕长城和赵长城的基础上，修建了闻名天下的万里长城。城也引申指城市。

古代有内城，也有外城。《释名》中说："郭，廓也。廓落在城外也。"郭就是在城外圈起来的一个外城轮廓，就是外城墙。

三里之城，七里之郭，环而攻之而不胜……是天时不如地利也。——《孟子·公孙丑下》

城郭出现了

城市和城市也不相同。《左传》中记载:"凡邑有宗庙先君之主曰都,无曰邑。"凡是供奉有先王宗庙的城市就叫作都,没有的叫作邑。都后来泛指城市。

召有司案图,指从此以往十五都予赵。——《史记》

(秦)据天下之雄图,都六合之上游。——《封建论》

都后来又引申指邦国的都城。柳宗元在《封建论》中说:"秦有天下,裂都会而为之郡邑,废侯卫而为之守宰。"秦统一天下后,把各诸侯国的都城分成了郡县,废掉诸侯设置了地方官,这样,分封制就被废掉了。

关联字

屯 → 聚、驻、村、落、乡
　　吨、炖、钝、盹、囤

城 → 池、楼、防、瓮、堡
　　成、盛、诚

郭 → 廓、敦、谆、淳

都 → 京、首、全、皆
　　鄙、邺、郡、邱

城郭出现了

第二章 商业贸易

人类最早只会以物换物，后来开始使用贝壳作为交换的中介物，货币就出现了。春秋战国时期，各诸侯国都有自己的货币。秦统一天下后，统一了货币，这样商人到各处经商就方便多了。他们贱买贵卖赚取差价，一旦资金周转不过来，还可以去当铺抵押借贷……

01 贝刀泉币钱：钱币统一了

| 甲骨文 | 金文 | 小篆 | 楷书 |

《说文解字》
海介虫也。居陆名猋，在水名蜬。象形。古者货贝而宝龟，周而有泉，至秦废贝行钱。

本义就是指海里的贝类生物。甲骨文、金文像一颗贝的形状。

《说文解字》
兵也。象形。

| 甲骨文 | 金文 | 小篆 | 楷书 |

本义为古代兵器名。甲骨文和金文都像一把刀的形状。

| 甲骨文 | 金文 | 小篆 | 楷书 |

《说文解字》
水原也。象水流出成川形。

本义为泉水。上古钱币称为"泉"，取其流通不竭之义。甲骨文像水从泉眼里流出的样子。小篆外面像泉眼的形状，里面的四滴水没有了，只剩下"丁"字表示水流。

本义就是帛，用作礼物的丝织品。因为币很贵重，可以作为财富的象征，所以又有了货币的意思。

| 小篆 | 楷书 |

《说文解字》
帛也。

| 小篆 | 楷书 |

《说文解字》
古田器。从金，戋声。

本义为农具名，即铁铲。上古时期曾以农具作为交易媒介，其后铸造货币又仿其形为之，因此引申为货币、钱财。

随着社会的发展，人们有了分工，生产的产品也多了起来，于是就开始了以物换物。在交换的过程中，有时候需要一种等价物作为媒介，最早的贝币就出现了。

农工商交易之路通，而龟贝金钱刀布之币兴焉。——《史记》

大贝四寸八分以上，二枚为一朋，直二百一十六。——《汉书·食货志》

大概从商代开始，就已经大量使用海贝作为货币了。秦始皇统一货币后，贝币就不用了。后来王莽篡汉，建立新朝后，又重新启用了贝币。但因为使用太麻烦，很快又废止了。

钱币统一了

049

春秋战国时期，除了贝壳，还有很多形式的货币也开始流通了起来。在齐国、赵国、燕国等地流通着一种刀形的货币，叫作刀币。《初学记》中记载："黄帝采首山之铜，始铸为刀。"刀币是用青铜铸成的。

厚刀布之敛以夺之财。——《荀子·富国》

刀本来是一种兵器或者生产工具。《释名》中说："刀，到也，以斩伐到其所乃击之也。"后来也泛指用来斩、割、切、削、砍、铡的工具。

妻乃引刀趋机而言曰……——《后汉书·列女传》

除了刀币，还有一种铲形的货币叫作布币。古人把刀币、布币等都叫"泉"。郑玄注解说："布，泉也……取名于水泉，其流行无不遍也。"他认为钱的流行像泉水一样，所以把货币称为泉。

货泉径一寸，重五铢，文右曰"货"，左曰"泉"。——《汉书·食货志》

泉的本义是泉眼、泉水或地下水。《醉翁亭记》中说："峰回路转，有亭翼然临于泉上者，醉翁亭也。"顺着山路转弯，看到一个亭子四角翘起，位于泉水之上，这就是醉翁亭。泉水从地下冒出，人死后也要埋入地下，所以泉又指阴间、黄泉。

九泉之下，实深重恨。——《魏书》

钱币统一了

> 日者有司以币轻多奸……故改币以约之。——《汉书》

币也指钱币。《汉书》中记载汉武帝下诏说：有关部门反映钱币太轻又多有伪造，伤害了农民，导致从事手工业和经商的人增多。为了禁止大家富户兼并小家小户，抑制贫富悬殊，就要采取措施——

币也泛指各种作为货币流通的物品。《管子》中记载："以珠玉为上币，以黄金为中币，以刀布为下币。"不过，币的本义是作为礼物的丝织品，也泛指车马、皮帛、玉器等礼物。

> 齐与楚从亲，惠王患之，乃令张仪佯去秦，厚币委质事楚。——《史记》

《正字通》中记载："冶铜为钱，易货也。古之为市，所有易所无，布币金刀龟贝之法穷，钱始行。"布币、黄金、刀币、龟甲、贝壳之类的不好用了，铜钱就开始流行起来。钱可不是随便铸的，铸钱是关系着国计民生的大事儿。

> 景王二十一年将铸大钱。单穆公曰："不可……"——《国语·周语》

钱币统一了

春秋战国时期，各国都有自己的钱币，比如齐国和赵国的刀币，楚国的蚁鼻钱等。秦统一货币，外圆内方、重量为半两的"半两钱"，成为天下通用的钱币。后来历朝历代的铜钱轻重不一样，名称也不同，而且改换年号一定要重新铸钱。

关联字

贝 → 壳、螺、蛤、蛏、蚝
贝 → 赃、赠、赌、购、财

刀 → 匕、刃
刀 → 忍、切、分、剪、召

泉 → 溪、眼、源、瀑
泉 → 泵、汆、浆、尿

币 → 佩、师、吊、带、常、帑

钱 → 款、资、财、赔、赚
钱 → 锭、链、镖

贝刀泉币钱

《说文解字》
无

本义是古代的一种货币单位，五贝为一系，两系为一朋，引申指朋友。甲骨文的字形像两串细贝串联在一起。

《说文解字》
钱贝之贯。从毌、从贝。

本义是穿钱所用的绳索。引申为钱的数量，铜钱一千个为一贯。金文像用绳子穿起贝壳的样子。

《说文解字》
交胫也。从大，象交形。

本义为交叉、交错。引申指结交、交往、交流。甲骨文像一个正面站立的人，两腿交叉着。

《说文解字》
叉取也。从金，少声。

本义为掠取、抢掠，也指纸币。

古代使用贝币进行交易，人们常常把贝壳用绳子串起来。五个贝币为一系，两系十个贝币为一朋，也有的古籍记载五贝为一朋。总之，朋是古代的一种货币单位。《诗经》中有诗句："既见君子，锡我百朋。"见到了君子，他给我百朋贝币。朋还引申为比、并的意思。

有鸟焉，群居而朋飞。——《山海经》

朋贯交钞

056

朋也可以指人在一起。朋党是因某种目的而凑在一起的人，朋辈是志向相似的同辈人，朋友则是志同道合的友人。《论语》中说："有朋自远方来，不亦乐乎？"有志同道合的人从远方来，是一件很快乐的事儿。

彼其之子，硕大无朋。——《诗经》

后来有了铜钱，也是要用绳子串起来。《苍颉》中记载："贯，穿也。以绳穿物曰贯。"用绳子把物体串起来就叫贯，穿起铜钱的那根绳子也叫贯。

京师之钱累巨万，贯朽而不可校。——《史记》

钱用绳子串起来，方便携带，当然也方便计数。当时，每一千文串起来就是一贯。《水浒传》中恶霸镇关西"着落店主人家，追要原典身钱三千贯。"三千贯卖身钱，还真不少呢。贯也有贯穿、贯通的意思。

把币串起来

子曰："赐也，女以予为多学而识之者与？"对曰："然。非与？"曰："非也。予一以贯之。"——《论语》

> 初，蜀民以铁钱重，私为券，谓之交子。——《宋史·食货志》

北宋时候，为方便各地经商的人携带巨款，成都出现了"交子铺"。存款人把钱币放进交子铺，铺户写一张存款凭证给存款人，并且收取一定的保管费，这个存款凭证就是交子。

朋贯交钞

058

后来，"交子铺"开始印刷有统一面额和格式的交子，作为一种新的流通手段向市场发行。这样，交子就成了最早的纸币。宋仁宗天圣元年（1023年），益州设立了交子务，发行了"官交子"。

> 交子会子之法，盖有取于唐之飞钱。——《宋史·食货志》

纸币也叫作钞。《金史》中记载，金人占领中原后，仿效北宋的交子，也开始印制纸币，叫作"交钞"："复钞引法，遂制交钞，与钱并用。"纸币其实只是金属货币的代用品，发行纸币，必须要有足够的货币储存。

> 印一贯、二贯……谓之大钞；一百、二百、三百、五百、七百五等，谓之小钞。——《金史·食货志》

把币串起来

> 与钱并行，以七年为限，纳旧易新。——《金史》

后来，在货币储存不够的情况下，金人仍然大量印制交钞，导致通货膨胀和货币危机。最后，在蒙古大军的进攻下，金朝灭亡了。

关联字

朋 → 友、比、党、辈
　　 胡、朗、朔、期

贯 → 串、通、贯、纵
　　 货、贫、贾、赁

交 → 呈、递、接、缴、付
　　 效、校、郊、洨

钞 → 票、炒、抄、吵

朋贯交钞

03 贸买卖贩商：走南闯北去经商

金文　小篆　楷书

《说文解字》
易财也。从贝，卯声。

本义是交易、交换财物。交换财物即是财物易主，所以"贸"又引申指改变、变易。

《说文解字》
市也。从网、贝。

甲骨文　金文　小篆　楷书

本义为用网捞取贝。古时候，人们曾将贝壳作为货币，来交换买卖财货，因此"买"引申为购买。

金文　小篆　楷书

《说文解字》
出物货也。从出，从买。

本义为以货物换钱，与"买"相对。引申指背地里害人以利己，背叛。金文下面是贝壳，上面是省。

《说文解字》
买贱卖贵者。从贝，反声。

小篆　楷书

本义为贱买而贵卖的商人。引申指买货出售。

甲骨文　金文　小篆　楷书

《说文解字》
从外知内也。

本义较难确认，一说为焚柴祭天，一说为星名，后多指买卖活动。

最开始人们以物易物，交易就开始了，这就是贸。《晋书》中记载前秦苻坚统治期间国家清平，从长安到各地州府，沿路种了槐树、柳树，还设置了驿站，人来人往很热闹，其中就有很多商人。

旅行者取给于途，工商贸贩于道。——《晋书》

贸买卖贩商

贸又引申为改变、变易。《史通》中说："夫事有贸迁，而言无变革。此所谓胶柱而调瑟，刻船以求剑也。"事情已经改变了，言语还没有变。这就像胶柱鼓瑟或刻舟求剑一样死板，不懂得随时变通。贸也指轻率、冒失。

有饿者，蒙袂辑屦，贸贸然来。——《礼记》

贸易就是买和卖。拿出钱币来去换取自己需要的物品,叫作"买"。《韩非子》中有个"买椟还珠"的故事,讲一个郑国人买了盒子,却退还了珠子。用来形容不懂物品的真正价值,取舍不当。买也有雇佣、租赁的意思。

泽居苦水者,买庸而决窦。——《韩非子·五蠹》

夫以有尽之地,而逆无已之求,此所谓市怨而买祸者也。——《战国策·韩策》

买也有博取、追逐的意思。《管子·法禁》中:"说人以货财,济人以买誉。"说的就是:取悦他人来获取钱财,帮助别人来博取声誉。买也引申为招致、招惹。

卖和买相对,是指拿出自己多余的物品换取钱币。买卖行为一般会在专门的市场进行。《周礼》中记载当时设有官员"司市","治其市政,掌其卖价之事"。

于是有卖田宅,鬻子孙,以偿债者矣。
——晁错《论贵粟疏》

为了还债,我要卖房子卖儿子,大家行行好,把我儿子买回家吧。

卖也指炫耀、卖弄。《庄子》中记载子贡遇到一个种菜的老汉,老汉讲了一番道理之后说他:"独弦哀歌,以卖名声于天下者乎?"你不就是那个独自弹琴唱着悲哀的歌儿,以此向天下人炫耀名声的那个人吗?卖也指出卖别人以利己。

微赵君,几为丞相所卖。——《史记》

要是没有赵高,我几乎就被丞相李斯出卖了。

二世皇帝您圣明!

刚开始人们以物易物，后来有了货币作为中介来进行交易。再后来，有一些人用便宜的价格买来一些物品，再加价卖出去，赚得差价。这种贱买贵卖就叫"贩"。

资用乏，以贩马自业。——《后汉书》

老兄，这是去贩马了吗？

兜里空空，贩马回来卖几个钱花花！

《周礼》中记载："朝市朝时而市，商贾为主；夕市夕时而市，贩夫贩妇为主。"那时候的朝市在早晨开始交易，以商贾为主。夕市在夕阳落山时开始交易，以男女小贩为主。贩也可以指出卖、背叛。

虽吕布贩君，郦寄卖友，方之斯人，未足为酷。——《宋书》

吕布，你这个叛贼，背叛主人！

你是奸贼，杀你没商量！

走南闯北去经商

065

> 无裕利，则商怯；商怯，则欲农……商欲农，则草必垦矣。——《商君书》

《白虎通》中解释："行曰商，止曰贾。"古代商指行商，贾指坐商。有专家推测：商朝灭亡后，商人的田地都被周人抢走了，他们就只得去做买卖，商人做买卖的多了，做买卖的人就被叫作商人了。

贸买卖贩商

> 兴元人以币如孟氏赗，且来商家事。——韩愈《贞曜先生墓志铭》

古代实物交换时，需要对双方的物品价值做出评估，所以商又有估量、计算的意思。《汉书·食货志》中说："时大司农中丞耿寿昌以善为算能商功利，得幸于上。"当时的大司农中丞耿寿昌，因为善于算账能估算获利，而得到皇上的器重。商也引申为商量、讨论。

贸 ➔ 易、贺、贪、质

买 ➔ 收、购、竞、价

卖 ➔ 出、甩、倒、折、拐

贩 ➔ 私、佣、沽、饭、版

商 ➔ 裔、贾、旅、行、参、谋

走南闯北去经商

04 市集铺利：做生意就是要挣钱

甲骨文	金文	小篆	楷书
			市

《说文解字》
买卖所之也。市有垣，从冂，从㇀，象物相及也。

本义指集中进行交易的场所，即市场。金文上面止字表示脚，下面像是路口的形状。

《说文解字》
群鸟在木上也。从雥，从木。

甲骨文	金文	小篆	楷书
			集

本义指群鸟在木上，引申为停留。

小篆	楷书
	铺

《说文解字》
箸门铺首也。从金，甫声。

本义为衔门环的底座，叫作铺首。用作动词，表示把东西展开或摊平。

《说文解字》
铦也。从刀。和然后利，从和省。《易》曰："利者，义之和也。"

甲骨文	金文	小篆	楷书
			利

本义为割禾，引申泛指锋利、刀口快，从收禾而得利，引申指利益、财利、私利。甲骨文从刀，从禾，会用刀收割禾谷的意思。

"臣乃市井鼓刀屠者……"——《史记·魏公子列传》

远古时期，人们交换物品时，往往会凑到一起，就形成了专门做买卖的场所——市，也叫"市井"。《汉书·货殖传序》中说："商相与语财利于市井。"商人们在市井交易，谋财获利。后世用"市井之徒"指街市上的鄙俗无赖之人。

古代社会读书人地位最高，士农工商，商排在最后，地位最低。《史记·平准书》中说："然市井之子孙，亦不得仕宦为吏。"这里的"市井"指的是商人，商人的后代，是不能做官的。市也指购买。

昨闻海令为母寿，市肉二斤矣。——《明史·海瑞传》

做生意就是要挣钱

虽然商人地位低，但商人又是必不可少的。市场同样如此，历朝历代都很注重市场的管理。《管子·侈靡》中说："市也者，劝也。劝者，所以起。"市场，是一种促进力量。促进，是为了发展。市做动词，也有交易、商品买卖的意思。

> 郑商人弦高将市于周，遇之。——《左传·僖公三十三年》

市集铺利

070

集、市常常连用指买卖货物的市场。集是定期或临时的，而市则是常设的，每天都有。《两般秋雨庵随笔·集虚》中记载：古代城乡人们聚集在一起进行买卖交易的地方，北方人叫作集，南方人叫作虚。

> 北人曰"集"，从其聚而言之也；南人曰"虚"，指其散而言之也。——《两般秋雨庵随笔·集虚》

其实，集的本义是鸟栖息在树上。《诗经》中有诗句："黄鸟于飞，集于灌木。"黄鸟在天空飞翔，时而停下来，在灌木上休息。后世用"集苑集枯"来比喻人志趣不同，各自有不同的选择。

人皆集于苑，已独集于枯。——《国语》

两都各聚书四部……列经、史、子、集四库。——《新唐书》

集也指宴会、集会。《世说新语》中记载："谢太傅寒雪日内集，与儿女讲论文义。"一个下雪天，谢太傅召集儿女们聚会，大家一起讲诗论文。古代人把一些诗文作品汇编成书也叫集。古籍按内容分为四大部类，集是其中之一。

做生意就是要挣钱

买卖交易的场所除了集市，还有坐商经营的店铺。唐朝《封氏闻见记》中写道："至京邑城市，多开店铺。"民间习惯把大一些的叫店，小一些的叫铺。比如古人记录的星货铺就是杂货铺的意思。

> 肆有以筐以筥，或倚或垂，鳞其物以鬻者，曰星货铺。——《资暇集》

072

市集铺利

> 挤玉户以撼金铺兮，声噌吰而似钟音。——司马相如《长门赋》

不过，铺的本义是指衔门环的底座，大多做成兽首的形状，用来驱妖避邪，保护家宅安宁。但也有做成龟蛇形状的。《增韵》中说："所以衔环者，作龟蛇之形，以铜为之，故曰金铺。"

> 恽幸有余禄，方籴贱贩贵，逐什一之利。此贾竖之事，污辱之处，恽亲行之。——《汉书·杨恽传》

做生意就是为了赚钱。《汉书·杨恽传》中记载：杨恽被罢官后，添置产业，以经营家财为乐。朋友孙会宗写信劝谏他，他写了一封回信，提到自己做生意赚钱的事儿。他说："君子以经商为耻辱，我却亲自去做了。"

确实，古代读书人认为追名逐利不是君子所为。孔子认为："君子喻于义，小人喻于利。"君子和小人的价值观不同，君子做事考虑是否合乎道义，小人则更计较利益或者利害关系。

做生意就是要挣钱

利的本义是割禾，引申为锋利，和钝相对。《荀子·劝学》中说："木受绳则直，金就砺则利。"木材经墨线比量过才能锯得笔直，刀剑拿到磨刀石上去磨就能变得锋利。利也指快速、迅猛。

假舆马者，非利足也，而致千里。——《荀子》

锋利就是说刀、剑等器物的头尖或刃薄，能够很容易地刺入物体。所以，利也引申为顺应、顺利。《孟子》中说："天下之言性也，则故而已矣。故者以利为本。"天下人说本性，就是弄清来龙去脉，所以顺应事物本性才是根本之道。利还有顺利的意思。

东阳甯君、沛公引兵西，与战萧西，不利，还收兵聚留。——《史记》

市 → 场、侩、街、镇

集 → 合、汇、募、搜、群、桑、隼

铺 → 店、盖、张、垫、排、展

利 → 益、害、息、锐、锋、弊、划、割、剃、创、剖

做生意就是要挣钱

05 当典质贷：没钱了就去典当

小篆　楷书

《说文解字》
田相值也。从田，尚声。

本义为两田相对等。引申指承担、承受，又引申指用实物做抵押，向专营抵押放贷的店铺借钱。

《说文解字》
五帝之书也。从册在丌上，尊阁之也。

甲骨文　金文　小篆　楷书

本义指重要的文献、书籍，由放置典册引申指抵押物品。甲骨文像双手郑重地捧献典册的样子。金文下边的双手变为"丌"形之物。

小篆　楷书

《说文解字》
以物相赘。从贝，从斦。

本义为抵押，以财物或人做保证，也指本体、本质，引申指质朴。

《说文解字》
施也。从贝，代声。

小篆　楷书

本义为施予、给予，引申指借出。用作名词，指贷款。

过日子需要钱，经商更需要本钱。过日子没钱了，做生意赔了，资金短缺，怎么办？如果家里有值钱的东西，就可以拿到当铺里，换取一笔钱。当铺会好好保管物品，等到有钱了，再赎回去。不过，赎当的时候要付一些利息。

古代建筑大门口会放置一对门墩，一边一个，叫作"门当"。门楣上面用来固定门框的砖雕或木雕，因为都是双数，所以叫作"户对"。后来用"门当户对"指男女双方家庭社会地位和经济状况相当，适合结婚。当也指适合、适当。

没钱了就去典当

臣知欺大王之罪当诛，臣请就汤镬。——《史记》

《战国策》中有一句："晚食以当肉，安步以当车。"说的是，晚一点儿吃饭，普通的饭食也会像吃肉一样津津有味；缓步慢行，当作坐车一样悠闲自在。这里的"当"是当作、算是的意思。当也有应当的意思。

当也有阻挡的意思。有一个成语"螳臂当车"，就是指用螳螂伸出手臂阻挡车子前进的荒唐行为，比喻不自量力，必然失败。

汝不知夫螳螂乎？怒其臂以当车辙，不知其不胜任也。——《庄子》

> 民间质典,利息重者至五、七分。——《金史·百官志》

> 唉,实在过不下去了,典当了吧。

> 哥,这利息得有五六分呢,当了就怕赎不回来了。

典和当都是指抵押。典是把土地或房屋等押给另一方使用,换取一笔钱,议定年限,到期还款,收回原物。很多时候,"典"和"当"没什么区别,可以通用。

没钱了就去典当

典的本义是重要的典籍。《潜夫论》中说:"典者,经也,先圣之所制。"典籍,就是经典,可以作为典范的书籍,是先贤圣人创作的。又引申指法则、法规。

> 我这个做太宰的,就是掌管治、教、礼、政、刑、事六方面的治国之法,辅佐君主治理国家。

> 大宰之职,掌建邦之六典,以佐王治邦国。——《周礼》

> 于是为长安君约车百乘，质于齐，齐兵乃出。——《战国策》

还有一个字也有抵押的意思，就是质，指用财物或人做保证。《旧唐书》中说："柳州土俗，以男女质钱。"柳州的风俗，要借钱得拿子女做抵押。古代也会把出身王室或贵族的王子、世子等，派往别国做人质，叫作"质子"。

质也指对质、对证、验证。《礼记·曲礼上》中："虽质君之前，臣不讳也。"说的就是即使在国君面前对质，我也不会避讳的。

质也指本质，秉性。《列子》中说："太素者，质之始也。"太素就是最原始、最本质的。

> 其质非不美也，所渐者然也。——《荀子·劝学》

质也有质朴、朴素的意思。孔子说:"质胜文则野,文胜质则史,文质彬彬,然后君子。"质朴胜过文饰就会粗野,文饰胜过质朴就会虚浮,文饰和质朴搭配得当,然后才可以成为君子。质也指质地。

> 永州之野产异蛇,黑质而白章。
> ——柳宗元《捕蛇者说》

> 宁积粟腐仓而不忍贷人一斗。——《潜夫论》

没钱了就去典当

典当抵押的目的就是为了借钱,借钱或物就叫作贷。《庄子》中说:"庄周家贫,故往贷粟于监河侯。"庄周家境贫寒,所以就去找监河侯借粮食。贷指借入,同时也指借出。

当 → 挡、珰、档、裆

典 → 籍、范、经、仪、押

质 → 问、疑、本、朴

贷 → 借、信、袋、戴

当典质贷

第三章 道路交通

　　商人们走南闯北，大部分时间都在路上，所以，经济发展离不开道路交通。古人最早出行就是靠两条腿走路，有了马车之后，人类的活动范围变大了。秦朝时实行"车同轨"，使人类的出行更加方便。修路的同时，人们也在河上修建桥梁。古人还学会了造船，坐船出行也是不错的选择。不过，那时候人们出远门是需要凭证的。

01 行走奔：出行全靠脚

甲骨文	金文	小篆	楷书

《说文解字》
人之步趋也。从彳，从亍。

本义是路、道路，引申为行列、队伍。读作xíng时，引申为行走。甲骨文像十字路口的形状。

《说文解字》
趋也。从夭止。夭止者，屈也。

金文	小篆	楷书

本义为跑。金文上部像摆动两臂跑步的人形，下部是一只大脚（止），会人在跑的意思。

金文	小篆	楷书

《说文解字》
走也。从夭，贲省声。与走同意，俱从夭。

本义为疾跑、快跑。金文从人从止（脚），下面三只脚，会人跑得很快的意思。也有一说：下面是小草的形状，小篆下面就是小草之形。

古人在没有发明车和船的时候，出行全靠一双脚。《尔雅》中对行走做过细致的区分：在室内走叫作"时"，时在这里是徘徊、来回走动的意思；在堂上走叫作"行"；在堂下走叫作"步"……

门外谓之趋，中庭谓之走，大路谓之奔。——《尔雅》

天行健，君子以自强不息。——《易经》

在古代，行就是走路，而走说的却是跑。《论语》中说："三人行，必有我师焉。"几个人一起走路，其中一定有可以做我老师的人。行也指移动、流动或运行。

出行全靠脚

> 故乐府中有歌有谣,有吟有引,有行有曲。——《碧鸡漫志》

行引申为做、从事。《左传》中说"多行不义必自毙",就是告诉人们坏事做多了,就会自取灭亡。行,还是古代诗歌的一种体裁,《汉乐府》中有《长歌行》。

行也指行列,引申为军队编制。《左传》中写道:"郑伯使卒出豭,行出犬鸡。"郑伯让每卒献出一头猪,每行献出一只狗或一只鸡。古代军队里一百人为一卒,二十五人为一行。

> 必能使行阵和睦,优劣得所。
> ——《出师表》

和行相比，走的速度要快一点。《韩非子》中有一个《扁鹊见蔡桓公》的故事。扁鹊几次提醒蔡桓公有病了，他都不理会，最后一次，扁鹊知道他的病已经无药可救了。

扁鹊望桓侯而还走。——《韩非子》

走也引申为往、奔向某地。《孟子》中说："民之归仁也，犹水之就下，兽之走圹也。"意思是说：百姓们对于仁爱的向往，就像是水往下流、野兽奔向旷野一样。走也指逃跑。

兵刃既接，弃甲曳兵而走。——《孟子》

出行全靠脚

行走奔

太史公牛马走司马迁，再拜言。——《报任安书》

走也指兽类。张衡在《西京赋》中写道："上无逸飞，下无遗走。"天上没有漏网的鸟，地上没有漏掉的野兽。在古代，"走"也作自谦词。司马迁在《报任安书》中就很谦虚地称自己为"牛马走"。

奔比走跑得更快。《聊斋志异》中写了一个屠夫遇到狼的故事。狼穷追不舍，屠夫看到一个麦场里有一个像小山似的柴草堆，"乃奔倚其下，弛担持刀"。屠夫飞跑过去，靠在柴草堆上，放下担子拿起刀，准备对付狼。奔也指奔赴，赶往。

冬，晋悼公卒，遂不克会。郑公孙夏，如晋奔丧。——《左传》

> 然犹斩将搴旗,追奔逐北。——李陵《答苏武书》

和走一样,奔也有逃跑、逃亡的意思。《左传》中说:"大奔曰败。"四散奔逃就叫作战败了。文天祥在《指南录后序》中记录自己战败逃亡的经过:"至京口,得间奔真州。"到了京口,找机会逃往真州。奔也指败逃的人。

奔也引申为快走的、疾驰的。魏徵在《谏太宗十思疏》中说:百姓就像水,可以负载船只,也可以颠覆船只,一定要谨慎小心。就像疾驰的马车用腐朽了的缰绳驾驭,太危险了。

> 奔车朽索,其可忽乎?——《谏太宗十思疏》

出行全靠脚

关联字

行 → 动、步、止、爬、进、送
  → 踪、迹、程
  → 街、衔、衍、往

走 → 迈、跨、越、踱、跳
  → 起、赶、趋、赴、超

奔 → 跑、驰、驶、袭、突

行走奔

090

02 车驾鞭御轨：驾驶马车也要学习

| 甲骨文 | 金文 | 小篆 | 楷书 |

《说文解字》
舆轮之总名。夏后时奚仲所造。象形。

本义是指陆上有轮子的交通工具。甲骨文是一辆车子的俯视图。金文车头转向左。小篆字形重新正过来，但是只剩下了一个轮子。

《说文解字》
马在轭中。从马，加声。

| 小篆 | 楷书 |

本义是把车套等加在马身上使其拉动。引申指驾车、驾驶。

| 甲骨文 | 金文 | 小篆 | 楷书 |

《说文解字》
驱也。从革，便声。

本义为马鞭，驱使牲畜的用具，柔软像绳子，引申为用鞭子抽打。甲骨文像一根鞭子。

《说文解字》
使马也。从彳，从卸。

| 甲骨文 | 金文 | 小篆 | 楷书 |

本义是驾驭马车。引申特指驾车的人，又用来指治理、统治。甲骨文像一个人跪坐持杵棒，有操纵这东西的意思。

| 小篆 | 楷书 |

《说文解字》
车辙也。从车，九声。

本义为车两轮间的距离。

只靠两只脚，人类走不了很远。《淮南子》一书记述："见飞蓬转而知为车。"古人看到飞蓬被风吹得到处滚动，想到了可以在重物下垫上原木，滚动运输省力气，于是带轮子的车出现了。据一些典籍记载，马车的设计和制造者叫奚仲。

> 陆行乘车，水行乘船。
> ——《史记·夏本纪》

《管子》中说奚仲造的车，方的、圆的、直的、弯的，各个部件的制作都符合标准，匹配得当，因而坚固耐用，驾驶起来也十分灵便。

> 故一器而工聚焉者，车为多。——《周礼·考工记》

> 千乘之国，摄乎大国之间。——《论语》

马车不仅可以用来乘坐和运输重物，还可以用来作战。车战是秦朝之前主要的作战方式之一。古代军队的基层单位是"乘"，每乘拥有四匹马拉的兵车一辆，车上有甲士三人，车下步卒七十二人，后勤人员二十五人，共计一百人。

战车是一个国家军事力量的象征，同时也是国力的象征。《战国策》中记载："万乘之国七，千乘之国五，敌侔争权，盖为战国。"这里说的七个万乘之国，就是号称"战国七雄"的秦、齐、楚、燕、赵、魏、韩七国。战车作战的场面激烈残酷。

> 操吴戈兮被犀甲，车错毂兮短兵接。——屈原《九歌》

驾驶马车也要学习

> 凡用兵之法，驰车千驷，革车千乘，带甲十万，千里馈粮。——《孙子兵法》

在车战的同时，赵武灵王开始向北方少数民族学习"胡服骑射"。骑兵比车兵速度快，攻击性更强，于是，战车渐渐退出了战场。不过，春秋战国这个车战的黄金时代，催生了孙武等军事家。

作为交通工具，马车还是身份的象征。"天子驾六"，天子出行要乘坐六匹马拉的马车，这是最高规格。后世用"驾"特指皇帝的车。驾也用作量词，指马拉车一天所走的路程。

> 骐骥一跃，不能十步；驽马十驾，功在不舍。——《荀子·劝学》

驾驭马车是要用鞭子的。《左传》中楚国围困了宋国的都城,宋国派乐婴齐到晋国求助。晋侯想要出兵解救宋国,被伯宗拦住了,他认为鞭长莫及,不能出兵。

还有一个成语是"投鞭断流",用来形容人马众多,兵力强大。《晋书·苻坚载记》:"以吾之众旅,投鞭于江,足断其流。"以我现在部属之众多,把马鞭全部投入江中就足够截断江流。厉害吧?鞭也有鞭打的意思,是古代官刑之一。

> 将战，华元杀羊食士，其御羊斟不与。——《左传·宣公二年》

驾驭马车叫作"御"，御也是个技术活儿。《周礼·大司徒》中记载六艺包括"礼乐射御书数"，是贵族子弟必须要学习并熟练掌握的六种技能。御也指驾驭马车的人。

御由驾驭车马引申为统率、率领。《旧唐书》中记载：黄巢起义后，郑畋写了一篇《讨黄巢檄文》，说："皇帝亲御六师，即离三蜀。"皇帝亲自统率各路军马，即将离开三蜀。御也引申为控制、约束。

> 将能而君不御者胜。——《孙子兵法·谋攻》

春秋战国时期，各国的车马尺寸大小不同。《史记·秦始皇本纪》中记载：秦始皇统一天下后，实行"车同轨，书同文"。把两个车轮之间的距离统一定为六尺，文字也统一规定要使用小篆。这样出行和交流就方便多了。轨也指车辙。

城门之轨，两马之力与？——《孟子》

轨也指法则、法度。《左传》中说："讲事以度轨量，谓之轨。"讲大事要以法度为准则进行衡量，叫"轨"。后来用"不轨之徒"形容不守法或图谋作乱的人。轨还引申为依循、遵循。

是境内之民，其言谈者必轨于法。——《韩非子·五蠹》

驾驶马车也要学习

车 → 辕、轼、辙、辐、辏

驾 → 辆、架、驭、驱

鞭 → 策、挞、笞、打
　　　鞍、鞯、勒

御 → 防、捍、抵、挡

轨 → 轮、轱、辘、转、斩、软
　　　规、矩、度

车驾鞭御轨

03 舆轿道：坐轿子很威风

| 甲骨文 | 小篆 | 楷书 |

《说文解字》
车舆也。从车，舁声。

本义是抬、举，引申指车厢，泛指车辆或轿子。进而引申指造车的人。甲骨文像四只手共抬一辆车的样子。

《说文解字》
无

小篆　楷书
 轿

本义为古代一种走山路用的小车，后泛指肩舆，如"轿子"。小篆从车，乔声。

| 金文 | 小篆 | 楷书 |

《说文解字》
所行道也。一达谓之道。

本义为道路，引申指路程、行程，又引申为主张、学说。金文从行（街道），从首，会在路上行走的意思，下边又加指代脚的"止"，以强调行走。

（木材）曲者宜为轮，直者宜为舆。——《潜夫论》

古人把车辆也叫作舆。不过，舆最初指的是车厢。王安石在《易泛论》中说："舆，有承载之材，而亦非车之全者也。"舆不是指整辆车，而是车用来承载人或物体的那一部分。

《周礼·考工记》中记载："舆人为车。"舆人就是造车的工人，当然，主要是造车厢。《韩非子》中有篇文章提到舆人和匠人的区别：匠人是做棺材的，总想着人们能早死。那么造车工人呢？

故舆人成舆，则欲人之富贵。——《韩非子》

坐车出行轻松自在，不过老子却不喜欢。他在《道德经》中说："虽有舟舆，无所乘之。"老子主张回归自然，简单生活。他认为：即使有船只和车辆，却没有必要乘坐。走着四处玩玩很好，就是待在家里也怡然自得。舆也做动词，指抬、举。

百人舆瓢而趋，不如一人持而走疾。——《战国策》

坐轿子很威风

在古代，舆人也指职位低微的吏卒，泛指众人。《国语》中记载，晋惠公回国后，以雷霆手段处置了那些想要里应外合谋反的大臣，"舆人诵之曰：'诈之见诈，果丧其略。'"众人吟诵说："欺诈人的被欺诈，果然没有捞到好处。"舆由此引申为舆论，就是众人的议论。

朝廷已然之失，则听舆论而有闻焉。——苏舜钦《诣匦疏》

舆轿道

轿者，肩行之车。——《明史·舆服志》

舆也指轿子。《史记·河渠书》中说："山行即桥。"《正字通》中解释说："即轿也。盖今之肩舆。"古代说的"桥"应该就是"轿"，这种过山用的交通工具，就是今天所说的肩舆。

1978年，在河南固始县发掘的春秋战国时期的古墓陪葬坑中，出土了三乘木质轿子。其中一件经复原后能看出，由底座、边框、立柱、栏杆、顶盖轿杆和抬杠几部分组成。这是目前已发现存世最早的轿子的实物。据记载，大禹治水时，不仅坐车船，也坐轿子。

弘治七年令,文武官例应乘轿者,以四人舁之。——《明史》

古代官员坐轿出府,都有随从在前鸣锣开道,前呼后拥好不威风!官越大,抬轿的人越多,越气派。宋朝时,文人们认为坐轿子是"以人力代畜力",不人道有伤风化,所以都不坐轿。

封建社会等级森严,对轿子的规格和使用有严格的规定。《明史》中记录:"景泰四年令,在京三品以上得乘轿。"景泰四年(公元1453年),皇帝发布命令,三品以上的京官才可以坐轿子。

守备及公、伯、都督等……违例乘轿及擅用八人者奏闻。——《明史》

坐轿子很威风

有车有轿，自然就要有道路。《诗经》中有诗句："周道如砥，其直如矢。"说的就是道路像磨刀石一样平坦，像射出去的箭那样笔直。看来，那时候的道路已经得到了很好的修整。

道虽迩，不行不至；事虽小，不为不成。——《荀子·修身》

道路再近，不走也到不了；事情虽小，不做也成功不了！

快去上学吧。

没有几步路，不着急！

舆轿道

道也指路程、行程。《孙子兵法·军争》中说："日夜不处，倍道兼行，百里而争利，则擒三将军。"日夜兼程，不停地急行军，奔跑百里去争利，就能活捉三军将领。道也引申为途径、方式、方法。

故君子之治人也，即以其人之道，还治其人之身。——朱熹《中庸集注》

而且就是用的上次你赢我的那一招，怎么样？

你赢了！

道也指道德、道义。《孟子》中有一篇说"得道多助，失道寡助"，就是说讲道义的国君会有很多人帮助他，而失掉道义的国君则不会有人帮助。后世把昏庸的君主称作"无道昏君"。道也可以做动词，指遵行、实行。

> 法不一，则有国者不祥；民不道法，则不祥。——《管子·任法》

道也指政治主张和思想体系。《论语》中说"道不同不相为谋"，就是思想主张不相同，没办法在一起做事。以老子和庄子为代表的学派叫作"道家"，他们所说的道，是宇宙万物的本源或规律。

有物混成，先天地生……可以为天地母。吾不知其名，字之曰道，强为之名曰大。——《老子》

关联字

舆 → 辇、论、銮、肩、抬

轿 → 辗、轴、辊、输、轧

道
- 和道路有关：路、途、径
- 和哲学有关：理、义、德、仁
- 和语言有关：说、语、言、讲、述

舆轿道

04 驿邮通：驿路通畅

小篆	楷书
驛	驿

《说文解字》
置骑也。从马，睪声。

本义指驿马，古代传递公文、负载来往官员用的马，也指驿站。

《说文解字》
左冯翊高陵。从邑，由声。

小篆	楷书
郵	邮

本义为邮亭、邮乡，在今陕西西安府高陵区。后借指古代供给传递文书的人食宿、换车马的驿站。

甲骨文	金文	小篆	楷书
		通	通

《说文解字》
达也。从辵，甬声。

本义是通达，没有障碍，后引申为到达目的地。又由道路无阻塞，转指文句通顺。

有了道路，就能把天南海北的人联系起来。在道路上行走的除了商人，还有负责传递消息、运送货物的驿马。长途跋涉的人和马都需要休息，于是，驿站就产生了。

> 列邮置于要害之路，驰命走驿，不绝于时月。——《后汉书》

古代的驿站是朝廷设立的，是供传送公文的人或往来官员暂住、换马的场所，平民百姓是不能使用的。驿也引申指用驿马、驿车等传递。不止公文，鸟兽草木等各种物品，都可以通过驿站运送。

> 早晨从咸阳出发，傍晚就到这里了，快如流星啊！

> 一驿过一驿，驿骑如星流；平明发咸阳，暮及陇山头。——岑参《初过陇山途中呈宇文判官》

据记载，最早的传递信息方式有三种：一是"传"，为车递；二是"邮"，为步递；三是"驿"，为马递。车递费用太大，更多的使用马递。历朝历代都会设置驿站，用来传递公文。

唐朝邮驿设遍全国，分为陆驿、水驿及水陆兼办三种。驿站设有驿舍。据记载，当时全国共有1 639个驿站。驿站多了，传递速度就快。

宋朝的驿卒由士兵担任,分为步、马、急递三种。沈括的《梦溪笔谈》说,急递速度最快,每天要走四百里,只有军事上才可以使用。

元朝疆域辽阔,为了维持庞大帝国之间的联系,统治者强化了驿站制度。《马可·波罗行记》记载:从北京通往各省的交通要道上,每隔一段距离就要设置一座驿站。全国有驿站一万多所,备有驿马三十多万匹。

无人居之地,全无道路可通,此类驿站,亦必设立。——《马可·波罗行记》

邮和驿常常连用，都是驿站的意思。《风俗通》中说，汉朝改邮为置，置也就是驿，估量着路程的远近而设置的。《孟子·公孙丑上》中记录孔子的一句话："德之流行，速于置邮而传命。"意思是，德政的传播比邮驿传送王命还要快。可见，在古人心中，通过邮驿传送文书应该是很快的。

驿也指传递文书的人。

沉者自沉，浮者自浮，殷洪乔不能作致书邮！——《晋书》

驿路通畅

修建道路，是为了人员和货物流通顺利；设置邮驿，是为了文书传递通畅。《易·系辞》中说："往来不穷谓之通。"除了大道，古代还有很多交错相通的小路，称作"阡陌"。

阡陌交通，鸡犬相闻。——《桃花源记》

驿邮通

中通外直，不蔓不枝。——《爱莲说》

通指通达、贯通，也指了解、精通。《后汉书·张衡传》中说张衡"因入京师，观太学，遂通五经"。《论衡》中说："博览古今者为通人。"通也指为人通达，心胸宽广。

驿 → 站、传、递、送
　 → 驮、驯、骑
　 → 泽、择、译

邮 → 寄、局、筒、信、戳
　 → 油、釉、柚

通 → 达、顺、遂、堵
　 → 捅、桶、痛、勇

驿路通畅

05 关符牌：出行要有凭证

金文　小篆　楷书

《说文解字》
以木横持门户也。

本义为门闩，又引申指关卡。金文像门里有门闩的样子。小篆门里面变成了丝束的样子。

《说文解字》
信也。汉制以竹，长六寸，分而相合。从竹，付声。

金文　小篆　楷书

本义为古代朝廷用以传达命令或调兵遣将的凭证。

小篆　楷书

《说文解字》
无

本义为招牌，用作标志的板状物。引申指牌状的凭证、符信。小篆从片（表示板状物），卑声。

古代道路上不仅会设置驿站，还会在险要地带、交通要道或者边界上修建关城，并且派遣军队驻守。李白在《蜀道难》中写道："一夫当关，万夫莫开。"一个人把守关口，上万人都攻不开。

尝以十倍之地，百万之众，叩关而攻秦。——贾谊《过秦论》

古代商人过关卡是要交税的，所以关又引申为征收关税的机构、组织或程序。《孟子·梁惠王上》中记载："昔者文王之治岐也……关市讥而不征。"从前周文王治理岐山的时候，关卡和市场只检查但不收税。关也指牵连、涉及。

故天子一跬步，皆关民命，不可忽也。——《聊斋志异·促织》

赢乃夷门抱关者也，而公子亲枉车骑，自迎赢于众人广坐之中。

其实，关的本义是闩门用的那根横木。《史记·魏公子列传》中魏公子去拜访隐士侯赢。侯赢就是夷门的守门人，地位卑贱，魏公子屈尊来请，侯赢这才答应出山帮助他。

关符牌

关城有军队驻守，来往出入必须持有凭证。符是古代朝廷用以传达命令或调兵遣将的凭证，用竹木或金玉铜等制成，上面刻有文字，因为大多做成虎形，所以也称"虎符"。

门关用符节。——《周礼·掌节》

> 晋鄙合符，疑之，举手视公子。——《史记》

一符分成两半，朝廷和将军各拿一半，只有两块虎符合在一起，才能调兵遣将。《史记》中记载魏公子偷了国君保管的另一半虎符，偷偷到边境，要夺取晋鄙的兵权。

符也指征兆，一般指吉祥的好兆头。《汉书》中说："天之所与，必先赐以符瑞。"老天爷想给你什么好东西的时候，一定会先降下吉祥的征兆来。道士们会画一些用来辟邪、驱使鬼神的神秘符号，称为"符咒"。

> 带升山符出门，作周身三五法。——《抱朴子》

出行要有凭证

古代还有一种符信或凭证，叫作"牌"。《宋史》中记载："又有檄牌，其制有金字牌、青字牌、红字牌。金字牌者，日行四百里，邮置之最速递也。"三种檄牌中金字牌最快。不过，在沈括的记述中，金字牌能日行五百多里。

熙宁中又有金字牌急脚递，如古之羽檄也，以木牌朱漆黄金字……日行五百余里。——《梦溪笔谈》

《宋史》中记载：宋高宗赵构听信奸臣谗言，想要和金军讲和，于是打算召回正在前线和金军作战的岳飞。他怕岳飞不听话，一天之内发出去了十二道金牌。

一日奉十二金字牌，飞愤惋泣下，东向再拜曰："十年之力，废于一旦。"——《宋史·岳飞传》

关符牌

牌也是防护用的兵器,叫作盾牌。大多数用木、竹、藤制作。《资治通鉴》中说:"(马璘)遂单骑奋击,夺贼两牌,突入万众中。"马璘单枪匹马冲入敌军,夺下了两块盾牌。

盾牌中比较轻巧的是藤牌。明朝虽然已经有了枪炮,威力也很大,但很少使用,盾牌还是发挥着很大的作用。戚继光就擅长使用轻便的藤牌,多次战胜倭寇。藤牌的演练,也是有方法的。

关 → 掩、合、开、闭
　　 机、塞、防

符 → 咒、节、号
　　 府、附、俯、咐

牌 → 匾、招、照、奖、坊
　　 版、牍、牒
　　 碑、脾、俾、婢

关符牌

06 桥梁：江河上的桥梁

小篆　楷书

《说文解字》
水梁也。从木，乔声。

本义为架在水上以供通行的建筑物。

《说文解字》
水桥也。从木，从水，刅声。

金文　小篆 　楷书

本义为桥梁。金文从水，刅声。小篆另加"木"，表示在水上架木成桥。

除了陆地上的各种交通方式，水路交通也很重要。大地上河流众多，想要到河对岸去，就要想办法造桥。《鹖冠子·备知》中说："山无径迹，泽无桥梁，不相往来。"

通零关道，桥孙水，以通邛都。
——《史记·司马相如列传》

桥梁

造桥的灵感来自生活。或许，某一天，有人看到河边有棵大树被暴风吹倒，恰好横跨在河面上，有人踩着树干过了河，灵感就出来了，人们开始造起了木桥。但是木桥容易着火。

和乘船相比,过桥还是比较安全的。《与人论谏书》中记载:汉成帝想要乘坐楼船过渭水,御史大夫薛广德劝阻他。皇帝根本就听不进去,执意要坐船,另外一位大臣张猛也来劝说——

臣闻主圣臣直,乘船危,就桥安,圣主不乘危,广德言可听。——《贞观政要》

除了木桥,还有浮桥和石桥等。《晋书·武帝纪》载:"泰始十年九月,立河桥于富平津。十一月,立城东七里涧石桥。"在富平津造的是跨越黄河的浮桥,在七里涧造的是石桥。

赵郡洨河石桥,隋匠李春之迹也。
——张嘉贞《赵州大石桥铭》

江河上的桥梁

黄河上还有一座赫赫有名的铁索浮桥，是唐开元年间修建的。当时蒲津渡的旧桥破败不堪，唐明皇下令修建新桥。工匠们铸造了八只大铁牛，放在黄河两岸，固定铁索。1991年，专家挖掘出了其中四只铁牛，最轻的五十五吨，最重的那只七十五吨。

唐开元十二年铸八牛，东西岸各四牛……夹两岸以维舟梁。——《方舆汇编》

这铁索桥还挺稳当的呢。

那当然了，八只铁牛拉着呢。

明朝冯梦龙编的《智囊全集》中记载：宋朝时候，有一次黄河水暴涨，把蒲津渡的桥冲坏了，铁牛沉没到河里，官府招募能够把铁牛捞出来的人，一个叫怀丙的和尚自告奋勇——

好，牛角露出来了，赶紧扔土。

和尚的这方法还真灵！

真定僧怀丙以二大舟实土，夹牛维之，用大木为权衡状钩牛，徐去其土，舟浮牛出。——《智囊全集》

梁也指桥，这里说的浮梁，就是浮桥。《旧唐书》中记载，当时天下有十一座大桥，是国家主持修建的，包括四座浮桥、四座石柱桥、三座木柱梁桥。其他河上需要桥梁的，由所属州府自己安排修建。

四座国家级浮桥：黄河上三座，洛水上一座。

> 凡天下造舟之梁四，河则蒲津、大阳、河阳，洛则孝义也。——《旧唐书》

> 石柱之梁四，洛则天津、永济、中桥，灞则灞桥。——《旧唐书》

国家级石桥：洛水上三座，灞水一座。

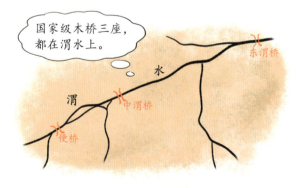

国家级木桥三座，都在渭水上。

> 木柱之梁三，皆渭川，便桥、中渭桥、东渭桥也。——《旧唐书》

江河上的桥梁

《宋史·蔡襄传》中记载蔡襄在泉州做官的时候，在距离泉州二十里的万安渡，修了一座长三百六十丈的石桥，而且采取了一种非常有意思的加固桥墩的方法——

襄立石为梁，其长三百六十丈，种蛎于础以为固，至今赖焉。——《宋史》

桥梁

因为房梁凌空架在墙上，类似于桥梁，所以梁也引申指房梁。成语"梁上君子"用来指小偷。

不善之人未必本恶，习以性成，遂至于此。梁上君子者是矣！——《后汉书·陈寔传》

桥 ➡ 桥、矫、荞、侨
　　 拱、墩、桩

梁 ➡ 房、檩、柱、栋、楹、梁

江河上的桥梁

07 舟船航：乘船出海要导航

甲骨文	金文	小篆	楷书

《说文解字》
船也。古者，共鼓、货狄，刳木为舟，剡木为楫，以济不通。

本义就是船。甲骨文像一只带有隔板的小船的形状。小篆上端加了一条曲线，很像船尾的舵。

《说文解字》
舟也。从舟，铅省声。

小篆　楷书
 船

本义是水上的交通运输工具。还指用船运载。

小篆　楷书
航

《说文解字》
方舟也，从方亢声。

本义是并连的两条船，即方舟。用作动词，表示行船、渡河。小篆从方（方舟），亢声，楷书改变了形旁，成为现在的航字。

车以行陵陆，舟以行川谷，以通四方之利。——《墨子》

远古时期，人们已经注意到有些东西可以浮在水面上沉不下去，于是，开始摸索用竹子编成竹筏，把大树干的中间凿空做成独木舟……这样，过河就方便了。

乘船出海要导航

《方言》中解释说："自关而西谓之船，自关而东谓之舟。"这只是一种说法，还有一种说法是西汉以前叫"舟"，以后叫"船"。舟，也可以做动词，指乘船。

舟而不游，不敢以先父母之遗体行危殆。——《礼记》

就这么一条桃核刻的小船，刻了五个人、八扇窗，还有船篷……技艺太高超了吧？

舟尾横卧一楫。楫左右舟子各一人。——《核舟记》

舟船航

130

在一些读书人眼里，宇宙很大。从整个宇宙看人类，人很渺小，人乘坐的小船当然也很小。苏轼在《赤壁赋》中写道："驾一叶之扁舟，举匏樽以相属。"驾起一叶扁舟，举起酒杯相邀饮酒。在苏轼眼里，小舟就像一片树叶。

明朝的魏学洢写过一篇《核舟记》，记载了一个叫王叔远的匠人，送他一只用桃核雕成的小船，刻的就是苏轼泛舟游赤壁的情形。小船上除了东坡、黄鲁直、佛印和尚，还有两位舟子（就是船夫）。

先生来泡茶品茶喽！

水开了！

士乘舟，庶人乘泭。——《尔雅》

古代乘船渡河也是有规定的。《尔雅》中记载："天子造舟，诸侯维舟，大夫方舟。"天子渡河，必须把多只船连起来，排列到对岸；诸侯渡河要并连四条船；大夫则乘坐两条船并连的方舟。

《正字通》中记载了一种皮船，把生牛皮或生马皮蒙在木制框架上，这是明代抗倭名将戚继光渡水的方法。

一皮船可乘一人，两皮船合缝可乘三人。——《正字通》

乘船出海要导航

操军方连船舰，首尾相接，可烧而走也。——《资治通鉴》

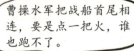

曹操水军把战船首尾相连，要是点一把火，谁也跑不了。

古代战争除了陆战还有水战，水战就要靠战船了。中国历史上有名的以少胜多的战争——赤壁之战，就是发生在长江上。

舟船航

曹操和孙权隔江对峙，周瑜部将黄盖提出诈降曹操，用火烧毁他的战船。

黄盖带着十艘装了柴草的蒙冲战船，去投降曹操。曹操没有防备，直到黄盖的战船到了跟前，放起火来，才醒悟过来。可是已经晚了，没办法，只好仓皇逃命。

同时发火，火烈风猛，船往如箭，烧尽北船，延及岸上营落。——《资治通鉴》

快射火箭，烧光曹操的战船！

曹丞相，快逃命吧！

除了打仗，船只更多地被用于水上运输。明朝时，伟大的航海家郑和组织了庞大的船队，七次下西洋。曾以翻译的身份随郑和三下西洋的马欢，在《瀛涯胜览》中记载了宝船的尺寸——

宝船六十三号，大者长四十四丈四尺、阔一十八丈；中者长三十七丈，阔一十五丈。——《瀛涯胜览》

古人很早就已经开始了海上航行。中国第一位有记载的航海家是秦朝的徐福，他给秦始皇上书，说海上有三座仙山，山上住着神仙。于是，秦始皇就派他出海寻找神仙。

乘船出海要导航

不过，航海主要是为了运输物品进行贸易。《新唐书》记载当时有一条"广州通海夷道"，这是对海上丝绸之路最早的称呼。这时候，海上贸易已经很繁荣了。到了宋朝，还设置了管理海上对外贸易的部门——市舶司。

海上航行，必须要找准方向。最早，人们靠看星星来辨别方向。到了宋朝，罗盘开始广泛应用在航海上。明朝郑和下西洋时，白天用指南针，夜间则用观看星斗和水罗盘定向的方法保持航向。当时，看星斗导航叫作"牵星术"。

舟 → 济、渡、楫、桨
　　→ 舢、筏、舸、舫

船 → 舰、艇、艘、舱、舶、舷
　　→ 铅、沿

航 → 运、迷、导、宇、港、舵
　　→ 炕、抗、杭、吭

乘船出海要导航

第四章 军事战争

"国之大事，在祀与戎。"祭祀和军事是国家的两件大事。强盛的国家必然要有强大的军事实力。从棍棒到刀枪，从毫无组织的胡乱打架到讲战略兵法的两军对战，人类社会的战争逐渐升级。足智多谋的将帅，纪律严明、能征善战的军队，不仅可以保家卫国，还可以为君主开疆拓土。但是，在军事家的眼中，战争的终极目的却是和平！

01 战败俘虏：胜败乃兵家常事

金文	小篆	楷书

《说文解字》
斗也。从戈，单声。

本义是作战、战斗，又引申指战争。金文从戈，从兽，表示用戈搏击野兽。

《说文解字》
毁也。从攴、贝。

甲骨文	金文	小篆	楷书

本义是毁坏，也泛指失败。甲骨文左边是"贝"，右边是手持棍，会用棍敲击使贝毁坏的意思。金文左边变成两个"贝"。

甲骨文	金文	小篆	楷书

《说文解字》
军所获也。从人，孚声。

本义为抓获的敌人，引申指缴获。

《说文解字》
获也。

小篆	楷书

小篆从毌，从力，虍声。"毌"表示强力劫掠，"虍"也有暴虐的意思。

远古时期，人口越来越多，部落出现了。部落之间常常会有矛盾，如果不能和平解决，就只能依靠武力了。武力争斗的规模增大，到一定程度就是战争了。人人爱和平，但有些时候，和平却要靠战争来捍卫。《商君书》中说："故以战去战，虽战可也。"用战争来制止战争，即使必须要作战，也是可以的。战也指作战、打仗。

时北兵已迫修门外，战、守、迁皆不及施。——文天祥《指南录后序》

以天下之所顺，攻亲戚之所畔，故君子有不战，战必胜矣。——《孟子》

作战，谁都想获胜。那么，在战场上获胜的必要条件是什么呢？孟子认为是"得道"："得道多助，失道寡助。""多助之至"，天下的人都归顺他；"寡助之至"，连亲戚都背叛他。

胜败乃兵家常事

孙武在《孙子兵法》中也论述了战争胜败的问题：善于打仗的人，先让自己处于不败之地，也就是给自己创造更多的不被击败的条件，同时也不放过任何一个可以打败对手的机会。

"胜兵先胜而后求战，败兵先战而后求胜。"获胜的一方是在有了很大胜算的情况下，才开始交战；而失败的一方总是先和对方交战，期待靠拼死苦战赢得胜利。

修道而保法，故能为胜败之政。——《孙子兵法》

败的本义是毁坏。《吕氏春秋》中说:"能全天之所生而勿败之,是谓善学。"意思是能够使自己的天资天分全部发挥出来,不至于被埋没毁坏,这就称得上善于学习了。败也引申为腐烂变质。

败还指破旧。刘基在《卖柑者言》中写了一个卖水果的,储存的柑橘看起来很新鲜,切开之后,里面却像破旧的棉絮一样,根本不能吃了。那个卖柑橘的列举了社会现象来为自己辩解——

战败之后，被获胜一方擒获的就是俘虏。《左传》中记载晋楚城濮之战中："献楚俘于王，驷介百乘，徒兵千。"虏获的除了有楚国俘虏，还有车马百乘，步兵一千多人。俘也做动词，指虏获。

俘和虏一般连用，虏也是俘虏的意思。《史记》中记载：鸿门宴上，项羽一时心软，让刘邦逃跑了，气坏了范增："夺项王天下者必沛公也。吾属今为之虏矣！"虏也指北方的少数民族。

战 → 争、斗、仗、杀、征
　　　站、沾、粘

败 → 胜、输、赢、北、逃

俘 → 浮、孵、蜉、桴

虏 → 捉、拿、获、掠、夺

胜败乃兵家常事

02 剑矛胄炮：进攻和防御

金文　小篆　楷书

《说文解字》
人所带兵也。

古代兵器，引申做动词，指用剑杀人。

《说文解字》
酋矛也。建于兵车，长二丈。象形。

金文　小篆　楷书

本义为一种直刺兵器。金文像上有锋利的矛头、下有长柄的矛的形状。

金文　小篆　楷书

《说文解字》
胤也。从肉，由声。

本义是头盔，还指有血缘关系的帝王或贵族的后代。金文下部为目，上面是一顶带有装饰品的头盔。小篆下部演变为月，上部为由。

《说文解字》
毛炙肉也。从火，包声。

小篆　楷书

本义为把带毛的肉用泥裹住放在火上烧烤。特指中药的制法之一。火炮出现以后，又引申表示抛石机所发的机石。

要打仗必须有兵器，狩猎用的武器、种田用的农具，都可以拿来上战场。《史记·黄帝本纪》记载"帝采首山之铜铸剑"，黄帝从首山开采青铜开始铸剑，可是，《管子》中却说剑是蚩尤铸成的。

剑是什么样的？《周礼·考工记》中记载："剑，古器名，两刃而有脊，自背至刃，谓之腊，或谓之锷。"古代有很多出名的铸剑大师，欧冶子就是其中之一。

进攻和防御

剑矛胄炮

剑是一种兵器,但舞剑却可以作为一种娱乐项目,在贵族宴席上表演,供人们观赏取乐。《史记》中记载鸿门宴上,项羽的谋士范增想要杀掉刘邦,就派项庄为大家舞剑助兴。

大家都看出来,项庄想要借舞剑杀刘邦。为了保护刘邦,项伯也起来和他对舞,让项庄的企图落了空。后人用"项庄舞剑意在沛公",表明言行和真实意图不一致。

古代还有一种用来刺杀敌人的进攻型武器——矛，长柄，头上装着青铜或者铁制的利刃。矛用来刺杀，对手举盾防御。《韩非子》中记录了一个"自相矛盾"的故事，比喻言行前后互相抵触。

防御性武器除了盾，还有甲胄。甲是穿在身上的铠甲，胄是头上戴的头盔。《左传》中记载："郤至三遇楚子之卒，见楚子，必下，免胄而趋风。"郤至三次遇到楚王的亲兵，见到楚王时一定要下马，摘了头盔退到一边，以示尊敬。胄也指帝王或贵族的后代。

况刘豫州王室之胄，英才盖世，众士仰慕。——《三国志》

剑矛胄炮

明药之体性，又须解如法炮制。——《罗湖野录》

盾和胄再坚固也挡不住枪炮。《清稗类钞·战事类》里记载：敌人抬着大炮来了，冯婉贞带着大家奋力拼杀，不让敌军发炮。最终"敌弃炮仓皇遁，谢庄遂安"。

关联字

剑 → 鞘、锋、柄、侠
　 → 脸、敛、殓

矛 → 枪、戟、缨
　 → 刺、扎、挑
　 → 茅、柔、矜、袤

胄 → 盔、铠、贵
　 → 胃、肾、膏、肓、臂

炮 → 烙、铳、射、攻
　 → 跑、袍、刨、泡

进攻和防御

03 伍卒旅军：古代军队的编制

小篆	楷书

《说文解字》
相参伍也。从人从五。

本义为五人组成的军队编制，引申泛指军队，主要指陆军。小篆从人，从五，会五人组成的军队单位的意思。

《说文解字》
隶人给事者衣为卒。卒，衣有题识者。

甲骨文	金文	小篆	楷书

本义是带有标记的衣服，也指穿这种衣服供役使的隶役。又特指士兵。

甲骨文	金文	小篆	楷书

《说文解字》
军之五百人为旅。

本义是一种军队编制单位。泛指军队。甲骨文为两个人在旗帜下。金文旗帜更加具体形象，下面变成了三个人。

《说文解字》
环围也。四千人为军。从车，从包省。

金文	小篆	楷书

本义为扎营、驻扎，也是古代军队最大的编制单位。

打仗就要有军队,有军队就要有编制。《周礼》记载:"五人为伍,五伍为两,四两为卒,五卒为旅,五旅为师,五师为军。"五人为一伍,二十五个人是一两,一百人为一卒,五百人为一旅,二千五百人为一师,一万二千五百人为一军。伍还引申指同伴。

信出门,笑曰:"生乃与哙等为伍!"——《史记·淮阴侯列传》

在古代的户籍管理制度中,五家为一伍。后世用"闾伍"指代平民。

臣素卑贱,君擢之闾伍之中。——《史记·司马穰苴列传》

古代军队的编制

卒也是军队编制单位，一卒一百人。《荀子》中说："魏氏之武卒，不可以遇秦之锐士。"这里的卒引申指士兵。不过，卒的本义是奴隶，后来也用来称呼低级差役。

悉发卒数万人穿漕渠，三岁而通。——《史记》

三年间，征发数万差役开凿河道，终于要通了！

人始于生而卒于死。——《韩非子·解老》

卒也用来指大夫的死亡。古代对不同人物的去世有不同的叫法。《礼记》中记载："天子死曰崩，诸侯曰薨（hōng），大夫曰卒，士曰不禄，庶人曰死。"卒由此引申为终止、结束、完毕。

从生到死，眼一睁，再一闭，一辈子就结束了！

> 盐铁之利，所以佐百姓之急，足军旅之费。——《盐铁论》

五卒为旅，一旅为五百人。不过，根据《国语·齐语》中的记载"二千人为旅"，可以知道：当时的齐国，应该是两千人为一旅。旅也引申指军队。

因为军队的士兵需要出征，常年不在家，所以旅引申为寄居在外的人、旅人。《孟子》中孟子劝说齐宣王："今王发政施仁……行旅皆欲出于王之途。"如果能实行仁政，就会让旅人们都愿意在大王的道路上出入。旅也指旅馆、旅舍。

> 夫天地者，万物之逆旅也。——李白《春夜宴从弟桃花园序》

古代军队的编制

项羽大怒曰:"旦日飨士卒,为击破沛公军!"——《史记》

五旅为军,军是最大的编制单位,一军有一万二千五百人。春秋时,那些大诸侯国大多都设有上、中、下三军,后来一直沿用这个称呼。军也泛指军队。

伍卒旅军

军本义是用战车打包围圈的意思。古代打仗主要靠战车,驻扎时用战车围起来,形成营垒,以防敌人袭击。《广雅》中的"军,围也",说的就是这个意思。

及昏,楚师军于邲。晋之余师不能军。——《左传》

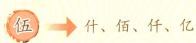

伍 → 什、佰、仟、亿

卒 → 终、亡、殁、薨、逝
　　 碎、翠、粹、淬、啐

旅 → 游、馆、逆、羁

军 → 旗、帜、令、麾、督、饷

古代军队的编制

04 士兵将帅：军队要有主帅

《说文解字》事也。数始于一，终于十。从一，从十。

本义为插苗于地中。在古代，耕作插苗是男子之事，由此引申为男子的美称，又引申指兵士。甲骨文像禾苗立于地上。

《说文解字》械也。从廾持斤，并力之貌。

本义为兵器、武器。甲骨文像两只手拿一把斧头的样子。

《说文解字》帅也。从寸，酱省声。

本义为将领、带兵的人，引申为扶持、扶助、携带、带领等。甲骨文中，左边是剖成一半的竹木片，代表古代用于调兵遣将的兵符；右边上半部分可以看作肉，代指人；右下边像是手的形状，表示手持兵符、发号施令、带兵打仗之人。

《说文解字》佩巾也。

本义为献礼巾。后借以表示军中最高的指挥官。用作动词时，指统率、率领。甲骨文左边是两手展开之形；右边是礼巾，会献礼巾的意思。

军队是由一个个兵士组成的。《资治通鉴》中记载赤壁之战前,周瑜给孙权分析形势时,说曹操"驱中国士众远涉江湖之间,不习水土,必生疾病"。这里的士就指士兵。士也指古代掌管刑狱的官员。

管夷吾举于士。——《孟子·告子下》

"士"又指贵族中最低的一个等级,是介于卿大夫和庶民之间的一个阶层。"士"还是古代四民之一,农、工、商以外,学艺、习武的人都可称为"士"。

缙绅、大夫、士萃于左丞相府,莫知计所出。——《指南录后序》

古代把有才学、有胆识的人也称作"士"。《战国策·魏策》中记载，安陵君派唐雎出使秦国，秦王用"天子发怒，天下就要血流成河"来吓唬唐雎。唐雎根本不怕，他拿"若士必怒，伏尸二人，流血五步"来反击。战国时期的贵族很看重这些"士"。

一定要对这些士谦恭有礼，不可怠慢！

公子还给他们礼物，真是礼贤下士！

公子为人，仁而下士。——《史记·魏公子列传》

士兵将帅

兵也指士兵。成语"草木皆兵"出自《资治通鉴》：淝水之战时，前秦大军人数众多，却打了败仗。晋军前进，驻扎在八公山下。秦王苻坚与阳平公苻融登上城楼，看到晋军军容齐整，八公山上草木茂盛，随风吹拂——

又望八公山上草木，皆以为晋兵。——《资治通鉴》

你看八公山上那些草木，我怎么看像是百万雄兵呀！

您是被吓破胆了吧？疑神疑鬼的。

兵的本义是兵器。《荀子·议兵》中说："古之兵，戈、矛、弓、矢而已矣。"这些都算是兵器。成语"厉兵秣马"出自《作战》，说的就是把兵器磨快，把战马喂饱，比喻事前做好准备工作。兵也指武力或用兵策略、战略。

上兵伐谋，其次伐交，其次伐兵，其下攻城。——《孙子兵法》

军队要有主帅

有士兵就要有将领，有带兵的人。三国时期的英雄们，比如张飞、诸葛亮、庞统、曹丕、周瑜……他们都曾任"中郎将"。将也做动词，指统率、带领。

乃令符离人葛婴将兵，徇蕲以东。——《史记·陈涉世家》

> 帅刘良佐拥骑至城下，呼曰："吾与阎君雅故，为我语阎君，欲相见。"——《阎典史传》

帅也作统率、率领的意思。《左传》中记载郑庄公"命子封帅车二百乘以伐京"，就是命令子封率领二百乘战车，攻打京邑。统率士兵冲锋陷阵的是将领。除去各位将领，军中还有一位主将、统帅。

士兵将帅

160

帅也指地方长官。《国语·齐语》中记载春秋战国时期，齐国就设有县帅，相当于县官、县令。帅也引申为表率、楷模。

> 相国萧、曹以宽厚清净为天下帅。——《汉书·循吏传》

关联字

士 → 隐、贤、雅、志、谋、仕

兵 → 丁、诈、法、刃、戎
　　 兵、兵

将 → 统、率、猛、锵

帅 → 威、主、领、头、师

军队要有主帅

版权专有 侵权必究

图书在版编目（CIP）数据

会讲历史的汉字：全5册 / 杨士兰著；叁月拾，吴新迎绘. -- 北京：北京理工大学出版社，2023.6
ISBN 978-7-5763-2256-9

Ⅰ.①会… Ⅱ.①杨… ②叁… ③吴… Ⅲ.①汉字—少儿读物 Ⅳ.①H12-49

中国国家版本馆CIP数据核字（2023）第061401号

出版发行 /	北京理工大学出版社有限责任公司
社　　址 /	北京市海淀区中关村南大街5号
邮　　编 /	100081
电　　话 /	（010）68914775（总编室）
	（010）82562903（教材售后服务热线）
	（010）68944723（其他图书服务热线）
网　　址 /	http://www.bitpress.com.cn
经　　销 /	全国各地新华书店
印　　刷 /	三河市九洲财鑫印刷有限公司
开　　本 /	880毫米×1230毫米　1/16
印　　张 /	52.5
字　　数 /	750千字
版　　次 /	2023年6月第1版　2023年6月第1次印刷
定　　价 /	169.00元（全5册）

责任编辑 / 李慧智
文案编辑 / 李慧智
责任校对 / 王雅静
责任印制 / 施胜娟

图书出现印装质量问题，请拨打售后服务热线，本社负责调换

会讲历史的汉字

杨士兰 — 著
叁月拾 吴新迎 — 绘

5

北京理工大学出版社
BEIJING INSTITUTE OF TECHNOLOGY PRESS

第二章 礼乐制度

01 仁义：做人要讲仁义 054
02 礼智信：做事要先做人 061
03 跪拜：最高的礼节 068
04 飨主宾客：招待宾客的礼仪 074
05 洗沐笄：妥妥的仪式感 082
06 乐韶诗歌：载歌载舞 089
07 钟鼓磬：打击乐器 097
08 管竹琴：琴韵悠悠 105

目 录

第一章 宗法血亲

01 祖儿孙孝：儿孙要孝敬长辈　002

02 兄弟老幼：相亲相爱一家人　009

03 仲叔季友：兄弟排行　016

04 舅姑翁婿：用婚姻联系起来　024

05 亲孤族祠：一个家族住一起　031

06 姓氏谱：把名字写进家谱　039

07 名字号讳：长者的名字要避讳　046

第三章 民俗文化

01 新元宵灯：新的一年开始了　114

02 社巳清明：清明节踏青去　122

03 端夕重腊：从端午到腊八　130

04 除旧联：除夕夜要守岁　138

05 婚聘媒：无媒不成婚　144

06 娶嫁帐合：天作之合好姻缘　151

07 胡番洋：漂洋过海去外国　159

第一章 宗法血亲

男女结婚后,生下儿子,儿子再生孙子,子子孙孙无穷尽。为了维持一个大家庭的和睦团结,长辈会教育孩子们懂得长幼有序,兄友弟恭。而有血亲关系的家庭会组成一个大家族,有族长管理日常事务,有族谱记录家族代际传承,有族规约束成员的言行。

01 祖儿孙孝：儿孙要孝敬长辈

甲骨文	金文	小篆	楷书
			祖

《说文解字》
始庙也。从示，且声。

本义为祭祀先人的宗庙或神主，引申指祖宗、祖先。进而引申指某种事业或行业、派别的创始人。甲骨文像祭祀时放置礼品的礼器。金文左边加了一个表示祭台的示字。

《说文解字》
孺子也。从儿，象小儿头囟（xìn）未合。

甲骨文	金文	小篆	楷书
			儿

本义是小孩子。甲骨文像一个面朝左站着的大头娃娃，头顶中间是开口的，表示婴儿脑囟骨还没有长在一起。

甲骨文	金文	小篆	楷书
			孙

《说文解字》
子之子曰孙。从子，从系。系，续也。

本义为儿子的儿子，即孙子，引申泛指后代子孙。

《说文解字》
善事父母者。从老省，从子；子承老也。

甲骨文	金文	小篆	楷书
			孝

本义为善于侍奉父母，即尊敬和顺从父母，尽心奉养。甲骨文像长着长头发的老人。金文像孩子背着老人的样子。

《周礼·考工记》中说"左祖右社"，也就是在宫殿左前方设祖庙，用来祭拜祖先；在宫殿右前方设社稷坛，用来祭祀土地神、粮食神。在古代，祭祀祖先是很神圣的事儿，即使灭掉了一个国家，也不要断了那个统治者家族的香火祭祀。

武王善之，封之于宋立其祖。——《荀子·成相》

吾祖死于是，吾父死于是。——《捕蛇者说》

祖也指祖宗、祖先。《盐铁论》中说秦国从封国开始，秦穆公称霸，秦孝公开拓疆域，"故先祖基之，子孙成之"，说的是秦国的先祖打下了基础，到秦始皇的时候，子孙继承并成就了帝业。祖也指祖父。

儿孙要孝敬长辈

> 浮游乎万物之祖，物物而不物于物。——《庄子·山木》

祖引申指事物的本源。《淮南子·原道训》中："夫无形者，物之大祖也；无音者，声之大宗也。"无形是有形之物的开始，无音是声音的本源，就是说有形有声是来自无形无音。祖也指初、开始。

祖儿孙孝

古人尊崇祖先，把祖先视为典范，传承他们的美好德行。所以祖也有效法、承袭的意思。《史记》中记载楚国的宋玉、景差等人"皆好辞而以赋见称"，但是都不敢直言进谏。

> 然皆祖屈原之从容辞令，终莫敢直谏。——《史记·屈原贾生列传》

男曰儿，女曰婴。——《仓颉篇》

《汉书》中记载项羽攻下外黄县后，要杀人，"外黄令舍人儿年十三，往说项王……"这里的"儿"就是父母的孩子。后来，儿也特指男孩。

儿后来又泛指孩童。《老子》中主张要像孩童一样，"专气致柔，能如婴儿乎？"把生命之气聚起来，心气合一，饱满柔和。有时，儿也指男子汉大丈夫、男青年。李贺诗句"男儿何不带吴钩"，说的就是男子汉大丈夫为何不带上武器去参战呢？

发沛中儿，得百二十人，教之歌。——《史记·高祖本纪》

儿孙要孝敬长辈

儿子的儿子就是孙子。《尔雅·释亲》中说："子之子为孙，孙之子为曾孙。"孙子的儿子就是曾孙了。《后汉书》中记载汉章帝即位后，想要封几个舅舅当大官，马太后断然拒绝——

吾但当含饴弄孙，不能复知政事。——《东观汉记·明德马皇后》

孙也泛指后代子孙。苏洵在《六国论》中说："子孙视之不甚惜，举以予人，如弃草芥。"子孙们对先祖传下来的土地不珍惜，轻易送给别人，就像丢掉草芥一样。在中医中，孙也引申指脉络的细小分支。

支而横者为络，络之别者为孙。——《灵枢》

中国自古以来就重视孝道。在家庭中，做子女的尽心奉养、尊敬和顺从父母，这叫作孝。《新书·道术》中说："子爱利亲谓之孝，反孝为孽。"后来孝也泛指尊亲敬老等好品德。

老先生们，慢走！

您是天子至尊，却这么尊敬老人，真是孝的典范呀。

故以天子之尊，尊养三老，视孝也。——《汉书》

《左传·隐公三年》："君义、臣行、父慈、子孝、兄爱、弟敬，所谓六顺也。"按照古代礼俗，在长辈去世后一定时期内，晚辈要穿孝服，以示哀悼。孝也引申指祭祀。

禹，吾无间然矣。菲饮食而致孝乎鬼神。——《论语》

您自己饭食简单，舍不得吃肉，却拿来祭祀鬼神！

祭祀鬼神就是要心诚。

儿孙要孝敬长辈

007

关联字

祖 → 且、诅、沮、租、组、阻
先、辈、始、传、籍

儿 → 几、匹、克、兀、允

孙 → 孔、孜、狲、孩、孺

孝 → 顺、敬、贤、廉
哮、教、考

祖儿孙孝

兄弟老幼：相亲相爱一家人

本义为祷告赐福。古代致祭以长，故借用表示哥哥。甲骨文像一个人面朝左跪着，张口祷告。

本义为用牛皮缠绕的次序。引申泛指次序、次第。兄弟按照年龄排出次第，所以后来假借为兄弟之义。

本义为年老、衰老，引申为老练。甲骨文像长发弯腰手挂拐杖的老人的形象。

本义为年幼力小。引申指幼小、年纪小。甲骨文从幺（表示细小），从力，会力量弱小的意思。

家庭中同辈按照出生前后称兄道弟。《尔雅》中说："男子先生为兄，后生为弟。"先出生的是兄，后出生的就是弟弟了。古代也会把姐姐称作"兄"，妹妹称作"弟"。

对长辈要孝敬，兄弟姐妹之间则要友爱，互相扶持。《史记·五帝本纪》中记载舜向四方传布五教，让父亲仁义、母亲慈爱、兄弟友爱、子孙孝顺，这样才能家庭和睦，邻里真诚。

兄弟老幼

弥子之妻与子路之妻，兄弟也。——《孟子》

兄友弟恭，子孝，内平外成。——《史记》

> 是故其耨也，长其兄而去其弟。——《吕氏春秋》

兄也泛指对他人的尊称。柳宗元在《与萧翰林俛书》中对萧翰林诉说自己的心声，说完后又嘱咐："兄知之，勿为他人言也。"说得太多，怕又给自己增加罪名，所以，您知道就行了，不要对别人说起。兄也指先长出来的比较大的事物。

按照生长次序，禾苗长出来晚的也叫作弟。弟的本义就是次序。《吕氏春秋·原乱》中说："乱必有弟。大乱五，小乱三。"祸乱一定会按等次顺序而来，大祸乱多次发生以后，还会有数次小祸乱。

> 孔子尝过郑，与子产如兄弟云。——《史记》

相亲相爱一家人

可谓孔门之弟，洙泗遗徒。——《工部侍郎李公集序》

古代儒家把尊敬兄长、友爱兄弟的伦理道德称作弟，也写作"悌"。《礼记》中记载："孝者所以事君也，弟者所以事长也。"侍奉君主要孝敬恭顺，对待兄长要尊敬友爱。弟也指门徒、学生。

兄弟老幼

其为人也，发愤忘食，乐以忘忧，不知老之将至云尔。——《论语·述而》

一个家庭中，上有老，下有小，要互相关心爱护，家庭才能温馨幸福。《孟子·梁惠王上》中提倡："老吾老以及人之老，幼吾幼以及人之幼。"像孝敬自己的长辈一样孝敬别人家的长辈，像爱护自己的孩子一样爱护别人家的孩子。老由此引申指老年、晚年。

年纪大的人富有经验，办事稳重，因此"老"引申为"老练"的意思。如杜甫《奉汉中王手札》中写道："枚乘文章老。"意思就是说文学家枚乘写文章很老练。老也指富有经验的，和"嫩"相对。

老也指历时长久，很久以前就存在的，和"新"相对。《左传·僖公三十三年》中："老师费财，亦无益也。"这里的"老师"不是上课的老师，这句是说让军队长期征战以致疲惫不堪，浪费钱财，一点益处都没有。老也指疲惫、困乏。

古代家庭中一般都会有几个孩子,所以那时候很讲究长幼之间的次序。《荀子》中说:"长幼有序,则事业捷成而有所休。"孩子们按照年龄大小的次序,各守本分和谐共处,事业就能很快成功并且让老人能好好休息,安享晚年。幼也指小孩子。

携幼入室,有酒盈樽。
——《归去来兮辞》

幼也引申指年少的时候、小时候。屈原在《涉江》中说:"余自幼好此奇服兮,年既老而不衰。"他自己小时候就喜欢这种奇异服装,到现在,年岁已老,兴趣却丝毫不减。王莽篡权建立新朝后,铸了一种钱叫"幼钱"。

兄 → 竞、祝、况、党、兑

弟 → 剃、涕、梯、递、睇、悌

老
→ 和人有关 孝、敬、寿、夭、衰、古、长
→ 和物有关 陈、旧、熟、破、烂、腐、朽

幼 → 稚、幻、黝、呦

相亲相爱一家人

03 仲叔季友：兄弟排行

甲骨文	金文	小篆	楷书

《说文解字》
中也。从人从中，中亦声。

本义为排行第二。甲骨文、金文都是中，表示居中的意思。小篆加了人字，和中字区分开来。

《说文解字》
拾也。从又尗声。

金文	小篆	楷书

本义是捡拾，也通"菽"，指豆类植物。后假借为父亲的弟弟，又指丈夫的弟弟，还指在兄弟排行中第三。金文左边像豆科植物的豆荚成熟裂开后，豆粒散落下来；右边是一只手，用手将散落在地上的豆粒拾取的意思。

甲骨文	金文	小篆	楷书

《说文解字》
少称也。从子，从稚省，稚亦声。

本义为幼禾，引申泛指幼、少小，进而引申指同辈中排行最小的。甲骨文上面是一株禾苗，下面是子，会幼小禾苗的意思。金文禾苗向左弯曲，子身体的方向向右。

《说文解字》
同志为友。从二又。相交友也。

本义是朋友。甲骨文和金文都是方向相同的两只右手靠在一起的样子，会志同道合地做一件事情的意思。

古代家庭中的孩子很多，从老大按年龄依次排下来，称作"伯仲叔季"。孔子字仲尼，由"仲"字，可知他排行老二。

汉高祖刘邦做皇帝后，修建好了未央宫，大宴群臣，老父亲也在场。他得意地给老爸敬酒，要和二哥比一比——

始大人常以臣无赖，不能治产业，不如仲力。——《史记·高祖本纪》

今某之业所就孰与仲多？——《史记·高祖本纪》

兄弟排行

古人有名有字。商朝人二十岁举行加冠礼之后，称呼字的时候，就会加上排行。而周朝以后，加冠礼后只称呼字，不加"伯仲叔季"，到五十岁之后才加上排行，和字一起称呼。

五十以伯仲，周道也。——《礼记·檀弓》

仲也特指每个季节的第二个月。一年春夏秋冬四季，每个季节的三个月各有不同的名字，比如春季的第一个月叫孟春，第二个月叫仲春，第三个月叫季春。

凡四时成岁，有春夏秋冬，各有孟仲季，以名十有二月。——《逸周书·周月》

兄弟中排行老三的称作"叔"。《尚书》中说："伯父伯兄，仲叔季弟，幼子童孙，皆听朕言。"女人称呼丈夫的弟弟也叫"叔"。

父之兄弟后生为叔父，父之弟妻为叔母。又夫之弟为叔。——《尔雅》

九月叔苴，采荼薪樗，食我农夫。——《诗经·豳风·七月》

叔还指末、衰。《晋书·刘颂传》中刘颂上书皇帝，称赞他是开创基业的君主，"然所遇之时，实是叔世"。这里的"叔世"指的是东汉末年的混乱局面。其实，叔的本义是拾取。

凡服耗，斩季材，以时入之。——《周礼·地官·山虞》

排行最小的弟弟就称为季。《明史·太祖本纪》中记载明太祖朱元璋的父亲叫朱世珍，"生四子，太祖其季也"。太祖是最小的那个。季由此引申为稚嫩、不成熟。

仲叔季友

季也引申为衰微。《周书》中记载南北朝时期的周武帝临死前说："昔魏室将季，海内分崩，太祖扶危翼倾，肇开王业。"从前魏王室衰微，天下分崩离析，太祖皇帝拯救危难，建立了大周帝业。季也可以指一个朝代的末期。

叔向曰："齐其何如？"晏子曰："此季世也。"——《左传》

家庭生活中，父母都会教育兄长要对弟弟友爱，弟弟要对兄长恭敬。《尚书·康诰》中说："兄亦不念鞠子哀，大不友于弟。"哥哥也不考虑弟弟幼稚，对弟弟很不友好。友还引申指相互友爱帮助的朋友。

古代很看重交友之道。《礼记》中记载交朋友要志同道合，大家都有成就自然高兴，彼此有高下差距也不嫌弃，行为要方正，信守道义。

与朋友交而不信乎？——《论语》

同而进，不同而退。其交友有如此者。——《礼记·儒行》

兄弟排行

友也指给予帮助或支持。《孟子》中说："出入相友，守望相助，疾病相扶持，则百姓亲睦。"出入劳作时相互帮助，抵御盗寇时伸出援手，有疾病事故时互相照顾，这就是和谐社会。

友用作动词，指结交。《三国志·先主传》中记载先主刘备刚开始起兵抗击黄巾军时，打了败仗，就去投奔好友公孙瓒。

仲 → 冲、种、钟、种、忡、肿

叔 → 俶、淑、督、菽

季 → 小、四、李、秀、悸

友 → 恭、朋、爱、善、敌

兄弟排行

04 舅姑翁婿：用婚姻联系起来

小篆　　楷书

《说文解字》
母之兄弟为舅，妻之父为外舅。从男，臼声。

本义为母亲的兄弟，又引申指妻子的兄弟。小篆右边为男，表示与男子有关，臼声。

《说文解字》
夫母也。从女，古声。

金文　　小篆　　楷书

本义为丈夫的母亲，后引申指父亲的姐妹。

小篆　　楷书

《说文解字》
颈毛也。从羽，公声。

本义为鸟的浓密颈毛。古代还将"翁"借作"公"，指父亲，也泛指老年男子。

《说文解字》
夫也。从士，胥声。

小篆　　楷书

本义为古时女子对丈夫的称呼，引申为对成年男子的美称，又指女儿、妹妹或其他晚辈的丈夫。

家庭中除了直系亲属，还会有旁系亲属和因婚姻而结成的亲戚。女子出嫁后就成为别人家的媳妇，娘家和夫家就有了姻亲关系。《尔雅·释亲》中记载："妇称夫之父曰舅，称夫之母曰姑。"

媳妇称丈夫的父母为舅姑，丈夫称妻子的父母也为舅姑。《尔雅·释亲》中解释："妻之父为外舅，妻之母为外姑。"外舅、外姑就是指今天的岳父母。

用婚姻联系起来

古代帝王称异姓大邦诸侯为"伯舅",称异姓小邦诸侯为"叔舅"。诸侯也称异姓大夫为"舅"。《左传》中记载,齐桓公和诸侯在葵丘会盟,周襄王派来的使臣宰孔,就把这位诸侯霸主称为"伯舅"。

天子有事于文武,使孔赐伯舅胙。——《左传》

天子正在祭祀文王和武王,派我来赐给您胙肉。

舅姑翁婿

其实,舅的本义是母亲的兄弟。《晋书·何无忌传》:"何无忌,刘牢之之甥,酷似其舅。"何无忌是刘牢之的外甥,长得特别像舅舅。舅也引申为妻子的兄弟,古代皇后或太后的兄弟称为"国舅"。

韦澳为京兆尹,豪右敛手。国舅郑光庄不纳租,澳击其主者。——《东观奏记》

很多豪族都被本官收拾得服服帖帖了,国舅的农庄也不例外!

京兆尹韦澳大人到了,快快出来!再不出来,我们就要打进去了。

丈夫的母亲叫姑，舅姑连用指公婆。《尔雅》中说："姑在则曰君姑，姑殁则曰先姑。"婆婆在世就叫作"君姑"，婆婆去世后就要称作"先姑"了。丈夫的姐妹也称作"姑"。

后来，姑也指父亲的姐妹。《左传》中记载晋献公把女儿伯姬嫁给秦王时占卜，结果是不吉利，其中就说到伯姬的侄子子圉以后的命运——

侄其从姑，六年其逋，逃归其国。——《左传》

> 事翁姑受事有数，饔飧（yōng sūn）井臼之操必自。

在古代，丈夫的父亲、妻子的父亲都可以称为"翁"。提到公婆，可以说舅姑，也可以说翁姑。《兵部尚书节寰袁公夫人宋氏行状》一文，记录了明朝兵部尚书袁可立夫人宋氏的生平事迹，其中提到——

翁也泛指老年男子。《方言》中说："凡尊老，周晋秦陇谓之公，或谓之翁。"对老年男子的尊称，周晋秦陇这些地方称作"公"，或者叫作"翁"。

> 孤舟蓑笠翁，独钓寒江雪。——《江雪》

> 吾翁即若翁，必欲烹而翁，则幸分我一杯羹。——《史记·项羽本纪》

翁也特指父亲。《史记·项羽本纪》中记载，项羽和刘邦争夺天下时，抓住了刘邦的老父亲，威胁他放下武器，否则，就把他老爹煮了吃。

对父母而言，女儿的丈夫称为婿。同时，女人称呼自己的丈夫也为婿。《记王忠肃公翱事》中记载王翱把女儿嫁给京城附近某官员为妻。他的夫人想念女儿，想让他把女婿调回京城。王翱不同意。

用婚姻联系起来

> 公大怒……出，驾而宿于朝房，旬乃还第。婿竟不调。

关联字

舅 → 甥、公、表

姑 → 婆、侄、古、故、沽

翁 → 寿、须、嗡、瓮

婿 → 赘、招、择、胥

舅姑翁婿

05 亲孤族祠：一个家族住一起

金文　小篆　楷书　亲

《说文解字》
至也。从见，亲声。

本义为关系密切、亲近，特指父母亲，又泛指有血缘关系或婚姻关系的人。

《说文解字》
无父也。从子，瓜声。

小篆　楷书　孤

本义为幼年死去父亲。引申指孤单、单独。

甲骨文　金文　小篆　楷书　族

《说文解字》
矢锋也。束之族族也。

本义是箭头。箭用于作战，而作战又需要聚集众多的人和矢，所以"族"又引申为聚合。古代同一家族或同一氏族是一个战斗单位，故"族"又引申指宗族、家族。甲骨文像旗下聚两矢的形状。金文去掉一矢。小篆旗帜写作"方"，演变为左右结构。

《说文解字》
春祭曰祠。品物少，多文词也。从示司声。仲春之月，祠不用牺牲，用圭璧及皮币。

小篆　楷书　祠

本义为春祭。祠堂指同族子孙祭祀祖先的处所。

在人类的社会关系中，子女对父母亲的感情是最为深厚的。《礼记·奔丧》中"始闻亲丧"，说的就是父亲或母亲的去世。

《战国策》中有个故事，穷困潦倒的冯谖投奔了孟尝君，先是弹着长剑唱歌，说没有鱼吃；得到满足后，过了几天又说出门没有车子坐。孟尝君又给他配了马车，可他仍然不满意。

恐侍御者之亲左右之说，而不察疏远之行。——《史记·乐毅列传》

除了父母双亲，关系密切的还有血缘关系或婚姻关系的人。所以，亲也泛指亲属、亲眷。不过，亲的本义是关系密切、亲近。诸葛亮在《出师表》中劝谏后主刘禅要"亲贤臣，远小人"，亲近贤能的臣子，疏远小人。亲也引申为相信、信任。

亲又引申出接近、接触的意思。《孟子·离娄上》："男女授受不亲，礼也；嫂溺，援之以手者，权也。"男女之间传递或接受东西，不能有手的接触。但是，嫂子落水了，伸手去救，这是权宜之计，要懂得变通。亲也引申为亲自、亲身。

一个家族住一起

033

武王亲释其缚，受其璧而祓之。——《左传·僖公六年》

有妈的孩子是块宝。有父母在，孩子便幸福。《孟子·梁惠王下》中说："老而无子曰独，幼而无父曰孤。"年老了没有儿子赡养叫作独，小孩子没有了父亲叫作孤。孤由此引申为孤独、单独、单薄。

且燕赵处秦革灭殆尽之际，可谓智力孤危。——苏洵《六国论》

孤也引申指少、贫乏。《礼记·学记》："独学而无友，则孤陋而寡闻。"一个人独自学习，没有同伴的交流探讨，就会导致学识贫乏浅薄，见识不广。孤还引申为孤立。

是以主孤于上而臣成党于下。——《韩非子·奸劫弑臣》

古代王侯是一国的统治者，自称为"孤"或"寡人"。《老子》说王侯自称"孤寡"并不是真的以贫贱为根本的自谦，而是故作姿态，欺世盗名，其实仍然是在显示自己的所谓"高贵"。

有血缘关系的几代人组成的社会群体，叫作"家族"。《管子》中说："公修公族，家修家族。使相连以事，相及以禄，则民相亲矣。"古代人很讲究家族亲情。

其诗以养父母、收族为意，传一乡秀才观之。——《伤仲永》

一个家族住一起

> 士大夫之族，曰师曰弟子云者，则群聚而笑之。——韩愈《师说》

古代有一种很残酷的刑罚，采用连坐的方式，把犯人的全部族人都处以死刑，就是灭族。族也就引申为灭。杜牧在《阿房宫赋》中说："族秦者，秦也，非天下也。"灭掉秦朝的，是秦朝自己，而不是天下人。族也引申指有共同属性的群类。

族的本义是箭头，由箭头引申为丛聚、群集。《庄子·在宥》中说："云气不待族而雨，草木不待黄而落。"云气不等聚集起来，就开始下雨了；草木还没等到枯黄，就已经落了。族也引申指筋骨交错聚结的地方。

> 每至于族，吾见其难为，怵然为戒。——《庄子·养生主》

> 文翁终于蜀，吏民为立祠堂。及时祭礼不绝。——《汉书·循吏传》

古代同族的人住在一起，死后也会埋葬在一起。家族墓地常常会建立祠堂，作为同族子孙祭祀祖先的场所。祠堂也可以供奉鬼神或先贤。祠堂最早出现于汉代——

后来，也有些人开始为活着的人立生祠。《史记·万石君传》中记载，石万君的儿子石庆在齐国做国相，不用发布命令，就能把国家治理得很好。百姓都仰慕他一家人的品行，于是建了石相祠，这就是生祠。祠也引申为祭祀。

> 秦、韩为一以南乡楚，此秦王之所以庙祠而求也。——《韩非子·十过》

一个家族住一起

关联字

亲 → 新、辛、薪
亲 → 躬、自、省、密

孤 → 独、零、寡、僻、伶、仃

族 → 旅、簇、镞、旌、旗

祠 → 词、伺、饲、祉、视

亲孤族祠

06 姓氏谱：把名字写进家谱

《说文解字》 人所生也。古之神圣母，感天而生子，故称天子。从女，从生，生亦声。

本义为标志家族系统的字。

《说文解字》 巴蜀山名。氏崩，闻数百里。象形，乀声。

本义是古代贵族标志宗族系统的称号。甲骨文像种子初萌长出一根一芽之形。

《说文解字》 籍录也。从言，普声。

本义为依照事物的类别、系统制的表册。

随着人类的繁衍,家族越来越多,一种标志家族系统的称号"姓"出现了。神农的母亲住在姜水,黄帝的母亲住在姬水,舜的母亲住在姚虚,因此他们三人,分别姓姜、姬、姚。这就是历史上记载的根据出生地赐姓。

天子建德,因生以赐姓。——《左传》

在分封制的时代,有的人就用自己的封地做了姓。《史记·项羽本纪》中记载:"项氏世世为楚将,封于项,故姓项氏。"项羽家世世代代做楚国将军,封在项地,所以就以项为姓。有时候皇帝还会把自己的姓赐给有功劳的大臣,表示奖赏。

遂赐姓刘氏,拜为郎中,号为奉春君。——《史记·刘敬叔孙通列传》

《史记·屈原贾生列传》中记载:"屈原者,名平,楚之同姓也。"屈原和楚国的王族同姓。除了王族,古代的上流社会还会有一些名门望族,很有势力和影响力。

姓也指家族。柳宗元到永州,发现这里有个地方叫铁炉步。因为这里原来住过一个铁匠,守着铁炉打铁,于是就叫了这个名字。虽然过去了很多年,铁炉早没有了,但这个名字一直流传了下来。

> 今世有负其姓而立于天下者,曰:"吾门大,他不我敌也。"——《永州铁炉步志》

> 姓者，统其祖考之所自出。氏者，别其子孙之所自分。——刘恕《通鉴外纪》

上古时，"姓"是家族的称号，而"氏"则是"姓"的分支。后来子孙繁衍，一族分化成若干个分支，每一个分支都有一个特殊的称号作为标志，以便和别的分支区别开来，这就是"氏"。

顾炎武在《日知录》中说："姓、氏之称，自太史公始混而为一，本纪于秦始皇则曰'姓赵氏'，于汉高祖则曰'姓刘氏'。"姓和氏从太史公司马迁写《史记》时就开始混用了，把秦始皇称作"姓赵氏"，把汉高祖称作"姓刘氏"。古代妇女出嫁后称某氏，也可以再加上丈夫的姓称为某某氏。

> 诏曰：栾妻何氏，可封息国夫人。——《息国夫人墓志铭》

"氏"也会加在远古传说人物后面表示称呼。《易经·系辞下》中有记载:"神农氏没,黄帝、尧、舜氏作。"神农氏去世后,黄帝、尧帝和舜帝接连兴起。氏还可以加在官职后面。

将葬,舍人与其季弟湘,问铭于太史氏韩愈。——韩愈《唐故朝散大夫董府君墓志铭》

太史氏韩愈大人,请您为我哥哥写一篇墓志铭吧。

拿纸笔来,我这就写!

把名字写进家谱

十二曰谱系,以纪世族继序。——《旧唐书·经籍志》

史部的第十二类是谱系,记录世族的繁衍顺序。

古代一些大家族,都会有家谱,来记录家族的人丁繁衍和重要人物事迹。《宋史》中就明确提到了"家谱":"司马光《宗室世表》三卷,《臣寮(liáo)家谱》一卷。"

> 自殷以前诸侯不可得而谱，周以来乃颇可著。——《史记·三代世表》

谱也指按照事物的类别或系统编排记录。《释名》中解释："谱，布也。布列见其事也。"谱，就是陈述，按照系统陈述编排各种事迹。

谱也指按顺序或系统编排而成的表册。中国书法史上有一本《书谱》；日常生活中还有菜谱；用符号或文字列记乐歌的音节、声调，以便奏唱的叫乐谱。

> 自历代至于本朝，雅乐皆先制乐章而后成谱，崇宁以后乃先制谱后命词。——《宋史·乐志》

姓 → 性、牲、胜、笙

氏 → 纸、舐、昏、氐

谱 → 说、课、谈、论、话、评

把名字写进家谱

07 名字号讳：长者的名字要避讳

甲骨文	金文	小篆	楷书

《说文解字》
自命也。从口，从夕。夕者，冥也。冥不相见，故以口自名。

本义为自己报出名字、起名字。由命名引申为名词，表示名字。

《说文解字》
乳也。从子在宀下，子亦声。

金文	小篆	楷书

本义指生育孩子，引申为抚养，又引申为女子许婚，还引申指人的别名。金文为孩子在房屋里出生的样子。

小篆	楷书

《说文解字》
呼也。从号，从虎。

本义为大声喊叫。

《说文解字》
忌也。从言，韦声。

金文	小篆	楷书

本义是因有所顾忌而不敢或不愿说，即避忌。用作名词时，指所忌讳的东西。

人都有姓名，名是父母或长辈给起的。《礼记·檀弓上》说："幼名，冠字。"孔颖达对这句话做了解释：小孩子出生三个月后，就要给起个名，这个名相当于乳名。等到二十岁的时候，朋友们就不能再称呼这个乳名了，所以加冠后要再取一个字。

爽之为太子洗马，常奏文帝云：皇太子诸子未有嘉名，请依《春秋》之义，更立名字。——《北史·陆俟传》

名也指以……为名。《史记·老子韩非列传》："老子者……姓李氏，名耳，字聃。"除了指人的名称，名也指事物名称。

子曰："小子何莫学夫诗？诗……迩之事父，远之事君，多识于鸟兽草木之名。"——《论语·阳货》

长者的名字要避讳

古代男人加冠之后，除了姓名，还有了字。"名"只供长辈和自己称呼，自称其名是自谦，而"字"是供社会上的人称呼的。《白虎通·姓名》中记载："闻名即知其字，闻字而知其名，盖名与字相比附故。"

古人的名和字之间有意义上的联系。有的名和字意义相同或相近，有的则是名和字的意思正相反。例如孔子的学生曾点，字皙。点，是小黑点的意思，而皙指的却是人肤色白。

> 其僚无子，使字敬叔。——《左传》

字的本义是生孩子。《山海经·中山经》中说："苦山有木，服之不字。"苦山有种树木，食用了它的果实就不能生孩子啦。字由此引申为抚养孩子。

字还泛指教育、传授知识。《金史·耨碗温敦兀带传》中记载："天会间，充女直字学生，学问通达……"字，也指文字。

> 有奇字素无备者，旋刻之。
> ——《梦溪笔谈·活板》

长者的名字要避讳

古人除了姓名和字外，还有号。号是除了名字之外的别称，所以也叫别号，大多数是自己起的，也有的是别人送的，跟名字无关。号除了用作称呼，还用作文章、书籍、字画的署名。

（太守）饮少辄醉，而年又最高，故自号曰醉翁也。——《醉翁亭记》

还有一些社会地位比较高的人，死后会加一个谥号，表示后人对他的评价。比如：周文王就是开国明君，周幽王、周厉王就是糊涂君主。

暴其民甚……名之曰"幽""厉"。——《孟子·离娄上》

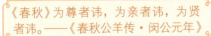

古代有避讳制度,是指说话或写文章时,遇上君主或尊亲的名字,不直接说出或写出。《孟子·尽心下》记载:"讳名不讳姓。"避讳名,不用避讳姓。

古代会在死去的帝王或尊长的名字前面加"讳"字。韩愈在《柳州罗池庙碑》中写道:"柳侯,河东人,讳宗元,字子厚。"这就是在表示对柳宗元的尊敬。"不可讳"也可以委婉地表示死。

长者的名字要避讳

关联字

名 → 铭、茗、洺、言、闻、声、匿、实

字 → 帖、体、文、音、数、句

号 → 呼、啕、令、角、记

讳 → 避、隐、饰、伟、违、帷

名字号讳

第二章 礼乐制度

　　一个社会要想和谐安宁，只靠管理是不够的，还要教化引导。儒家确定了做人的基本道德——仁、义、礼、智、信。他们还制定了严格的礼仪，来显示地位尊卑。同时，古人也发现音乐有净化心灵的作用，于是把礼乐联系起来，建立了完善的礼乐制度。

01 仁义：做人要讲仁义

《说文解字》
亲也。从人，从二。

　　本义是对人亲善、仁爱。甲骨文、小篆都从人，从二，会二人相亲近，以人道相待的意思。

《说文解字》
己之威仪也。从我羊。

　　本义为威仪、礼仪，引申为正义、合宜的道德、行为或道理。

随着社会的发展，人类形成了一套道德体系，约束人们的行为，保证社会和谐运行。孔子首先提出了仁、义、礼：仁就是爱人；义就是事事做得适宜，合乎规范；礼，要以和为贵。

> 仁者人也，亲亲为大；义者宜也，尊贤为大；亲亲之杀，尊贤之等，礼所生焉。——《中庸》

后来，孟子又在仁、义、礼的基础上加入智，构成"四德"。《孟子》中说："仁、义、礼、智，非由外铄我也，我固有之也，弗思耳矣。"仁、义、礼、智不是外部给予的，自己本来就拥有这些，只是人们没有用心领悟罢了。

> 恻隐之心，仁也；羞恶之心，义也；恭敬之心，礼也；是非之心，智也。——《孟子》

做人要讲仁义

到了汉朝，董仲舒又加入了"信"，把"仁、义、礼、智、信"称为"五常"。他在《举贤良对策一》中说："夫仁、义、礼、知、信，五常之道。"这"五常"贯穿于中华伦理的发展中，成为中国价值体系中最核心的因素。"五常"之中，仁就是最高的道德标准。

> 仁者，谓其中心欣然爱人也。——《韩非子·解老》

道家也提倡仁，但和儒家的"上下相亲谓之仁"不同。《庄子·天地》中说："爱人利物之谓仁。"庄子认为仁就是要随顺人和物的自然本性。在儒家思想里，仁也引申为仁政。

> 以力假仁者霸……以德行仁者王。——《孟子》

仁义

056

仁由仁爱的意思引申为同情、怜悯。柳宗元在《天说》中论述人的祸福都是自己行为招来的，希望上天奖功罚过是荒谬的；呼叫埋怨，想要上天发善心怜悯自己，那就更加荒谬了。

仁也指有道德的人。范仲淹在《岳阳楼记》中说："予尝求古仁人之心……不以物喜，不以己悲。"他探究古代有道德的人的心境，不因外物的好坏而或喜或悲。那么，什么样的人才算仁人呢？

"义"的本义是威仪，引申出合宜、有道德等意义。《释名》中说："义者，宜也，裁制事物使合宜也。"义，就是合宜，裁度处理事物让它合乎时宜，不违背良心或者准则。

《孟子》又把四德解释为"四端"，他说："恻隐之心，仁之端也；羞恶之心，义之端也……"他认为有同情心，就是施行仁的开始；而羞耻心则是施行义的开始……

孟子把"义"看得很重要，甚至高于生命，他主张面对大是大非要"舍生取义"。他说："生，亦我所欲也；死，亦我所欲也。二者不可得兼，舍生而取义者也。"生命和道义不能同时拥有的时候，孟子选择为了道义而舍弃生命。

《墨子》一书中讲述了墨子听说楚国要攻打宋国的消息，赶去阻拦，他找到为楚国造云梯的公输盘——

义不杀少而杀众，不可谓知类。——《墨子·公输》

关联字

 → 慈、政、术、瞳
仕、侍、任、什

 → 利、恩、涵、仗
仪、议、蚁、义

02 礼智信：做事要先做人

甲骨文	金文	小篆	楷书

《说文解字》
履也。所以事神致福也。从示从豊，豊亦声。

本义指祭神、敬神，引申为表示敬意的通称。甲骨文就像祭器豆中放着两串玉。小篆添加了示，表示祭礼。

《说文解字》
识词也。从白，从亏，从知。

甲骨文	金文	小篆	楷书

本义是聪明，智力强，引申为智慧、智谋。

金文	小篆	楷书

《说文解字》
诚也。从人，从言。

本义为语言真实。如《老子》："信言不美，美言不信。"引申泛指诚实有信用，又引申指相信、信任。

仁、义、礼、智是儒家推崇的四种德行。《孟子》中说："辞让之心，礼之端也；是非之心，智之端也。"辞让心就是施行礼的开始，是非心就是智的开始。随着社会的发展，礼成为规范社会行为的道德规范和行为准则。

凡人之所以贵于禽兽者，以有礼也。——《晏子春秋》

人类把这些行为准则称为礼法，用来约束人类的行为。《论语》中说："夫子循循然善诱人，博我以文，约我以礼。"先生善于有步骤地引导我们，用各种文献来丰富我们的学识，用礼来约束我们的行为。礼也指礼貌。

秦师轻而无礼，必败。轻则寡谋，无礼则脱。——《左传》

礼也指以礼相待、厚待。《孟子·滕文公上》中说:"是故贤君必恭俭礼下,取于民有制。"贤能的君主一定要庄重、节俭、厚待群臣,并按照制度向老百姓征收赋税。礼也指礼品,为表示庆贺、敬意或感谢而赠送的物品。

及受礼,唯酒一斗,鹿肉一柈。——《晋书·陆纳传》

礼也指儒家经典六经之一——《礼记》,也称为《礼》。

孔子谓老聃曰:「丘治《诗》《书》《礼》《乐》《易》《春秋》六经。」——《庄子·天运》

做事要先做人

063

礼的本义是祭神求福,引申为礼仪。《大戴礼记·本命》中记载:"冠、婚、朝、聘、丧、祭、宾主、乡饮酒、军旅,此之谓九礼也。"列出来的这些是古代的九种礼仪。

卒廷见相如,毕礼而归之。——《史记》

儒家认为,人要讲究仁义礼,还要有能明辨是非的"智"。古代人对于"智"的理解各不相同。《管子》中认为:"四时能变谓之智。"顺应四时的变化而变化,这就叫作有智慧。

凡人之智,能见已然,不能见将然。——《治安策》

智的本义是聪明、智力强。《史记·项羽本纪》记载汉王刘邦拒绝项羽,"吾宁斗智,不能斗力"。刘邦宁愿在智力上比拼,也不想较量力气。智也指聪明的,智者指有智慧的人。

智者千虑,必有一失;愚者千虑,必有一得。——《史记·淮阴侯列传》

汉朝的董仲舒又提出"信",和"四德"并称为"五常"。《白虎通·情性》中说:"信者,诚也。专一不移也。"信,就是诚,专心一意不改变。《孟子》中则认为:"有诸己之谓信。"对自己做的事负责就叫作诚信。

为人谋而不忠乎?与朋友交而不信乎?——《论语》

你今天为别人做事竭尽全力了吗?和朋友交往有没有讲究诚信?

做事要先做人

信也指不发生差误,有规律。《管子·任法》:"故圣君设度量,置仪法,如天地之坚,如列星之固,如日月之明,如四时之信。"圣明君主设置度量和仪法,就像天地和星辰那样坚固,像日月那样明朗,像四季一样准确,有规律。信由此引申为相信。

> 忌不自信,而复问其妾曰:"吾孰与徐公美?"——《邹忌讽齐王纳谏》

礼
智
信

信也指符契、凭证。《墨子·号令》中记载:"大将使人行,守操信符。信不合,及号不相应者,伯长以上辄止之。"大将派人巡查守卫情况时,要拿着信符。对信符不合、口号对不上的人,就要被扣押起来。信还引申为使者、传递公文函件的人。

> 命战车满道路,发信臣,多其车,重其币。——《史记》

礼 → 仪、貌、赞、献
  → 扎、轧、札

智 → 慧、谋、囊、才、睿
  → 知、痴、蜘、旨、替、普

信 → 用、封、守、疑、函、托、誓

做事要先做人

跪拜：最高的礼节

小篆　楷书　　《说文解字》
拜也。从足，危声。

本义为跪坐，又引申特指足、小腿。

《说文解字》　甲骨文　金文　小篆　楷书
手至地也。

本义是拔起禾麦献给神祖，引申为一种表示敬意的礼节。甲骨文像双手捧禾麦献给神的样子，会向神祖拜祭祈祷的意思。

古人的礼仪，除了规范人的行为，还可以表达敬意。跪就是其中之一。《正字通》中解释：两膝着地，屁股放在脚后跟上，叫"坐"；两膝着地，大腿伸直随时可能摔倒的叫"跪"；跪下之后进一步用头触地的叫"拜"。

最初，跪只是用来表示敬意，和地位尊卑没有关系。《后汉书·列女传》中说："（乐羊子）一年来归，妻跪问其故。"乐羊子出外求学一年回来，本来坐着的妻子跪直了身子问他原因。

秦王色挠，长跪而谢之。——《战国策》

最高的礼节

跪有时候只是指屈膝着地这个动作。《史记·孙子吴起列传》中写孙武在训练中，杀掉两个不听话的宠妃之后，"妇人左右前后跪起，皆中规矩绳墨，无敢出声。"那些女子左右前后跪下站起，都规规矩矩，谁也不敢作声了。跪也引申指脚。

蟹六跪而二螯，非蛇鳝之穴无可寄托者，用心躁也。——《荀子·劝学》

跪拜

比跪更加能表达尊敬臣服的礼节就是拜。不过最早的拜相当于现在说的作揖。《荀子》中记载：两手相拱低头弯腰，头和腰一样高，叫作拜；跪下后两手相拱拜至地，低头至手，头比腰低，这叫作稽首。

平衡曰拜，下衡曰稽首，至地曰稽颡。——《荀子》

> 范雎再拜，秦王亦再拜。——《战国策》

《周礼》中记录了当时的跪拜礼，称为九拜："一曰稽首，二曰顿首，三曰空首，四曰振动，五曰吉拜，六曰凶拜，七曰奇拜，八曰褒拜，九曰肃拜。"正是当时不同层次的社会成员在不同场合使用的特定礼仪。

最高的礼节

拜又指行见面礼表示祝贺，还引申为拜访、拜见。《论语》中记载阳货想召见孔子，但孔子却不想去拜见他。

> 孔子时其亡也，而往拜之。

刘邦建立汉朝之后，觉得君臣礼节不够严格。一个叫叔孙通的人就召集了很多儒生，设计了一套朝仪制度。长乐宫落成时，上演了这套礼仪制度。群臣行礼后，又摆出酒宴。陪同皇帝在大殿一起宴饮的大臣都拜倒在地……这样的跪拜礼，表示了对皇帝的臣服，所以，朝会之后，刘邦终于体会到了做皇帝的尊贵。

跪拜

拜还表示授予官职。

将军备称帝号，拜亮为丞相。——《三国志》

跪 → 跽、屈、膝
跪 → 危、诡、桅

拜 → (和态度有关) 崇、访、忏、盟、服、膜
拜 → (和动作有关) 伏、倒、叩、磕

最高的礼节

04 飨主宾客：招待宾客的礼仪

甲骨文	金文	小篆	楷书
			飨

《说文解字》乡人饮酒也。从食，从乡，乡亦声。

本义为乡人相聚宴饮。引申泛指设宴款待宾客。甲骨文和金文都像是两人相对而坐，中间放着食器，表示相向对食。

《说文解字》灯中火主也。

甲骨文	金文	小篆	楷书
			主

本义是指灯头火焰。此义后来写作"炷"。灯头火焰是灯的中心主体，故引申指最主要的、最基本的。进而引申指主人、君主、首领。甲骨文下部像灯碗、灯座，上部像点燃的火苗的样子。

甲骨文	金文	小篆	楷书
			宾

《说文解字》所敬也。

本义为客人，进而引申表示用宾客的礼节相待。甲骨文从宀，从人，从止，会人来到屋里的意思。金文加"贝"，表示还带着礼物。

《说文解字》寄也。从宀，各声。

甲骨文	金文	小篆	楷书
			客

本义为宾客，引申特指古代寄食并服务于贵族豪门的人，即"门客"。甲骨文外边是房屋的形状，屋内有一个面朝左的人，左边有只大脚，会外人到了的意思。

古人的一举一动都很讲究礼制，比如请客吃饭。《周礼》中记载："以飨燕之礼，亲四方之宾客。"是说用飨礼和燕礼招待来自四方的宾客。

飨礼是为了招待一个或几个贵宾而举行的，特别隆重。《周礼注疏》中解释："飨，亨大牢以饮宾，献依命数，在庙行之。"飨礼用大牢招待宾客，要在宗庙举行，要按照宾客的等级举行九献、七献或五献的仪礼，所用的牛牲只是用来进献，不是用来吃的。

招待宾客的礼仪

飨的本义是乡人相聚宴饮。《淮南子》中说:"先祭而后飨则可,先飨而后祭则不可,物之先后各有所宜也。"事物都是有先后顺序的,先祭祀再聚会宴饮是可以的,不可以先喝酒再祭祀。飨也指宴会。

一飨之所费,破终身之业。——《后汉书》

飨主宾客

飨最初也指祭祀神灵,请神灵享用供品。周代有蜡祭。《祀记》中说:"蜡也者,索也。岁十二月,合聚万物而索飨之也。"蜡就是索。周历每年十二月,都会合聚万物之神请他们尽情享用祭品。飨也指享受。

子,周公之孙也,多飨大利,犹思不义。——《左传·哀公十五年》

飨礼上，邀请并接待宾客的是主人。《孟子》中记载："舜尚见帝……亦飨舜，迭为宾主，是天子而友匹夫也。"舜拜见尧帝，尧帝设宴招待舜，舜也宴请尧帝，两个人互为宾主，这就是天子与普通百姓交友的范例。

《左传》中记载了一个故事：晋国联合秦国要进攻郑国，郑文公很害怕，就派烛之武去劝说秦穆公退兵。烛之武抓着绳子从城墙上坠下去，见到了秦穆公，向他解释其中的利害关系。我们今天说的"东道主"，就出自这个故事。

招待宾客的礼仪

若舍郑以为东道主，行李之往来，共其乏困，君亦无所害。——《左传》

古代所说的"主人"也指占有奴隶或使用仆役的人,和"奴仆"相对。《史记·外戚世家》中说:"少君年四五岁时,家贫,为人所略卖……为其主入山作炭。"这里说的少君是汉朝窦皇后的哥哥,四五岁时被人掳去出卖,被卖了好多家,后来卖到宜阳,为主人进山烧炭。

主也引申指一地的长官、首脑。

若乘边守险,足为一方之主。——《世说新语·识鉴》

裴潜,你眼光很准!

如果让刘备镇守边境险要之地,足以做一方长官。

今王公大人之君人民,主社稷,治国家……——《墨子》

我统治百姓、主持社稷、治理国家……

您是主要责任人,大老板呀。

主也指君主。《尚书·仲虺之诰》中说:"仲虺乃作诰,曰:'呜呼!惟天生民有欲,无主乃乱。'"仲虺认为:"人生下来就会有各种各样的欲望,没有君主来管束就会混乱。"

主由此引申为负责处理、负主要责任。

主也指对吉凶祸福或自然变化等的预示。《三国志平话》中记载春秋时,齐王即位,铜铁鸣响了三天三夜,齐王问大臣们:"铜铁鸣,主何吉凶?"铜铁鸣响,预示的吉凶是什么?大臣们都不说话。

主也是一个中医术语,指某药主治某病。

太阳病,头痛,发热,汗出,恶风,桂枝汤主之。——张仲景《伤寒论》

大行人掌大宾之礼,及大客之仪,以亲诸侯。——《周礼》

小行人掌邦国宾客之礼籍,以待四方之使者。——《周礼》

招待宾客的礼仪

和主人相对的就是宾。古代对于迎宾有着很严格的规定。周朝时,设置有大行人和小行人等官职来负责接待四方来宾。

宾也可以做动词,指用宾客之礼来对待。王安石在《伤仲永》一文中写道:神童方仲永五岁就会写诗,"邑人奇之,稍稍宾客其父,或以钱币乞之"。同乡的人很惊奇,纷纷以宾客之礼来对待他的父亲,有的还拿出钱来求他作诗。

宾也引申为服从或归顺。

于是轩辕乃习用干戈,以征不享,诸侯咸来宾从。——《史记·黄帝本纪》

宾客常常连用,指客人。春秋战国时期,客也指客卿,是在国内做官的外国人。秦王曾经听信谗言,要驱逐客卿,李斯写了一篇《谏逐客书》,成功地阻止了这件事。古代一些达官贵人家中也会养一些门客——

诸侯以公子贤,多客。——《史记·魏公子列传》

关联字

飨 → 宴、会、设、馈、赐、餐

主 → 首、君、财、导、霸
    → 住、注、柱、驻

宾 → 馆、幕、贵
    → 兵、傧、嫔、缤

客 → 乘、游、厅、店
    → 各、格、阁、恪、咯

招待宾客的礼仪

05 洗沐笄：妥妥的仪式感

小篆　楷书

洗

《说文解字》
洒足也。从水，先声。

本义为洗脚，引申指用水除去污垢，洁净。小篆从水，从先（人脚前伸），会洗脚的意思。

《说文解字》
濯发也。从水，木声。

甲骨文　小篆　楷书

沐

本义为洗头发，泛指洗浴，又特指古代官员休假、休息。甲骨文像人用双手洗头的样子。

小篆　楷书

笄

《说文解字》
簪也。从竹，开声。

本义为古代女子盘头发或别住帽子用的簪子。特指女子十五岁可以盘发插笄的年龄，即成年之礼。小篆像两根盘发的簪子。

> 三日洗儿，谓之洗三。——《道咸以来朝野杂记》

古人很注重仪式感，人的一生要经历大大小小的仪式。诞生礼中有一个重要仪式称为"洗三"，就是在宝宝出生后的第三天举行沐浴仪式，亲友们都来祝贺。"洗三"的用意：一是洗涤污秽，消灾免难；二是祈祥求福，图个吉利。

古代用来盥洗的器皿，就像今天的浅盆一样，也叫"洗"，大多数是青铜铸造的。《仪礼·士冠礼》中记载，举行加冠礼的那天早晨，"夙兴，设洗，直于东荣。"早晨起来，把盥洗盆对着东边的屋翼。洗的本义是洗脚。

> 淮南王至，上方踞床洗，召布入见。——《史记·黥布列传》

妥妥的仪式感

洗不止用于清洗污垢，也引申为清除一些抽象的东西，比如仇恨、冤屈和一些不好的想法。《后汉书·段颎传》中说："洗雪百年之逋负，以慰忠将之亡魂。"意思就是，洗雪百余年的旧恨，告慰忠诚将士的亡魂。

> 洗心而革面者，必若清波之涤轻尘。——《抱朴子》

洗也指抢光、杀尽。《新唐书》中记载："巢复入京师，怒民迎王师，纵击杀八万人……谓之洗城。"黄巢攻进京城，对百姓欢迎唐军一事恨之入骨，就杀了八万多人……这就叫血洗京城。

古代还有一种低贱的杂役，官员出行时在马前做前驱，叫洗（xiǎn）马。

> 勾践入宦于吴，身执干戈为吴王洗马。——《韩非子·喻老》

洗是洗脚，而洗头则是沐。王充在《论衡》中说："沐者，去首垢也。洗去足垢，盥去手垢，浴去身垢。"沐是洗去头上的脏东西，洗是去除脚上的脏东西，盥是洗去手上的脏东西，浴是洗去身体上的脏东西。

在古代哲人眼里，沐浴清洁的不只是身体，还有心灵。

故新浴者振其衣，新沐者弹其冠，人之情也。——《荀子·不苟》

古人常用米汁洗头，所以，沐也指米汁。《诗经·卫风·伯兮》："自伯之东，首如飞蓬。岂无膏沐，谁适为容？"女子自从丈夫东行之后，头发整天乱蓬蓬的。难道是因为缺少米汁？只是因为丈夫不在家而已，为谁修饰容颜呢？

沐由此引申为润泽。

京师冬无宿雪，春不燠沐。——《后汉书·明帝纪》

妥妥的仪式感

> 吏员五日一休沐。——《汉律》

沐又由润泽引申为接受润泽，蒙受。"沐恩"就是蒙受恩惠。明清两代官场中，官员巴结长官时常常自称"沐恩"。沐还有放假的意思。

洗沐笄

古代男子二十岁加冠，代表成年。而女孩子满十五周岁也会把头发绾起来，用笄穿过去。因此，称满十五周岁的女子为及笄。笄是一种发簪。

> （庭芬）生五女，皆聪惠……年未及笄，皆能属文。——《旧唐书·后妃传下》

古代女子十五岁就成年了,所以及笄也指代成年,可以出嫁了。《仪礼·士昏礼》中记载:"女子许嫁,笄而醴之,称字。"女子准许出嫁前,要先举行代表成年的及笄礼,这时候也就要称呼她的字了。

昏姻冠笄,所以别男女也。——《仪礼·士昏礼》

邵字敬祖,少与武帝同年,有总角之好。——《晋书·何劭传》

我俩一般大,是好朋友!从小就在一起玩。

娉娉袅袅十三余,豆蔻梢头二月初。——杜牧《赠别》

从今天起,你就是大姑娘,男女有别了。

在古代,一个孩子成长过程中的不同阶段都有很美好的称呼。小孩子幼年时都把头发绾成小髻,称作"总角"。女孩子到了十三四岁,称作"豆蔻"。

妥妥的仪式感

洗 → 漱、清、澡、涤、淘
劫、刷、掠

沐 → 浴、淋、盥、熏、濯

笄 → 及、发、簪、栉、笈
竿、策、箸、笠、签

洗沐笄

乐韶舞诗歌：载歌载舞

甲骨文　金文　小篆　楷书

《说文解字》 五声八音总名。象鼓鞞。

本义为乐器。音乐使人愉快，所以又引申为快乐。

《说文解字》 虞舜乐也。《书》曰："《箫韶》九成，凤皇来仪。"从音召声。

小篆　楷书

本义为传说中的虞舜时代的乐曲名，也指美好。

甲骨文　金文　小篆　楷书

《说文解字》 乐也。用足相背，从舛，无声。

本义就是舞蹈，由跳舞引申出舞弄、玩弄。甲骨文像一个人手持牛尾翩翩起舞。

《说文解字》 志也。从言，寺声。

小篆　楷书

本义是言说心志、抒发情感的押韵文字，后来成为一种文学体裁。古籍中特指《诗经》。

金文　小篆　楷书

《说文解字》 咏也。从欠，哥声。

本义是唱。用作名词，指歌曲。金文字形从言，可声，言表示用书刀记词，引申为说话。小篆从欠，哥声，欠表示与人张口呵气有关。

在古代，有礼就一定有乐。孔子整理过的"六经"中就有一本是《乐经》，现已失传。《礼记·乐记》中记载："乐者，音之所由生也，其本在人心之感于物也。"音乐可以引起人的共鸣。

周朝建立后，为了维护周王室的统治，周公旦制礼作乐。从此，礼乐制度成为华夏文化一个重要的组成部分。

> 故礼以道其志，乐以和其声……所以同民心而出治道也。——《礼记·乐记》

> 先王以作乐崇德，殷荐之上帝。——《易经·豫卦》

孔子也很重视礼乐。他曾经跟师襄子学琴，不满足于技法熟练、琴声悦耳动听，还要体会曲中包含的情感，甚至，还要去感受到作曲子的那个人。

孔子生活的春秋时期，诸侯们的势力越来越大，周王室的权力被削弱了。孔子认为已经"礼崩乐坏"，所以，他一直致力于恢复周礼，让社会回归原来的秩序。

君子三年不为礼，礼必坏；三年不为乐，乐必崩。——《论语》

载歌载舞

孔子对音乐很有研究,他曾经和周敬王的大夫苌弘探讨过韶乐和武乐的区别:韶乐,是虞舜太平和谐之乐,称得上尽善尽美;武乐是周武王统一天下的音乐,因为有征杀的意思,所以尽美却不尽善。后来,孔子到齐国,听到了韶乐——

子在齐闻《韶》,三月不知肉味,曰:"不图为乐之至于斯也。"——《论语》

乐韶舞诗歌

《竹书纪年》载:"有虞氏舜作《大韶》之乐。"据说韶乐是舜所作,歌颂帝王的德政的,集诗、乐、舞为一体,是古代宫廷音乐中最高等级的雅乐。荀子认为:韶乐有陶冶情操的作用。

绅端章甫,舞韶歌武,使人之心庄。——《荀子》

古代的乐大多都是配舞的。《周礼·乐师》中记载有专门的乐师教授各种舞，古代有六"小舞"："凡舞，有帔舞，有羽舞，有皇舞，有旄舞，有干舞，有人舞。"

舞也指表演舞蹈。《论语》中记载鲁国大夫季孙氏在自己家里演奏八佾乐舞，这种乐舞是天子才能使用的。孔子对季孙氏这种越礼的行为感到气愤——

八佾舞于庭，是可忍也，孰不可忍也！——《论语·八佾》

载歌载舞

> 坐大厦之下而诵《诗》《书》，无奔走之劳矣。——《送东阳马生序》

乐舞可以表达志向或思想感情，诗歌也可以。《国语·鲁语》中说："诗所以合意，歌所以咏诗也。"诗是用来表明内心想法的，歌则是用来咏唱诗句的。

诗也特指《诗经》。

昔我往矣，雨雪霏霏……唉！不用为生活奔波，静心读《诗经》《尚书》，真好！

古人根据《诗经》的创作经验，总结出来了诗歌的六种表现手法。《周礼》称为"六诗"，后来《毛诗序》又将"六诗"称为"六义"。

> 教六诗：曰风，曰赋，曰比，曰兴，曰雅，曰颂。——《周礼·春官》

六种作诗的法子——风、赋、比、兴、雅、颂，你们要记牢！

记住了，先生。您先用这些方法做首诗呗。

古代演奏乐舞，有时候也会配有歌词演唱。《诗经·魏风》中："心之忧矣，我歌且谣。"后世有注释说："曲合乐曰歌，徒歌曰谣。"合着音乐唱的叫作"歌"，只是唱没有配乐的叫作"谣"。因为常常配乐，所以歌也引申为演奏歌唱。

歌于斯，哭于斯，聚国族于斯！——《礼记》

歌也是一种诗歌体裁，比如白居易就写过一首著名的《长恨歌》。歌作动词，也指作歌、作诗。

因为长句，歌以赠之，凡六百一十六言，命曰《琵琶行》。——《琵琶行（并序）》

载歌载舞

095

关联字

乐
- 跟音乐有关：曲、旋、律、声
- 跟心情有关：喜、欢、怒、悲、哀、恐、惊
- 烁、栎、铄、砾

韶
- 光、华、英
- 召、招、昭、诏、沼
- 音、韵、歆

舞
- 蹈、动、飞、姿、翩、曼

诗
- 词、平、仄、词、句
- 寺、侍、待、等

歌
- 唱、演、谣、颂、诀、咏
- 哥、吹、炊、饮、次

乐韶舞诗歌

金文	小篆	楷书	《说文解字》
		钟	乐钟也。秋分之音，物种成。从金，童声。古者垂作钟。

本义是指乐器钟，引申指佛寺悬挂的钟。寺院中的大钟有报时作用，所以又引申为计时的钟表，还引申为时间。

《说文解字》	甲骨文	金文	小篆	楷书
郭也。春分之音，万物郭皮甲而出，故谓之鼓。从壴、支，象其手击之也。				鼓

本义是战鼓。后来引申指一种乐器。甲骨文像一只手拿着鼓槌敲打鼓的样子。金文是鼓在右边，敲鼓的手换到了左边。

甲骨文	小篆	楷书	《说文解字》
		磬	乐石也。从石殸。

我国古代的一种乐器，用美石或玉雕成。甲骨文从殳，表示手持槌；从声，上面是悬挂的绳子，下面是挂着的磬。小篆声、殳两部分变为左右结构，下面添加一个"石"字，表示意义。

奏乐需要有乐器，钟就是其中一种。它是用青铜铸成，按照音调高低的次序排列起来，悬挂在一个巨大的钟架上，用小木槌击奏。各个朝代形制大小都不一样，数量也不同。后来又用来特指佛寺悬挂的钟。

钟也是一种盛酒的器皿。《列子·杨朱》中记载公孙朝爱喝酒，"朝之室也，聚酒千钟"。他家里存了上千坛好酒。酒器也能反映一个人的品质。

洪性俭，屏远珠玉。琉璃钟行酒，汝南王亮以洪不执。——《晋书·崔洪传》

钟也指古代的量器。春秋时期的齐国有四种量器，其中十釜为一钟。《劝学诗》中："富家不用买良田，书中自有千钟粟。"说的是，好好读书能通过科举考试做官，自然就会有千钟粟的俸禄了。钟由装粮食又引申为聚集。

圣人忘情，最下不及于情，然则情之所钟，正在我辈。——《晋书·王衍传》

常常和钟一起演奏的是鼓。《吕氏春秋·古乐篇》中记载：尧帝命令质为乐师，质效仿山林溪谷的声音作歌，又用麋鹿的皮蒙在缶上敲击，这个就是鼓了。

鼓，廓也。张皮以冒之，其中空也。——《释名·释乐器》

打击乐器

《汉书·律历志上》中记载："八音：土曰埙，匏曰笙，皮曰鼓，竹曰管，丝曰弦，石曰磬，金曰钟，木曰柷。"写出了八种乐器所用的材料，其中用皮革做的就是鼓。

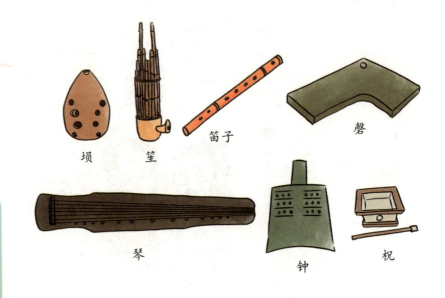

埙　笙　笛子　磬
琴　钟　柷

钟鼓磬

长八尺，鼓四尺，中围加三之一，谓之鼖鼓。——《周礼·考工记》

对，鼓长八尺，鼓面直径四尺……

我知道，这是鼖鼓！

《周礼》记载古代有六鼓："雷鼓八面，灵鼓六面，路鼓四面，鼖（fén）鼓、皋鼓、晋鼓皆两面。"雷鼓有八个面，祭祀天神；灵鼓六个面，祭祀地神；路鼓四个面，祭祀宗庙……

> 闻鼓声而进，闻金声而退。——《荀子·议兵》

鼓的声音激越雄壮，能传出去很远，所以很早就被祖先用来为士兵助威，鼓舞士气。《太平御览》中记载：在黄帝征服蚩尤的涿鹿之战中，"黄帝杀夔，以其皮为鼓，声闻五百"。黄帝杀了夔牛，用它的皮做了面鼓，鼓声响亮，能传到五百里之外。

古代城市里都有钟楼和鼓楼。所谓"晨钟暮鼓"就是在报时，早晨敲钟，傍晚击鼓。一鼓就是一更。

> 四鼓，愬至城下，无一人知者。——《资治通鉴·唐纪》

打击乐器

还有一种石制的打击乐器——磬，形状像曲尺，悬挂在架子上。有单一的特磬，也有成组排列的编磬。《荀子·乐论》中说："故鼓似天，钟似地，磬似水。"鼓声像天一样笼罩万物，钟声像大地承载万物，而磬声则像流水……

磬氏为磬，倨句一矩有半。——《周礼·考工记》

师父，磬的尺寸必须是固定的比例吗？

我们磬氏摸索了好多年，才弄明白按这个比例做出来的磬，声音不清不浊，刚刚好！

钟鼓磬

磬也是寺庙中礼佛时敲击的铜制乐器，用来表示活动的开始或结束。《题破山寺后禅院》有诗句："万籁此都寂，但余钟磬音。"说的就是万籁俱寂，只能听到敲钟击磬的声音。磬又引申为像磬一样弯曲。

西门豹簪笔磬折，向河立待良久。——《史记·滑稽列传》

河神呀，我西门豹插笔备礼，弯腰作揖，对您已经很恭敬啦。

音乐还可以用来处理政务。《淮南子》中记载，夏禹时代，依据五音来处理政务。他在外面悬挂钟、鼓、磬、铎、鞀，等待来自四面八方的人。

 关联字

钟 → 中、种、仲、肿
　　 闹、鸣、毓、萃

鼓 → 擂、励、噪、锣、敲
　　 技、肢、岐、歧、豉、彭

磬 → 馨、罄、鏖、磐

钟鼓磬

08 管竹琴：琴韵悠悠

小篆	楷书	《说文解字》
		如篪(chí)，六孔。十二月之音。物开地牙，故谓之管。从竹，官声。

本义为古代一种类似于笛的竹制吹奏乐器。圆筒状，有六孔。两支并起来吹奏。今已失传。后引申泛指管乐器。

《说文解字》	甲骨文	金文	小篆	楷书
冬生草也。象形。下垂者，箁箬也。				竹

本义就是竹子。竹子是古代制作乐器的重要材料，故而"竹"可指代管乐器。还可指代竹简。甲骨文像两枝下垂的竹叶。

小篆	楷书	《说文解字》
		禁也。神农所作。洞越。练朱五弦，周加二弦。象形。

本义是中国古代一种弹拨弦乐器。小篆像琴的侧面图形，弧形部分为琴身。

八音中有一种竹子做的管乐器。《诗经》中有诗句："既备乃奏，箫管并举。"意思是说，已经准备好了，箫和管两种乐器一起合奏。管后来也泛指管乐器。

《孟子》中记载，齐王喜欢音乐，孟子去见齐王，从他喜欢音乐出发，引出治理国家的话题，最后提出"与民同乐"的主张。

百姓闻王钟鼓之声、管箫之音。——《孟子》

> 子……索之以辩，是直用管窥天，用锥指地也，不亦小乎？——《庄子·秋水》

管也指管子、竹管。《庄子·秋水》中记载了公孙龙和公子牟探讨庄子的言论。公孙龙从常理出发分析庄子的言论，有点茫然，不知道从哪里说起，公子牟仰天大笑——

因为毛笔是用竹子制成的，竹子笔杆是中空的，所以毛笔也被称作"管"。林觉民在《与妻书》中说："当时余心之悲，盖不能以寸管形容之。"寸管就是指毛笔。当时的悲痛心情，不能用笔来形容。古代把钥匙也称为"管"。

> 杞子自郑使告于秦曰："郑人使我掌其北门之管，若潜师以来，国可得也。"——《左传·僖公三十二年》

> 歌者在上，匏竹在下，贵人声也。——《礼记·郊特牲》

管乐器一般都是用竹子做成的，所以古代也用"丝竹"来代指乐器或音乐。《礼记·乐记》中记载："金石丝竹，乐之器也。"这里，用制作乐器的材料，指代钟、磬、弦、管四种乐器。

竹也用来指竹简。《北齐书》中樊逊说："爰自末叶，法令稍滋，秦篆无以穷书，楚竹不能尽载。"自王朝末期以来，法令越来越多，费尽秦篆不能完全写出来，楚简不能完全记载。竹子作为一种植物，常常出现在画家的笔下。

> 植类之中，有物曰竹。不刚不柔，非草非木。——《竹谱》

千磨万击还坚劲，任尔东西南北风。——《竹石》

清朝的画家郑板桥，因为竹子画得好而闻名天下。他说："凡吾画竹，无所师承，多得于纸窗、粉壁、日光、月影中耳。"因为留心观察，所以他画画时胸有成竹。在他的笔下，竹子不仅仅是植物，更是正直高洁品行的象征。

明朝的王阳明也挺喜欢竹子，他曾经仿效古代先贤跑到花园里"格竹子"，想通过观察研究竹子获取真理。结果什么也没领悟到，反倒生了一场病。

官署中多竹，即取竹格之，深思其理不得，遂遇疾。——《王文成公年谱》

"丝曰弦"，古代八音中还有一种弦乐器。琴就是一种弦乐器，用桐木等制作的，琴身狭长，有五根弦，后来又增加到了七根。相传神农从天地万物中获取灵感，做成了琴。

我造的琴，音调优美和谐，可以和神明相通，和天地合而为一。

昔神农氏……于是始削桐为琴，绳丝为弦，以通神明之德，合天地之和焉。——《新论》

古代把通晓音律，能听懂琴音所传达情感的人称为"知音"。俞伯牙弹琴，钟子期能从中听到巍巍高山、潺潺流水，为后世留下了"高山流水遇知音"的故事。

钟子期去世，没有了知音，我这辈子再不弹琴了。

钟子期死，伯牙破琴绝弦，终身不复鼓琴，以为世无足复为鼓琴者。——《吕氏春秋》

中国有十大古琴曲，俞伯牙弹奏的《高山流水》是其中之一，还有一首著名的《广陵散》，记叙了一个悲凉的故事。晋朝的嵇康是位音乐家，他被人陷害，要被处死。刑场上，他没有害怕没有难过，而是要来了琴——

还有一首名曲《胡笳十八拍》，是东汉末年才女蔡文姬所作的弹唱作品。在战乱中，蔡文姬被匈奴兵抢走，后来被曹操救回。文姬在归汉途中，弹唱起来——

关联字

管 → 理、辖、拘、禁、掌

竹 → 叶、笋、篙、杠、簧、篱、编、筷、篮、笼、筛、篓、筐

琴 → 键、弹、瑟、弦、断

第三章 民俗文化

　　丰富多彩的民俗文化，是中华文明不可或缺的一部分。春节要贴对联、挂灯笼，元宵节要赏灯、吃元宵，清明节要踏青、扫墓，端午节要赛龙舟、包粽子，七夕时女孩子们要穿针引线乞巧，重阳节要登高……不只是过节有大大小小的活动，婚礼也很热闹呢。

01 新元宵灯：新的一年开始了

| 甲骨文 | 金文 | 小篆 | 楷书 |

《说文解字》
取木也。

本义是柴火。引申指更新，使变新。用作名词，指新的人或事物。甲骨文右侧是一把斧头，左侧是一棵树，会用斧砍柴的意思。

《说文解字》
始也。从一，从兀。

| 甲骨文 | 金文 | 小篆 | 楷书 |

本义就是头，引申指人们的首领，如"元首"，又引申为开头、开始或第一。甲骨文从兀（削去人的头发），又用短横指明头的部位，表示人头。

| 金文 | 小篆 | 楷书 |

《说文解字》
夜也。从宀，宀下冥也；肖声。

本义为夜晚。

《说文解字》
锭也。从金，登声。

| 小篆 | 楷书 |

本义为古代用以燃油照明的器具，泛指某些像灯一样能发光、发热或具有其他用途的装置。

孟秋，农乃登谷，天子尝新，先荐寝庙。——《礼记·月令》

在人们的生活中，不仅有正规严肃的礼仪制度，还有妙趣横生的民间习俗。春节是一年的开始，王安石《元日》中写的"千家万户曈曈日，总把新桃换旧符"，是说春节这天，家家户户用新桃符换下旧桃符，代表着辞旧迎新。新也指刚收获的粮食或蔬菜等。

唐代皇帝在春节那天，会举行大型朝会。《新唐书·礼乐志》记载："在位者皆再拜，宣制曰：'履新之庆，与公等同之。'"大臣们要朝拜皇帝，皇帝表示：过新年的喜庆，要和大家同乐。新也指新的人、事物或知识。

新的一年开始了

温故而知新，可以为师矣！——《论语》

新也指更新、改进或使改变，成为新的、好的。《礼记》中说："苟日新，日日新，又日新。"这里是提倡人们要天天自省，天天学习，天天更新，更新再更新，永不止步。

人类历史就是一部不断革新的历史。《尚书》中说："旧染污俗，咸与维新。"旧时所有的污秽习俗，都要全部更新。

清朝末年，一些有识之士发动了一场维新运动，可惜遭到守旧派的抵制，只有一百零三天就失败了，历史上称为"百日维新"，也叫"戊戌变法"。

淮阴，良将之元也。——《抱朴子·备阙》

古代把正月初一称为元日，元就是第一天的意思。《尚书·舜典》中所说"月正元日"指的就是春节。元也引申为居首位的、第一名。

这就是淮阴侯韩信，良将中的第一名！

韩信威武！

新的一年开始了

元也指根本、根源。《文子·道德》中解释"道"："夫道者德之元，天之根，福之门，万物待之而生。"道是德的本源，天的根本，通向福报的大门，天地间的万物都凭借道才能出生。元的本义是头。

把他的头颅送回去吧，这家伙英勇战死，也算个英雄。

将军，我可不敢，他死了都怒目横眉，栩栩如生，我怕！

（先轸）免胄入狄师，死焉。狄人归其元，面如生。——《左传》

古代新皇帝即位时，会在当年或者第二年更新年号，新年号第一年称为元年。同一皇帝在位时也会更换年号，称为"改元"，如汉武帝改了十一次年号，唐高宗用过十四个年号。

元年者何？君之始年也。——《公羊传·隐公元年》

南宋德祐二年（公元1276年），元军入侵，宋恭宗在临安投降，宣布退位。大臣们拥立了宋端宗即位——

是年夏五，改元景炎，庐陵文天祥自序其诗，名曰《指南录》。——《指南录后序》

春节之后，就是正月十五的元宵节。东汉时佛教文化传入中国，汉明帝为了弘扬佛法，下令正月十五夜在宫中和寺院"燃灯供佛"。到唐代，元宵节张灯已经成为法定的习俗。

毋桐好逸，毋迩宵人，惟法惟则！——《汉书·武五子传》

宵的本义是夜晚。潘岳在《怀旧赋》中写道："宵展转而不寐，骤长叹以达晨。"一晚上辗转反侧睡不着，不停地叹息一直到第二天早晨。

宵也有小的意思，汉武帝就曾经告诫儿子刘胥远离宵人。

元宵节最主要的习俗就是赏花灯。《大唐新语》中记载:"京城正月望日,盛饰灯影之会,金吾弛禁,特许夜行。"唐朝的这一天,会解除宵禁,让人们都出来赏灯。灯也指用来照明的器具。

> 月黑见渔灯,孤光一点萤。——《舟夜书所见》

古代人们点的是油灯,穷苦人家用不起。《儒林外史》中写了一个小气鬼严监生的故事,他临死之前,举着两根手指头,不肯闭眼,别人都不明白,只有他妻子知道他的心事——

新 ⇨ 陈、奇、特、鲜、革、创
　　 折、斩、析、沂

元 ⇨ 头、一、勋、魁
　　 远、玩、完、阮

宵 ⇨ 霄、消、削、销、硝
　　 小、夜、晚、寐、睡、憩

灯 ⇨ 盏、芯、捻、蜡、烛
　　 丁、顶、钉、订、盯

新的一年开始了

02 社巳清明：清明节踏青去

甲骨文	金文	小篆	楷书
			社

《说文解字》 地主也。从示、土。

本义是社神，即土地神，引申为土地神的神像、牌位，也引申指祭祀土地神的场所。甲骨文像原始祭社的形状。

《说文解字》 巳也。四月，阳气已出，阴气已藏，万物见，成文章，故巳为蛇，象形。

甲骨文	金文	小篆	楷书
			巳

本义为在胎胞中成长的小儿。引申指人。后来被借作地支的第六位，用来计时。

小篆	楷书
	清

《说文解字》 朗也。澄水之貌。从水，青声。

本义为水澄澈、纯净、透明、无杂质，引申指明晰、明白。

《说文解字》 照也。从月，从囧。

甲骨文	金文	小篆	楷书
			明

本义是光明、明亮，引申为明显。甲骨文用日、月交辉表示明亮。

春节虽然在冬季，但已经在预示着春天的到来。古代，每年立春或立秋之后，都会举行祭祀土地神的活动。春天的活动称为"春社"，秋天的活动称为"秋社"。在祭祀的同时，会举行各种娱乐活动，如敲社鼓、食社饭、饮社酒、观社戏等。

鲁迅先生的《社戏》就是记叙自己跟着母亲回娘家，和一群孩子驾船去看社戏的故事。

终于能看到社戏了。

迅哥儿，你看，那里就是戏台了。

清明节踏青去

春社都散了，回家睡觉吧！

我没醉，我还要喝。

桑柘影斜春社散，家家扶得醉人归。——《社日》

诸侯为百姓立社曰国社，诸侯自为立社曰侯社，大夫以下成群立社曰置社。

《礼记·祭法》中记载："王为群姓立社曰大社，王自为立社曰王社。"天子为百姓们立的社叫"大社"，为自己立的社叫"王社"。

祭祀土地神，要有神像或神位。《论语·八佾》中记载："哀公问社于宰我。"宰我对曰："夏后氏以松，殷人以柏，周人以栗。"鲁哀公问宰我做土地神的神位用什么木头，宰我回答说："夏朝用松木，殷商用柏木，周朝用的是栗木。"

社也引申为古代的行政单位，二十家为一社。

昭王将以书社地七百里封孔子。——《史记·孔子世家》

春天里还有一个节日——上巳节。古代习俗，每年阴历三月上旬的巳日，后来定为三月三日这天，人们聚集到水边嬉戏沐浴，来祓除不祥、祈求福禄，称为"祓禊"。此后又增加了祭祀宴饮、曲水流觞、郊外游春等内容。

> 是月上巳，官民皆洁于东流水上，曰洗濯祓除，去宿垢疢（chèn），为大洁。——《后汉书》

上巳节最富诗意的活动就是曲水流觞，大书法家王羲之的《兰亭集序》就记录了这样一次活动。"暮春之初，会于会稽山阴之兰亭，修禊事也。"暮春时节，大家在会稽郡山阴的兰亭聚会，行"祓禊"之礼。

> 又有清流激湍，映带左右，引以为流觞曲水，列坐其次。——《兰亭集序》

清明节踏青去

125

> 清明前二日为寒食节，前后各三日，凡假七日。——《岁时杂记》

春天还有一个清明节，和寒食节的时间差不多，这天要吃冷食、踏青、扫墓。《唐会要》中记载："二十四年二月二十一敕：'寒食、清明四日为假。'"唐宋时期，清明节开始放扫墓假。

放假喽！踏青去！

七天长假，太爽了有没有？

可惜，寒食要吃冷食。

《岁时百问》中说："万物生长此时，皆清洁而明净，故谓之清明。"万物经过冬天冰雪的洗礼已经很干净清明了，所以把这个时节叫作清明。清也指水清澈，和"浊"相对。

沧浪之水清兮，可以濯吾缨；沧浪之水浊兮，可以濯吾足。——《楚辞·渔父》

这水太清澈了，好好地把帽带洗一洗吧。

清也引申为清雅、高尚。屈原在《楚辞》中说："举世皆浊我独清，众人皆醉我独醒。"全世界都恶浊，只有我一个人清澈高雅；大家都在醉着，只有我自己一个人清醒。清也引申为清平、太平。

当纣之时，居北海之滨，以待天下之清也。——《孟子·万章下》

清也指看待事物清楚明白。《荀子·解蔽》中说："凡观物有疑，中心不定，则外物不清。"大凡观察事物时，心中有疑惑，摇摆不定，就会对事物认识不清楚。清也指清理、清除。

请诛晁错，以清君侧。——《汉书·晁错传》

清明节时，草木都已经发芽，万物都清洁明朗起来。明的本义是光明、明亮。《诗经》中有诗句："东方明矣，朝既昌矣。"说的就是早晨，东方已经亮了，上朝的官员已经站满了朝堂。明也引申指视力好。

中华文明源远流长。《尚书》中提到"睿哲文明"，孔颖达解释说："经天纬地曰文，照临四方曰明。"了解天地万物并且可以治理好叫作"文"，光照四方就叫作"明"。《易经》中也有关于文明的说法。

社 → 会、群、团、稷

巳 → 己、丙、未、申、酉

清 → 澈、纯、透、亮、洁、晰
　　　请、青、情、晴、蜻

明 → 净、照、聪、晦、暗、简

清明节踏青去

03 端夕重腊：从端午到腊八

小篆　　楷书

《说文解字》
直也。从立，耑声。

本义为植物发芽生长，由此引申为开头。

《说文解字》
莫也。从月半见。

甲骨文　金文　小篆　楷书

本义就是指黄昏、傍晚，引申指代夜晚。甲骨文"夕"字与"月"字几乎一模一样。金文的"夕"比"月"字少了一笔，表示月儿尚未露出全貌。

甲骨文　金文　小篆　楷书

《说文解字》
厚也。从壬，东声。

本义表示东西重，与"轻"相对，读作（zhòng）。引申指重要、紧要，还引申指庄重、沉稳。还读作（chóng），表示重复，引申为再一次、重新。甲骨文像一个人背负了一个沉重的囊袋站着。

《说文解字》
冬至后三戌，腊祭百神。从肉，巤声。

金文　小篆　楷书

本义为古时年终祭祀，是在冬至后第三个戌日祭祀众神。腊祭在农历十二月，故十二月又称"腊月"。腊本义为干肉，读作（xī）。

五月初五是端午节,要吃粽子、赛龙舟,传说中是为了纪念屈原。唐代韩鄂在《岁华纪丽》中说:"日叶正阳,时当中夏。"端是正,午为中,所以说端午是在夏季之中。

仲夏端午,烹鹜角黍。——《风土记》

古代认为五月初五是毒日或恶日。《荆楚岁时记》记载:"采艾以为人,悬门户上,以禳毒气。"这一天要悬挂人形的艾叶来驱除毒气,还要熏仓术、白芷,喝雄黄酒来辟除灾祸。

午日以兰汤沐浴。——《大戴礼记》

五月五日谓之浴兰节。——《荆楚岁时记》

从端午到腊八

古人认为，端午阳气旺盛，草药茎叶都已经成熟，是一年中草木药性最强的一天，所以，就形成了在这一天采药的习俗。

五月五日，竞采杂药，可治百病。——《岁时广记》

古人不仅采草药，还会在端午节斗草。人们采了各种花草，互报花名、草名，说出来的多就算获胜；小孩子们则一人拿一片叶子，互相勾住叶柄，使劲一拽，谁的叶柄断了就算输。

五月五日，四民并踏百草，又有斗草之戏。——《荆楚岁时记》

> 年年乞与人间巧，不道人间巧已多。——杨朴《七夕》

夏天还有一个节日，是七月七日的七夕节。民间传说，七月七日晚上，被天河隔开的牛郎、织女会在鹊桥相会。女孩子们会在这一天拜月、比赛针线活，祈求织女能赐予自己灵巧的双手。所以，这天也叫"乞巧节"。

《西京杂记》中记载："汉彩女常以七月七日穿七孔针于开襟楼。"七月七日，汉朝的女孩们常常在开襟楼比赛穿七孔针，先穿好的手最巧。除了穿针乞巧，还有一种乞巧方式是喜蛛应巧。

> 以小蜘蛛安合子内，次日看之，若网圆正谓之得巧。——《东京梦华录》

夕的本义是黄昏、傍晚。《诗经·王风·君子于役》中写道："日之夕矣，牛羊下来。"太阳落山的时候，牛羊回圈了。夕也引申指晚上。

七夕之后，秋天有一个敬老的节日——九月九日重阳节。张岱在《夜航船》中说："九为阳数，其日与月并应，故曰'重阳'。"古人认为九是最大的阳数，两个九重在一起，称为"重阳"。

曹丕在《与钟繇书》中说:"九为阳数,而日月并应,俗嘉其名,以为宜于长久,故以享宴高会。"人们都觉得九月九日是个好日子,寓意长长久久,所以在那一天会祭祀先祖,登高聚会。

重还读作"zhòng",指重量大或比重大。《孟子》中说:"权,然后知轻重;度,然后知长短。"意思是用秤称一称,然后才知道轻重;用尺子量一量,才知道长短。重也指具有重大意义或影响的。

秋去冬来，转眼间，十二月到了。因为古人在这时制作腊肉，所以，也叫"腊月"，腊八也是一个特殊的日子。《梦粱录》记载："此月八日，寺院谓之腊八。大刹等寺，俱设五味粥，名曰腊八粥。"每逢腊八这天，各大寺庙都要做腊八粥供佛。后来，喝腊八粥的习俗又传到了民间。

腊的本义是干肉，也引申为晒干肉。十二月气候干燥，适合风干猎物制作干肉。在这个月举行的祭祀叫"腊祭"。《独断》记载："腊者，岁终大祭。"祭祀先祖神灵，祈求来年五谷丰登。

辽主闻民间乏食，谓何不食干腊。——《金史》

端 → 开、由、正、倪、争、庄
　　 瑞、湍、惴、揣、踹

夕 → 朝、暮、晖、霞、倦
　　 多、名、梦、汐

重 → (和重量有关) 负、深、沉
　　 (和态度有关) 稳、慎、敬、隆、珍
　　 (表示又、再) 复、双、两、再、叠

腊 → 昔、蜡、惜、错、措

从端午到腊八

04 除旧联：除夕夜要守岁

小篆	楷书	《说文解字》
除	除	殿陛也。

本义是宫殿的台阶。人在拾级而上的时候，就意味着旧的一级过去，迎来新的一级。故"除"又指除旧更新，还表示过去、尽。

本义为猫头鹰。引申表示原先的、已经有的，又引申指古老的，与"新"对应。甲骨文像头顶有毛角、瞪着两只大眼睛的猫头鹰的样子。

甲骨文	小篆	楷书	《说文解字》
		联	连也。从耳，耳连于颊也；从丝，丝连不绝也。

本义为联结、连缀，引申指互相结合、联合。甲骨文表示系耳挂饰。

过了腊八，大年三十就到了，一年里最后一天称为"岁除"，意思是旧岁从今天去除，新岁即将开始。这一天晚上就叫作除夕，是除旧迎新的重要时间交界点。在西晋周处写的《风土记》中，就已经有了"除夕"这个说法。

蜀之风俗……至除夕达旦不眠，谓之守岁。——《风土记》

除夕夜一晚上不睡，称作"守岁"。古人在除夕夜会在家里到处点起火烛，整晚不灭，叫作"照虚耗"。据说这样照了，来年就会富足。除夕这天还会贴福字、贴对联、挂灯笼、贴门神。

门神皆甲胄执戈，悬弧佩剑，或谓为神荼、郁垒，或谓为秦琼、敬德。——《燕京岁时记》

除夕夜要守岁

除旧联

"除"的本义是台阶。《史记·魏公子列传》记载，魏公子解救赵国后，留在了那里，"赵王扫除自迎，执主人之礼，引公子就西阶"。赵王打扫了台阶亲自迎接公子，按照主人的礼节，把他引领到西边台阶。其实，打扫就是去旧更新。

> 彗所以除旧布新也。——《左传·昭公十七年》

> 嘿！不过一个扫地的，还挺高兴！

> 哼，你懂啥？每扫一下都在除旧布新，能不高兴吗？

除也引申指去掉、清除。王安石在《答司马谏议书》中说："举先王之政，兴利除弊。"推行前贤君主的仁政，来兴办对天下有利的事业，去除社会上的种种弊端。古代授予官员新的官职，也叫"除"。

> 你要任命的官吏已经任命完了吗？我还想任命几个官呢。

> 君除吏已尽未？吾亦欲除吏。——《史记·魏其武安侯列传》

> 兴复汉室，还于旧都。——《出师表》

除夕，除去的是旧的一年，这里旧的意思是过去的、过时的、陈旧的，和"新"相对。《诗经·大雅》中有诗句："周虽旧邦，其命维新。"周朝虽然是古老的邦国，现在承受天命建立了新王朝。旧也指从前的、原先的。

旧也指原来的规矩、制度等。《淮南子》中说："苟利于民，不必法古；苟周于事，不必循旧。"意思是说，如果对百姓有利，就不一定要遵循古人的制度；如果对事情有帮助，就不必沿用旧有的规矩。旧也引申指老朋友、老交情。

> 秋，公子友如陈葬原仲，非礼也。原仲，季友之旧也。——《左传·庄公二十七年》

除夕夜要守岁

过春节要贴春联，王安石《元日》中写的"总把新桃换旧符"中的桃符，可以看作是最早的"春联"，只是后来不再用桃木，变成了用纸书写的春联。明人陈云瞻在《簪云楼杂话》中记载，明太祖朱元璋和春联的故事——

明太祖都金陵，于除夕忽传旨，公卿士庶，门上须加春联一副。太祖微行出观，以为笑乐。

陛下看，这家的对联好有意思。

朕一道旨意，家家户户都贴上春联了吧？

臣恐羌变未止此，且复结联他种。——《汉书·赵充国传》

联的本义为联结、连缀。比如"联袂"，指衣袖相连，用来比喻携手偕行。联也指联合。

那，要早做准备了！

臣恐怕羌人不止会和匈奴有来往，还会联合其他民族，进犯我中原……

除旧联

142

除 ⇒ 仍、去、铲、废、扫、消
　　 余、涂、途、徐

旧 ⇒ 故、怀、守、俗、破

联 ⇒ 对、偶、仗、符
　　 缀、贯、络、系

除夕夜要守岁

05 婚聘媒：无媒不成婚

| 金文 | 小篆 | 楷书 |

《说文解字》
妇家也。《礼》：娶妇以昏时，妇人阴也，故曰婚。从女从昏，昏亦声。

本义为女方，即妻子一家。引申指结婚。

《说文解字》
访也。从耳，粤声。

| 小篆 | 楷书 |

本义为访问、问候。引申指用礼物请某人来担任某一职务，又可以引申指古时的一种婚嫁仪式。

| 小篆 | 楷书 |

《说文解字》
谋也，谋合二姓。从女，某声。

本义为媒人，由媒人引申指使双方发生联系的人或事物。

结婚是人生的一件大事。《礼记》对婚礼做了解释："昏礼者,将合二姓之好,上以事宗庙,而下以继后世也,故君子重之。"婚礼,就是要结成两姓之好,对上祭祀宗庙,对下传承后世子孙,所以君子很重视它。古代规定同姓不能结婚。

同姓不婚,恶不殖也。——《国语》

早在周朝就已经形成了一套完整的婚礼习俗。《白虎通·嫁娶》中记载婚礼前有六个环节,叫作"六礼",这六个环节中有五个环节都会送大雁作为礼物。

纳采、问名、纳吉、请期、亲迎,以雁贽。纳征曰玄纁,故不用雁贽。

无媒不成婚

纳采是六礼中的第一礼，男方派媒人带着大雁到女方家正式求亲。第二步是问名，问了女方的姓名，去卜问吉凶。纳吉是第三步，男方将卜婚的吉兆通知女方，并送礼表示要订婚。

昏礼，下达纳采。用雁。——《仪礼·士昏礼》

纳征是第四步，男方往女方家里送聘礼，婚约就正式定下了。请期是第五步，由男家选定结婚的日子，让媒人到女方家里，商量迎娶的日期。亲迎是六礼最后一步，男方把新娘接过来，拜堂成亲。在六礼进行的过程中，还要有"三书"。

古人常常把婚姻作为一种手段，通过儿女结亲，把两个家族连接成一个利益共同体，互相帮助。《资治通鉴》中记载，东晋时期桓玄势力很大，对殷仲堪形成了威胁——

> 殷仲堪恐桓玄跋扈，乃与杨佺期结昏为援。
> ——《资治通鉴》

古代婚礼习俗中要有"三书六礼"，三书之一就是纳吉时表示求婚的聘书。到纳征的时候，男方给女方送的礼物，称为"聘礼"。《礼记·内则》中记载："聘则为妻。"意思是正式送过聘书、下过聘礼、明媒正娶的才是正妻，才可以主持祭祀。聘就是订婚的意思。

> 有光……十六年而有妇，孺人所聘者也。——《先妣事略》

无媒不成婚

聘的本义是访问。古代天子派大夫去见诸侯叫作"聘"。《礼记·王制》中记载："其天子亦有使大夫聘诸侯之礼。"有的诸侯德行高，贡献大，天子也会派大夫去访问他。诸侯之间的外交访问也叫"聘"。

诸侯使大夫问于诸侯曰聘。——《礼记·曲礼》

聘也指以礼征招、恭请。《正字通》中解释："以币帛召隐逸贤者，升进之，曰征聘。"用钱币财帛征召隐居的贤士，让他们做官，叫作"征聘"。

伊尹耕于有莘之野，而乐尧舜之道焉……汤使人以币聘之。——《孟子》

> 故男女无媒不交，无币不相见。——《礼记·坊记》

六礼中哪一个环节都离不开媒人。《周礼·地官》中记载有一种官职叫作"媒氏"，"媒氏掌万民之判"。媒氏掌管着百姓们的婚姻，他记录着每一个孩子的出生年月，让他们在规定的年龄成婚。

《诗经·伐柯》中写道："伐柯如何？匪斧不克。取妻如何？匪媒不得。"怎么去砍伐斧子柄？没有斧子砍不成。怎么迎娶妻子？没有媒人可娶不成。所以后世把媒人叫作"伐柯人"，把做媒叫作"执柯"。媒人还可以叫作"冰人"。

> 君在冰上，与冰下人语，为阳语阴，媒介事也。君当为人作媒，冰泮而婚成。——《晋书》

无媒不成婚

 → 恋、姻、约、配、囍、喜

 → 请、延、受、征、选、竞
耻、耶、职、耽、耿、聆

 → 介、妁、某、谋

06 娶嫁帐合：天作之合好姻缘

甲骨文	小篆	楷书

《说文解字》
取妇也。从女，从取，取亦声。

本义为男子结婚，把女子接过来成亲。

《说文解字》
女适人也。从女，家声。

小篆	楷书
	嫁

本义是女子去跟男子结婚。引申特指把损失、祸害转移给他人。

小篆	楷书
	帐

《说文解字》
张也。从巾，长声。

本义指床上悬挂起来的帷幄，即床帐。后引申泛指布帛、毡革、丝绸等做的张挂起来起遮蔽作用的东西，如军帐、帐篷。

《说文解字》
合口也。从亼，从口。

甲骨文	金文	小篆	楷书

本义为扣合、闭合，引申表示聚合、会合，又引申指匹配。甲骨文像盛饭的食器，会器盖与器体相扣合、闭合的意思。

亲迎是六礼中最后一个环节，对于男方来讲，这就是娶亲、民间所说的"娶媳妇"。娶就是把女子接过来成亲。《孟子》中万章问孟子，娶媳妇一定要告诉父母，可是，舜却没有告诉父母就娶了媳妇，这是为什么呢？

舜之不告而娶，何也？——《孟子》

古代娶亲时新郎官骑着马，新娘子坐着花轿，然后拜天地、拜父母、夫妻对拜。西晋时期徐州刺史王浑在夫妻对拜的时候，受人挑唆，没有答拜妻子颜氏，令颜氏十分恼怒。

娶嫁帐合

《礼记》中记载："嫁女之家，三日不息烛，思相离也；娶妇之家，三日不举乐，思嗣亲也。"女家三天不熄灭灯烛，男家三天不奏乐。可见，先秦时期的嫁娶还有点悲伤的味道。到了汉朝，有了闹洞房的记载。

古代男女有别，尤其是女孩子，要遵循好多规矩。但是汉代的洞房之夜，就没有那么多禁忌，是可以随意开玩笑的。

> 燕地……嫁取之夕，男女无别，反以为荣。——《汉书》

天作之合好姻缘

男方娶媳妇，对于女家来说就是嫁女儿。《诗经·大雅·大明》中记载周文王的母亲太任，"自彼殷商，来嫁于周"，从殷商来，嫁到周国。古代皇宫中很多宫女，到了一定年龄，皇帝会放她们出去嫁人。

掖庭宫人年三十以下，出嫁之。——《汉书·哀帝纪》

娶嫁帐合

古代科技不发达，天灾人祸会导致老百姓吃不上饭，甚至流离失所。实在过不下去了，就可能卖儿卖女，甚至卖妻子。《韩非子·六反》中说"天饥岁荒，嫁妻卖子者"，嫁妻就是卖了妻子。嫁也指把坏事推到别人身上。

韩氏所以不入于秦者，欲嫁其祸于赵也。——《史记·赵世家》

入洞房，还有讲究。洞房里，已经先请两位全福人把炕或床铺好了。新娘进来，就上床盘腿坐在帐子里，这叫"坐帐"。

入门于一室内，当中悬帐，谓之"坐虚帐"。或只径入房中，坐于床上，亦谓之"坐富贵"。——《东京梦华录·娶妇》

还有一种习俗：新婚夫妇对拜之后，并坐床沿，有妇女向他们周围抛撒一些寓意吉祥的干果，有枣、桂圆、栗子、花生，等等，这叫"撒帐"。她们一边撒一边唱撒帐歌，祝福这对新人早生贵子。

礼官以金银盘盛金银钱、彩钱、杂果撒帐次。——《梦粱录》

天作之合好姻缘

偷则夜解齐将军之帱帐而献之。——《淮南子》

《释名》中解释："帐，张也，张施于床上也。"帐，就是在床上张挂的床帐。《淮南子》中记载一个小偷投奔楚国将领子发，后来在和齐军作战的时候，他三次深入齐军军营，偷来齐国将军的贴身物品，把齐军吓退了。

古代婚礼上还有一个含有美好寓意的习俗：喝合卺（jǐn）酒。卺是匏瓜，也就是一种葫芦，从中间分成两个瓢，用一根线拴在葫芦柄上，把两个瓢连起来。新郎和新娘一人拿一个瓢，同饮一卺酒，象征着婚姻把两个人连成一体。

合也指匹配、配偶。《诗经·大雅·大明》中有诗句："文王初载，天作之合。"说的是周文王还年轻的时候，上天就给他安排了美好的姻缘。合的本义是闭合、扣合。

鹬啄其肉，蚌合而箝其喙。——《战国策·燕策》

合也指联合。战国时期，六国为了对付强大的秦国，约定联合起来，叫作"合纵"。《战国策》中记载："天下之士合纵，相聚于赵，而欲攻秦。"不过，六国各有自己的小算盘，合纵被秦国拆散。

合也有合并、吞并的意思。

（秦）阴谋有合天下之心。——《史记·张仪列传》

天作之合好姻缘

关联字

娶 → 迎、取、娈、婪、姿、妥

嫁 → 妆、陪、奁、送、稼

帐 → 撒、帷、幄、篷、营、幔
　　 长、账、张、胀

合 → 综、计、并、应、契、撮、融

娶嫁帐合

07 胡番洋：漂洋过海去外国

小篆　楷书

胡　胡

《说文解字》
牛颔垂也。从肉，古声。

本义为牛脖子下的垂肉。引申指胡须。胡子易散乱，故引申指任意的、没有根据的。

《说文解字》
兽足谓之番。从采；田，象其掌。

金文　小篆　楷书

本义是指兽蹄印，也可以指兽蹄。由兽蹄迈一次留下一个脚印，引申表示轮流更代。金文上部为野兽脚趾的形状，下部为野兽脚掌的形状，整个字形就像兽脚着地的一个脚印。

甲骨文　小篆　楷书

 洋 洋

《说文解字》
水。从水，羊声。

本义为古水名，亦泛指海域。海都很宽阔广大，故"洋"又引申指盛多、广大。"洋"又指外国的、外国来的。甲骨文两头羊两边各有三点水，会水多的意思。

西晋时期，北方少数民族趁西晋内乱，建立起了很多政权，称为"五胡乱华"。"五胡"主要指匈奴、鲜卑、羯、羌、氐五个大部落，其他小政权还有很多。

胡也常常用来表示疑问或反问。贾谊在《论积贮疏》中说："即不幸有方二三千里之旱，国胡以相恤？"万一有方圆两三千里的土地遭遇了旱灾，国家拿什么去抚恤灾民？

胡也有"为什么"的意思。

楚王叱曰："胡不下！吾乃与而君言，汝何为者也？"——《史记》

（番柿）一名六月柿，茎似蒿，高四五尺……草本也，来自西番，故名。——《广群芳谱》

随着丝绸之路的开通，中国和外国的商品贸易日渐繁荣。《天工开物》中说："故褐之细者皆出兰州。一曰兰绒，番语谓之孤古绒。"这种细褐，叫作兰绒，出口到外国，叫作孤古绒。而一些来自国外的植物，名字里大多会有"番"字。

番本义指野兽蹄印，引申为轮流、更替。《北史·贺若弼传》："请广陵顿兵一万，番代往来。"请在广陵驻守一万军队，轮流驻防。

番也引申指次，回。三国时期的王弼参加何晏的聚会，把人们驳斥得无话可说，更厉害的是——

（王）弼自为客主数番，皆一坐所不及。——《世说新语》

漂洋过海去外国

161

除了陆路，海上的交流也发展了起来。《西山杂记》记载五代时泉州蒲有良到占城，出任西洋转运使。占城就是今天的越南一带。到元朝时，西洋指印度南部沿海，元代航海家汪大渊在《岛夷志略》多处提到西洋——

古里佛，当巨海之要冲，去僧加剌密迩，亦西洋诸番之马头也。——《岛夷志略》

胡 番 洋

明朝时，在皇帝敕书中多次看到"西洋"的说法："今命太监郑和等往西洋忽鲁姆斯等国公干。"郑和七次下西洋，促进了中国和海外各国的交流。所以，洋也指外国的，一些国外传来的东西，会加上"洋"字。

胡 → 须、髭、非、乱、搅、扯、蛮

番 → 次、轮、翻、外

洋 → 淀、群、烊、鲜、徉、佯

漂洋过海去外国

版权专有 侵权必究

图书在版编目（CIP）数据

会讲历史的汉字：全5册/杨士兰著；叁月拾，吴新迎绘. —— 北京：北京理工大学出版社，2023.6

ISBN 978-7-5763-2256-9

Ⅰ.①会… Ⅱ.①杨…②叁…③吴… Ⅲ.①汉字—少儿读物 Ⅳ.①H12-49

中国国家版本馆CIP数据核字（2023）第061401号

出版发行 /	北京理工大学出版社有限责任公司
社　　址 /	北京市海淀区中关村南大街5号
邮　　编 /	100081
电　　话 /	（010）68914775（总编室）
	（010）82562903（教材售后服务热线）
	（010）68944723（其他图书服务热线）
网　　址 /	http://www.bitpress.com.cn
经　　销 /	全国各地新华书店
印　　刷 /	三河市九洲财鑫印刷有限公司
开　　本 /	880毫米×1230毫米　1/16
印　　张 /	52.5
字　　数 /	750千字
版　　次 /	2023年6月第1版　2023年6月第1次印刷
定　　价 /	169.00元（全5册）

责任编辑 / 李慧智
文案编辑 / 李慧智
责任校对 / 王雅静
责任印制 / 施胜娟

图书出现印装质量问题，请拨打售后服务热线，本社负责调换